Michael Esser

Der Griff nach den Sternen
Eine Geschichte der Raumfahrt

Michael Esser

Der Griff nach den Sternen

Eine Geschichte der Raumfahrt

Birkhäuser Verlag
Basel · Boston · Berlin

Die Deutsche Bibliothek – CIP-Einheitsaufnahme

Esser, Michael:
Der Griff nach den Sternen : eine Geschichte der Raumfahrt /
Michael Esser – Basel ; Boston ; Berlin : Birkhäuser, 1999
ISBN 3-7643-5940-4

Umschlaggestaltung: Atelier Jäger, D-88682 Salem
Gedruckt auf säurefreiem Papier, hergestellt aus chlorfrei gebleichtem Zellstoff. ∞
Printed in Italy
ISBN 3-7643-5940-4

9 8 7 6 5 4 3 2 1

Inhaltsverzeichnis

Danksagung

Früher glaubte der Mensch, er sei allein im Universum. Heute beginnen wir zu fürchten, es könnte wahr sein. Früher fürchtete sich der Mensch vor Außerirdischen. Heute werden wir selbst dazu.

Besonderen Dank an Herrn Olf Dziadek für die Tage, Nächte und Wochen in Berliner- und Internet-Bildarchiven. Dank auch an Regina Staegemeir, Walter Adler, Alex Thiel.

Vorwort

Der Himmel über uns ist zum Weltraum geworden, zu einem nicht endenden Raum, in dem alles groß ist: gewaltige Entfernungen, gigantische Massen, unvorstellbare Leere. Das alles verstehen wir bis heute nicht einmal ansatzweise. Wir schauen mit dem Hubble-Weltraumteleskop durch Raum und Zeit, bis fast zurück zum Urknall, und werfen dabei immer wieder unser Weltbild über den Haufen. Ehrfürchtig und staunend starren wir hinaus ins Universum, auf der Suche nach dem Ursprung, dem Anfang, dem Sinn – nicht wissend, ob es ihn überhaupt gibt.

Die Evolution auf der Erde hat nach mehr als drei Milliarden Jahren ein Wesen hervorgebracht, das in der Lage ist, seinen Heimatplaneten zu verlassen. Vieles von dem, was heute als seriöse Wissenschaft gilt, kam noch vor wenigen Jahren ausschließlich in Science-fiction-Romanen vor. Die Grenze zwischen Science und Fiction aber verwischt immer mehr.

Am Anfang des dritten Jahrtausends moderner Zeitrechnung ist es tatsächlich denkbar geworden, daß der Mensch eines Tages in den Weltraum aufbricht, um nach neuen Welten zu suchen, die er besiedeln könnte.

Stehen wir am Beginn eines neuen Zeitalters, in dem wir den Weltraum nach und nach erobern? Oder sind das nach wie vor Hirngespinste von Phantasten? Diesen und anderen Fragen geht dieses Buch nach.

```
* * * * * * * * * * * * * * per aspera
                                  ___
die Welt ist groß                 \  \__________
-------------------------------====>-- __________>
besonders oben                    /__/

* * * * * * * * * * * * * * ad astra
```

Raumschiff Erde

Von der Scheibe im Mittelpunkt der Welt zu einer Kugel am Rande der Unendlichkeit

Per aspera ad astra – «über rauhe Pfade zu den Sternen» lautet ein lateinisches Sprichwort, das die Mühsal beschreibt, die die Menschen zu allen Zeiten mit der Erkundung des Himmels hatten. Heute wissen wir zwar viel mehr als die Völker zu Beginn der christlichen Zeitrechnung, doch sind wir immer noch weit davon entfernt, das Universum zu verstehen. Im Gegenteil, unser Weltbild wird immer komplizierter. War die Erde noch vor 600 Jahren der einzig gültige Mittelpunkt der Welt, trieben sie die Wissenschaftler im Laufe der Zeit mehr und mehr aus dem Zentrum heraus. Edwin Hubble setzte in den 20er Jahren dieses Jahrhunderts den vorläufigen Schlußpunkt dieser Entwicklung, als er herausfand, daß das Universum beileibe nicht nur aus unserer eigenen, an sich schon unvorstellbar großen Galaxie besteht, sondern aus vielen – aus Milliarden.

Wir wurden vom Mittelpunkt der Welt in die vollkommene Bedeutungslosigkeit katapultiert, und dort kreisen wir jetzt.

Unsere Sonne ist eine von Milliarden in unserer Galaxie. Unsere Galaxie ist eine von Milliarden im Universum. Doch steht nicht fest, ob das Universum die endgültig größte Einheit ist. Vielleicht gibt es viele Universen – ein Multiversum...

Die Erde sichert unser Überleben. So klein sie auch sein mag, sie ist genau richtig für den Menschen, für die Evolution, die ihn hervorbrachte – ein vernunftbegabtes Wesen, das am 4. Oktober 1957 den wohl erstaunlichsten Schritt in der gesamten Entwicklung des Lebens tat. Der Mensch trat ins Zeitalter der Raumfahrt ein. Er war plötzlich in der Lage, seinen Heimatplaneten zu verlassen und in den Kosmos vorzudringen.

Kein anderes Lebewesen der Erde, so steht zu vermuten, weiß, daß es sich auf einer großen Kugel befindet, die mit einer Geschwindigkeit von etwa 107 000 Kilometern pro Stunde in einer Entfernung von etwa 150 Millionen Kilometern um die Sonne kreist. Wir selbst wußten es bis vor kurzem auch nicht.

Heute fliegen Menschen regelmäßig von der Erde fort. Mehr als 500 Sternenfahrer waren bereits im All, die nächsten 500 stehen bereit. Sie fliegen mit Raketen in eine erdnahe Umlaufbahn; etwa 300 Kilometer über dem Planeten. Man war schon weiter von zu Hause weg – und doch nie so weit. Ulf Merbold, mit drei Raumflügen Deutschlands erfahrenster Astronaut, sagt: «Die Erde selbst ist ein Raumschiff; ein äußerst komfortables Raumschiff für sechs Milliarden Passagiere» – Gedanken eines Raumfahrers im Orbit, der jeden Tropfen Wasser, jeden Atemzug Luft und jedes Gramm Nahrung dorthin mitnehmen mußte. Das Hochvakuum des Alls ist dem Leben nicht freundlich gesinnt. Keine Minute würde ein Mensch dort ohne technische Hilfe überstehen können.

Das Universum ist die lebensfeindliche Unendlichkeit, und dennoch zieht es uns dorthin. Der Mond ist 1,3 Lichtsekunden von der Erde entfernt. Weiter ist noch kein Mensch vorgedrungen in diesen Raum, der mindestens 13 Milliarden Lichtjahre mißt.

Abb. 1: Nur der Mensch weiß, daß er auf einer Kugel lebt, die durch den Raum rast.

Abb. 2: Blick in die Tiefe des Raumes. Der vom Hubble Spaceteleskop aufgenommene «Zwillingsnebel» M2-9 (unten rechts).

Abb. 3: Der Holzschnitt aus der Schedelschen «Weltchronik» von 1493 zeigt ein geozentrisches Weltbild. Die Erde ist der Mittelpunkt der Welt.

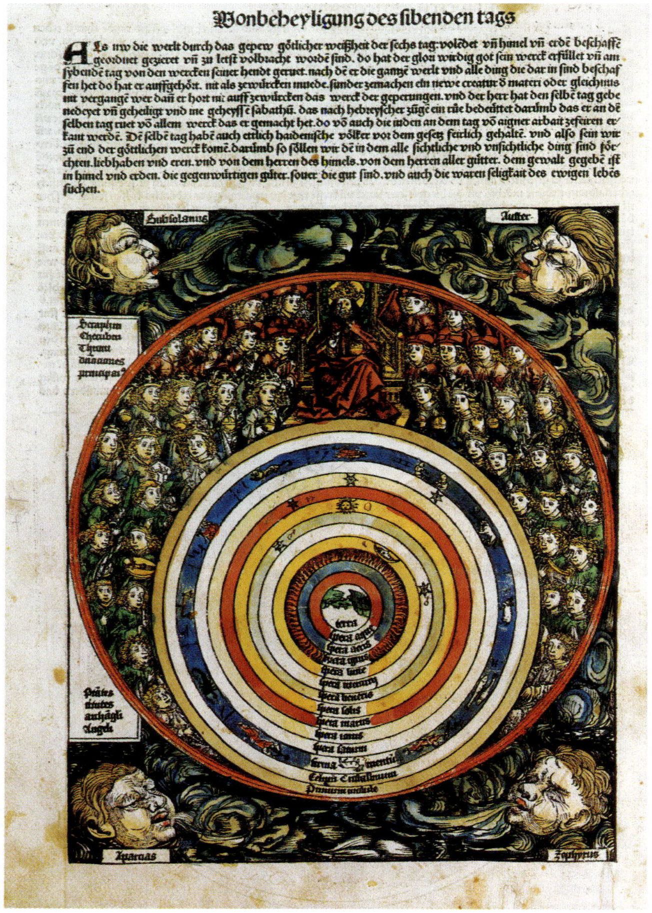

Von beheyligung des sibenden tags

Als nw die werlt durch das gepew götlicher weißheit der sechs tag volēdet vñ himel vñ erdē beschaffē geordnet gezieret vñ zu letst volbracht wordē sind. do hat der glori wirdig got sein werck erfüllet vñ am sybendē tag von den wercken seiner hendt geruet. nach dē er die gantzē werlt vnd alle ding die dar in sind beschaffen het do hat er auffgehört. nit als zewürcken muede. sunder zemachen ein newe creatur ď materi oder gleichnus nit vergangē wer dañ er hort nit auff zewürcken das werck der geperungen. vnd der herr hat den selbē tag gebenedeyet vñ geheiligt vnd ine geheyssē sabathū. das nach hebreyscher zūgē ein rue bedeüttet darumb das er an dē selben tag ruet vō allem werck das er gemacht het. do vō auch die iuden an dem tag vō aigner arbait zefeiren erkant werdē. Dē selbē tag habē auch etlich haidenische völker vor dem gesetz feirlich gehaltē. vnd also sein wir zū end der göttlichen werck komē. darumb so söllen wir dē in dem alle sichtliche vnd vnsichtliche ding sind förchten. liebhaben vnd eren. vnd von dem herren des himels. von dem herren aller gütter. dem gewalt gegebē ist in himel vnd erden. die gegenwürtigen güter. sonder die gut sind. vnd auch die waren seligkait des ewigen lebēs suchen.

Abb. 4: Die Steinkreisanlage Stonehenge, nördlich von Salisbury, England, war in der Jungsteinzeit sakrale Feierstätte und Sternwarte. Hier mit dem Kometen Hale-Bopp am Himmel.

Frühe Weltbilder

Die Menschen halten das Geschehen am Himmel schon seit vielen Jahrtausenden fest. Die ältesten Zeugnisse fand man auf Knochen aus der Jungsteinzeit, rund 38 000 Jahre alt.

Die Nordvölker widmeten dem Lauf von Sonne und Mond besondere Aufmerksamkeit. Jagd, Aussaat, Ernte und Vorratshaltung bestimmten das Leben in der Frühzeit viel stärker als heute. Diese Prozesse waren eng mit den Jahreszeiten verknüpft, und die wiederum gingen einher mit dem immer wiederkehrenden Zyklus am Firmament. Es lag also nahe, ihn aufzuzeichnen, um das Leben besser nach ihm ausrichten zu können. Auf diese Weise entstanden die ersten Kalender.

Bereits vor mehr als 5000 Jahren konnten diese Völker die Zeitpunkte der Sonnenwenden (Sommer- und Winteranfang) sowie der Äquinoktien (Tag- und Nachtgleiche, d. h. Frühlings- und Herbstanfang) bestimmen. Sie bauten dazu Erdwälle, Holz- oder Steintempel, von denen Stonehenge in Südengland der bekannteste ist.

Die Grundkonstruktion dieser frühen Bauwerke, die häufig auch als Opferstätten dienten, ist jedesmal weitgehend gleich. Der Betrachter nahm einen festgelegten Standpunkt ein und blickte von dort durch ein Fenster, eine Kerbe oder Spalte auf einen bestimmten Punkt am Horizont. Der Morgen, an dem die Sonne genau über diesem Punkt aufging, markierte den Tag der Sonnenwende.

Manche Nordvölker in hohen Breitengraden schickten Boten in die Berge, die nachsahen, ob die Sonne rechtzeitig wieder zum Vorschein kam. Die Gesandten meldeten ihr Wiederauftauchen dann im Tal, damit das größte und wichtigste Fest im Jahr beginnen konnte –

verständlich, wenn man sich vorstellt, daß die Sonne in diesen Regionen im Winter für Wochen völlig verschwindet. Würde sie nicht wieder auftauchen, wäre das Leben zu Ende.

Man verstand die Vorgänge am Firmament kaum, wußte aber, daß sie von großer Bedeutung für das Leben waren. Also beobachtete der Homo sapiens die Sonne, den Mond und die Sterne sehr genau und schuf dabei immer präzisere Kalender. Der Kosmos lehrte uns die Zeit.

Das wichtigste Fest des Jahres war die Wintersonnenwende, heute durch den Einfluß der christli-chen Religion um ein paar Tage verschoben und in einen neuen Zusammenhang eingebunden – Weihnachten.

Neben den Vorgängen am Himmel gehörte auch die Position der Erde zu den großen Rätseln. Fast alle frühen Kulturen stellten sie in den Mittelpunkt der Welt. Die Himmelserscheinungen bewegten sich nach ihrer Vorstellung um sie herum. Auf der Fläche stehend, erkannte der Mensch nicht, daß er sich auf der Oberfläche einer Kugel befand, und so fragte er sich: Was hält den Kosmos zusammen?

In Homers *Odyssee* (8. Jahrhundert v. Chr.) steht geschrieben, der Himmel sei aus Bronze oder Eisen und werde von Stützpfeilern getragen. Die Vorstellung, die Erde könne ein frei fliegender Körper in der Unendlichkeit sein, existierte nicht. Das Denken und die Vorstellungskraft waren gebunden an die zentrale Stellung der Erde im Weltgebäude.

Gelegentlich gab es Abweichungen von den erwarteten Vorgängen am Firmament; wenn beispielsweise ein Komet auftauchte oder eine von der Erde aus sichtbare Supernova aufleuchtete. Solche Ereignisse beunruhigten die Menschen zutiefst. An der Spitze der kosmischen Unregelmäßigkeiten standen Sonnen- und Mondfinsternisse. Man fürchtete den Zorn der Götter, die schon früh im Himmel angesiedelt wurden. Die Furcht war in vielen Kulturen das wichtigste Motiv, Methoden für eine Vorhersage von Sonnen- und Mondfinsternissen zu entwickeln. Es war Aufgabe der Priester, die Gestirne genau zu beobachten und die beunruhigenden Ereignisse zu deuten. Durch ihre exakte Buchführung gelang es, die Kalender immer weiter zu verfeinern. Häufig wurden die Vorgänge am Firmament in Versen beschrieben. So konnten die Informationen auch von Menschen «gespeichert» werden, die ihren Inhalt nicht verstanden. Sie lernten lediglich die Worte und die Melodien, die sie verknüpften – ein Lehrgedicht (Pheinomena).

Ägypten, Mesopotamien, Babylon

Die ersten bedeutenden astronomischen Aufzeichnungen kennen wir von den Ägyptern. Seit etwa 3000 v. Chr. unterteilten sie das Jahr in drei Jahreszeiten – abhängig vom Wasserstand des Nils – Hochwasser, Niedrigwasser, Ernte.

Ihr wichtigster Himmelskörper war der Stern Sirius. Ging er nach langer Abwesenheit am Morgenhimmel auf, war dies das Zeichen für das beginnende Ansteigen des Nils.

Die Ägypter erstellten aus den beobachteten Regelmäßigkeiten der Sternbewegungen recht genaue Kalender, leiteten aber keine mathematischen Regeln daraus ab, sondern benutzten sie fast ausschließlich für mythologische Zwecke.

Der Ursprung der mathematisch basierten Astronomie liegt in Babylon und Mesopotamien, wo sie ihre Blütezeit um 600–500 v. Chr. erreichte.

Die Priester leiteten aus der Beobachtung der Sterne Vorhersagen über den Verlauf von Saat und Ernte ab, teilweise sogar von politischen Geschicken. Diese Verknüpfung von Himmelsbewegungen mit dem Leben auf der Erde ist zugleich der Beginn der Astrologie – der Vorhersage des Schicksals aus den Sternen.

Da die Babylonier glaubten, die Seelen der Menschen kämen von den Sternen und würden von ihnen regiert, lag es nahe, das menschliche Schicksal eng mit dem Lauf der Gestirne zu verbinden.

Die babylonischen Priester konnten Sonnen- und Mondfinsternisse vorausberechnen und legten im 5. Jahrhundert v. Chr. die Grundlage der Zeiteinteilung, die wir noch heute benutzen:

Der Nachthimmel wurde in zwölf gleiche Teile unterteilt: jeweils 30 Grad große Ausschnitte des Kreises. Auf der Ekliptik – der scheinbaren Bahn der Sonne durch die Fixsterne – gruppierten sie die Sterne zu Sternbildern. Daraus resultieren die zwölf Monate des Jahres.

Griechenland

Die Kenntnisse der Babylonier basierten auf genauen Beobachtungen, führten aber noch nicht zu einer systematischen Ursachenforschung. Diese begann erst in der Blütezeit der griechischen Kultur und brachte viele miteinander konkurrierende Weltmodelle hervor.

Pythagoras glaubte, das Universum sei entstanden, indem der Himmel das Unendliche eingeatmet habe, um Gruppen von Zahlen zu bilden.

Parmenides von Elea entdeckte, daß die Erde eine Kugel ist und daß der Mond von der Sonne beleuchtet wird.

Empedokles und Anaxagoras fanden wenig später die korrekte Erklärung für eine Sonnenfinsternis.

Platon dagegen war davon überzeugt, daß Sonne und Mond sichtbare Götter seien. Zur gleichen Zeit behauptete Anaxagoras, die Sonne sei eine brennende Masse und der Mond sei eine Art Erde.

Eudoxos von Knidos berechnete den Umfang der Erde zu 400 000 Stadien; das sind rund 28 700 Kilometer (der exakte Wert beträgt 40 054 Kilometer). Das Stadium ist ein antikes Längenmaß von 192,3 Metern.

Um 400 v. Chr. behauptete Eudoxos, es gebe ein Planetensystem, in dessen Mitte sich die Erde befinde, und er entwickelte ein sehr kompliziertes Modell, um die Rückläufigkeit der Planeten zu erklären.

Abb. 5: Der griechische Philosoph Aristoteles (384–322 v. Chr.) glaubte, die Welt sei nicht erschaffen worden, sondern sie existiere ewig – ohne Anfang und Ende.

Rückläufigkeit der Planeten

Betrachtet man von der Erde aus die Bahnen der Planeten um die Sonne, sieht es so aus, als würden sie mitunter auf ihrem Weg anhalten und dann in die Gegenrichtung ziehen. Dies passiert immer dann, wenn die Erde bei ihrer Bewegung um die Sonne einen äußeren Planeten «überholt» oder selber von einem inneren Planeten «zurückgelassen» wird. Dieses Phänomen war jahrhundertelang mathematisch nicht befriedigend zu erklären. Erst als klar war, daß die Planeten nicht um die Erde, sondern um die Sonne kreisen, verlor es seine Rätselhaftigkeit.

Das vorherrschende Weltbild der Griechen wurde vor allem von Aristoteles (384–322 v. Chr.) und von Ptolemäus geprägt. Darin ist der Himmel eine Kugel, die aus mehreren Schalen besteht, den Sphären. Auf diesen Sphären befinden sich die Planeten und Sterne. Alles dreht sich auf Kreisbahnen um die Erde. Die äußeren Sphären, dort, wo die Sterne sind, sind unveränderlich.

Doch was – oder wer – bewegte die Schalen?
Die Götter.

Zur Zeit des Aristoteles gab es bereits die Idee, daß die Erde sich dreht und auf einer Bahn um die Sonne bewegt. Aristoteles aber ließ diesen Gedanken nicht gelten. Er hielt am Modell der Weltkugel fest – mit der Erde im Mittelpunkt. Die Erde bestand in seiner Lehre aus den vier Elementen – Feuer, Wasser, Erde und Luft. Das Universum bestand aus der fünften Essenz (Quintessenz!), dem Äther.

Aristoteles glaubte, die Welt sei nicht erschaffen, sondern ewig.

Demokrit entwarf ein atomares Weltbild. Danach ist die Welt ein leerer Raum, mit einer Vielzahl von Welten darin.

Heraklit dagegen behauptete, die Welt werde periodisch zerstört und wieder aufgebaut.

Und Platon war überzeugt, die Welt sei vom Demiurgen (Weltbaumeister) erschaffen worden.

Herakleides, ein Zeitgenosse von Aristoteles, war schließlich der erste, der sagte, die Erde selbst drehe sich.

Abb. 6: Einen der vielen Versuche, die Bewegung der Planeten um die Erde zu erklären, stellt dieses «Planetenstunden-Rad» dar (um 1500).

Um 300 v. Chr. entwickelt Aristarchos von Samos zum ersten Mal ein heliozentrisches Weltbild. Die Sonne und die Fixsterne sind darin starr, die Erde wird um die Sonne getragen. Er wurde dafür als Ketzer angeklagt.

Die Blütezeit der griechischen Astronomie lag um 150 v. Chr. Zu dieser Zeit spielte Hipparchos eine wichtige Rolle. Er hatte Zugang zu den babylonischen Beobachtungsaufzeichnungen und verglich sie mit seinen eigenen.

Präzession

Mit dem Ausdruck Präzession bezeichnet man die kontinuierliche Lageänderung der Erdachse und die damit verbundene Verschiebung des Frühlingspunktes. Sie wird ausgelöst durch die Anziehungskraft von Sonne und Mond auf den Wulst am Äquator der Erde. Wäre die Erde eine perfekte Kugel, gäbe es keine Präzession. Die Rotation bewirkt jedoch, daß unser Planet am Äquator «dicker» ist als an den Polen. Als Folge der Krafteinwirkung auf den Wulst beschreibt die Erdachse in einem Zeitraum von etwa 26 000 Jahren einen Kegel um den Pol der Ekliptik. Auch die Planeten, vor allem die großen, üben ein geringfügiges Drehmoment auf den Erdkreisel aus, das zu einer periodischen Verlagerung der Ekliptikebene und damit zu einer weiteren Verschiebung des Frühlingspunktes führt.

Seine exakten Beobachtungen führten ihn zu der Erkenntnis, daß auch die Sterne sich minimal bewegen. Die Dauer des tropischen Jahres berechnete er mit 365 $^1/_4$ Tagen sehr genau, bestimmte die Entfernung Erde–Mond mit 59 bis 67 $^1/_3$ Erdradien – tatsächlich beträgt sie etwas mehr als 60 Erdradien – und entdeckte die Präzession!

Ptolemäus

«Wir können im Alltag moralische Einsichten gewinnen, doch um vom Universum Kenntnis zu erhalten, müssen wir theoretische Astronomie studieren.»

Mit dieser Überzeugung schuf Claudius Ptolemäus das ptolemäische Weltbild, das fast 1500 Jahre lang die Astronomie bestimmte.

Mit dem «Almagest» schrieb er das Standardwerk der Astronomie und mit der «Tetrabiblos» das der Astrologie.

Das ptolemäische Weltbild verwendet das Sphären-Modell zur Beschreibung des Kosmos. Die Sterne, die Sonne, die Planeten – alles dreht sich um die Erde.

Raus aus der Mitte

Das ptolemäische Weltbild war bis ins Mittelalter die vorherrschende Theorie und diente vor allem zur Stabilisierung der christlichen Lehre. Gott hat die Erde erschaffen und den Menschen nach seinem Ebenbild geformt. Die Erde ist der Mittelpunkt der Welt, der Mensch die Krone der Schöpfung.

Abb. 7: Nikolaus Kopernikus (1473–1543) beschrieb in seinem Buch *Über den Umlauf der Himmelssphären* **zum ersten Mal ein Weltmodell mit der Sonne als Mittelpunkt der Welt.**

Die Kirche wachte eisern über dieses Dogma, was ihr auch bis zum Jahre 1543 gelang. Dann aber veröffentlichte Nikolaus Kopernikus kurz vor seinem Tod sein Lebenswerk *Über den Umlauf der Himmelssphären*, wohl

Abb. 8: Der Umlauf der Erde um die Sonne, wie Kopernikus ihn sich vorstellte.

wissend, daß er sich damit in große Gefahr begab. Ideen, die das herrschende Weltbild in Frage stellten, waren nicht willkommen. Menschen, die sie dennoch vortrugen, wurden als Ketzer angeklagt und nicht selten auf dem Scheiterhaufen verbrannt. Das hohe Alter, in dem Nikolaus Kopernikus sein Buch veröffentlichte, und die vorsichtige Formulierungsweise darin bewahrten ihn vor diesem Schicksal. Die Erkenntnisse aber, die er veröffentlichte, änderten das Weltbild grundlegend. Kopernikus stellte die Sonne ins Zentrum des Universums. Die Erde bewegt sich in seinem Modell – zusammen mit den anderen Planeten – um sie herum. Damit war gesagt, was nicht sein durfte. Das kopernikanische Weltbild wurde verboten, doch seine Verbreitung ließ sich nicht mehr aufhalten.

Drei weitere Astronomen verhalfen in den folgenden 70 Jahren dem neuen Weltbild zum Durchbruch: Tycho Brahe, Johannes Kepler und Galileo Galilei.

Tycho Brahe

Im Jahre 1572 entdeckte der dänische Astronom Tycho Brahe eines Abends einen neuen Stern im Sternbild Kassiopeia, der sehr hell leuchtete. Es handelte sich um eine Supernova, was Tycho Brahe nicht wußte – auch nicht wissen konnte. Die äußeren Sphären des Himmels – sie begannen jenseits des Mondes – galten bis zu diesem Tag als unveränderlich. Eine tragende Säule des ptolemäischen Weltbildes brach in jener Nacht zusammen.

Tycho Brahe entwickelte später auch die Idee, Kometen seien möglicherweise Erscheinungen, die sich jenseits des Mondes befänden. Er konnte diese These 1577 beweisen, als ein heller Komet am Himmel erschien, dessen Bahn er erstaunlich genau berechnete. Die Daten, die er bei seiner Beobachtung sammelte, ließen die Interpretation zu, der Komet bewege sich tatsächlich jenseits des Mondes. Die unveränderlichen Sphären des ptolemäischen Weltbildes waren endgültig durcheinandergeraten.

Johannes Kepler

Tycho Brahe gab alle wichtigen Aufzeichnungen seiner Beobachtungen an seinen Nachfolger Johannes Kepler weiter, der sie auswertete und daraus seine drei Gesetze der Planetenbewegung ableitete:

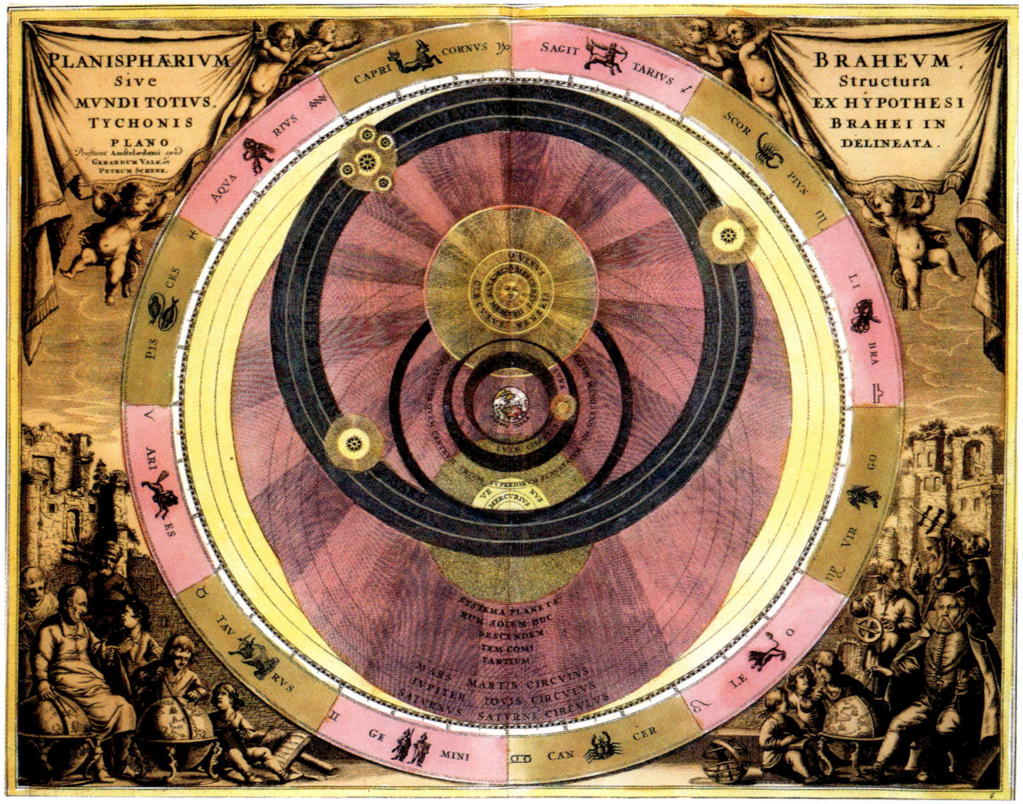

Abb. 9: Tycho Brahe in seiner Sternwarte Uranienburg auf der Insel Ven (links).

Abb. 10: Dort entwickelte er das heliozentrische Weltbild des Nikolaus Kopernikus weiter und ordnete die Stellung der Gestirne zueinander neu (rechts).

1. Die Planeten bewegen sich auf Ellipsenbahnen, in deren einem Brennpunkt die Sonne steht.

2. Der Leitstrahl oder Radiusvektor, d. h. die Verbindungslinie Sonne–Planet, überstreicht in gleichen Zeiträumen gleiche Flächen.

3. Die Quadrate der Umlaufzeiten der Planeten verhalten sich zueinander wie die dritten Potenzen der großen Halbachsen ihrer Bahnellipsen.

Diese Gesetze ermöglichten fortan eine viel genauere Vorhersage der Planetenpositionen, als alle bisherigen Systeme dies vermocht hatten. Kepler hatte mathematische Gesetzmäßigkeiten in den Planetenbewegungen und in der Stellung der Planeten untereinander gefunden. In seinem berühmten Werk *Harmonices mundi* – «Weltharmonik» übertrug er die Harmonien der Musik auf die Konstellation der Planeten zueinander. Dabei stellte er fest, wie sehr das Planetensystem von mathematischen Gesetzen bestimmt ist.

Galileo Galilei

1609 hörte der italienische Wissenschaftler Galileo Galilei von der Erfindung des Fernrohrs, einer Konstruktion mit mehreren Linsen, die die Welt vergrößerten, und damit auch den Himmel. Galilei baute sich ein eigenes Fernrohr und entdeckte 1610 neue, von niemandem vorher gesehene Himmelskörper – die vier größten Jupitermonde Io, Europa, Kallisto und Ganymed.

Er sah, daß es Berge auf dem Mond gibt und daß die Milchstraße aus vielen einzelnen Sternen besteht. 1611 entdeckte und beschrieb er die Sonnenflecken.

Abb. 11: Unser Planetensystem zählt neun Planeten. Jupiter ist der größte, Pluto der kleinste.

Der neue, vergrößerte Blick in den Kosmos veränderte sein Weltbild nachhaltig. 1632 veröffentlichte er seinen *Dialog über das ptolemäische und das kopernikanische Weltsystem*. Das Buch besteht aus Unterhaltungen zwischen drei Personen, Salviati, Sagredo und Simplicio. Salviati vertritt den Standpunkt des Autors, Sagredo ist ein interessiert fragender Zuhörer, und Simplicio beharrt stur auf dem aristotelischen Weltbild, das für Galilei längst unhaltbar geworden war, von der Kirche aber nach wie vor als das einzig gültige propagiert wurde. Und Galilei bekam Ärger. 1633 wurde er nach Rom zitiert, um der Inquisition Rede und Antwort zu stehen.

Verhöre dieser Art fanden unter der Androhung von Folter für die Delinquenten statt, und ihr Ausgang stand bereits vor Verhandlungsbeginn fest. Galilei wurde zu lebenslanger Haft verurteilt, nachdem er widerrufen hatte – selbstverständlich nicht aus Einsicht, sondern um sein Leben zu retten.

Die Haftstrafe wurde kurze Zeit später in lebenslangen Hausarrest umgewandelt, so daß der Himmelsforscher die ihm noch verbleibenden elf Lebensjahre in seinem Landhaus bei Florenz verbringen konnte und nicht in völliger Verdammnis leben mußte.

1992 rollte die katholische Kirche den Fall wieder auf und sprach Galilei nachträglich frei – 359 Jahre nach seiner Verurteilung.

Das Planetensystem

Mit dem Blick durch das Fernrohr wurde das ptolemäische Weltbild mehr und mehr verdrängt. Die neue Einsicht in den Kosmos zeigte, daß dort viel mehr war, als man geahnt hatte – ein Prozeß, der sich bis in die heutige Zeit fortsetzt. Wir entdecken mit immer besseren Teleskopen immer neue Welten.

Gleichzeitig mit dem tieferen Blick in die Welt rückte die Erde aus ihrem Mittelpunkt heraus. Isaac Newton (1642–1727) entwickelte aus den Keplerschen Gesetzen das Gravitationsgesetz – und endlich konnte die Erde rund sein, ohne daß wir Gefahr liefen, herunterzufallen. Doch das Planetensystem war immer noch nicht vollständig.

Im Jahre 1781 entdeckte William Herschel den siebten Planeten des Sonnensystems, Uranus, und zwei Jahre später bemerkte er, daß sich unser gesamtes Sonnensystem durch den Kosmos bewegt – in Richtung auf das Sternbild Herkules zu.

Der Astronom Thomas Wright (1711–1786) versuchte das Universum als einen unendlichen Satz von Schalen zu beschreiben, die um das göttliche Zentrum geschichtet sind. Jede dieser Schalen ist außen gleißend hell wie eine glühende Sonne und von innen von Vulkanen durchbohrt, die wir als Sterne und als Milchstraße sehen.
Die göttliche Bestrafung, so seine Idee, bestehe darin, daß Gott die Seelen von einer höheren Schale in eine tiefere befördere.

Die Existenz des nächsten Planeten, Neptun, wurde vermutet, bevor man ihn sichtete. John Couch Adams in England und Urbain J. J. Leverrier in Frankreich hatten unabhängig voneinander die Existenz und Position eines weiteren Himmelskörpers vorausgesagt. Sie kamen zu diesem Ergebnis aufgrund von Differenzen zwischen der theoretischen und der tatsächlich beobachteten Bahn des Uranus seit seiner Entdeckung. Beide Wissenschaftler schrieben die festgestellte Bahnabweichung der Schwerkraftwirkung eines noch unbekannten Planeten zu. Johann Gottfried Galle entdeckte ihn dann am 23. September 1846 genau dort, wo er nach den Berechnungen sein mußte.

Planet Nummer neun schließlich, Pluto, wurde am 18. Februar 1930 von Clyde Tombaugh am Lowell-Observatorium erstmals gesichtet. So lange dauerte es, bis unser Planetensystem vollständig war – vorläufig, denn da ist möglicherweise noch Planet X.

Planet X ist ein hypothetischer Planet jenseits der Plutobahn. Das X steht sowohl als Symbol für «unbekannt» als auch als römische Ziffer für 10.

Einige Wissenschaftler meinen, daß systematische Abweichungen in den Bewegungen der äußeren Planeten auf die Störung durch einen bislang unentdeckten Planeten zurückzuführen sind – doch selbst diese Unregelmäßigkeiten sind nicht eindeutig bewiesen.

Jenseits der Sonne

Mit verbesserten Teleskopen nahm ferner auch die Zahl der beobachtbaren Sterne rapide zu – Sonnen wie unsere Sonne, gigantische Gaskugeln, die in gewaltigen Kernfusionsprozessen unvorstellbare Energiemengen freisetzen. Der Kosmos wurde immer rätselhafter. Wo kommt all die Materie her, weshalb ist sie auf diese Weise verteilt, was befindet sich zwischen den Sternen, wie entstehen Sterne überhaupt, wie alt werden sie, seit wann existiert das Universum? Die Anzahl der Fragen nahm in dem Maße zu, wie die beobachteten Sterne zahlreicher am Himmel wurden.

Die Beschäftigung des Menschen mit dem Kosmos wies allmählich in zwei grundsätzlich unterschiedliche Richtungen. Da war und ist einerseits das wissenschaftliche Interesse an der gewaltigen, sich immer weiter ausdehnenden Unendlichkeit und andererseits der ängstliche, anthropozentrische Blick zum Sternenzelt, in dem geschrieben stehen möge, wie der morgige Tag, die nächste Woche, das kommende Jahr werden wird. Die Astrologie, Überbleibsel aus der Zeit, als die Sterne der

Die Entfernung der Sterne

Der Himmel bekam mit der Zeit immer gewaltigere Dimensionen. Im 18. Jahrhundert beschäftigten sich Astronomen zum ersten Mal ernsthaft mit der Frage, wie weit die Sterne von der Erde entfernt sind.

1784 unternahm John Mitchell einen Versuch, die Distanz zum Stern Wega zu bestimmen. Saturn, so seine Überlegung, ist in seiner Oppositionsstellung zur Sonne etwa so hell wie Wega und dabei ungefähr 9,5 AU von der Erde entfernt. Ein AU ist ein «Astronomical Unit» (eine Astronomische Einheit) – 150 Millionen Kilometer, der mittlere Abstand der Erde von der Sonne.

Mitchell ging nun davon aus, daß Wega die gleiche Größe wie die Sonne hat. Bekannt war ihm bereits das photometrische Entfernungsgesetz, das besagt: Die Lichtstärke nimmt mit dem Quadrat der Entfernung ab, also je weiter man von der Lichtquelle weggeht, desto schwächer leuchtet sie, und die Abnahme des Leuchtens folgt einer mathematischen Formel. Diese wandte Mitchell an und errechnete für die Entfernung zu Wega 460 000 AU.

Das machte 150 Millionen Kilometer mal 460 000. Der Weltraum war damit schon sehr, sehr groß geworden.

Doch die Rechnung von John Mitchell hatte einen Schönheitsfehler: Wega ist viel größer als unsere Sonne und etwa viermal so weit entfernt, wie er errechnet hatte...

Sitz der Götter waren, die die Geschicke der Menschen lenkten, ist bis heute eine wichtige Komponente im Leben vieler Zeitgenossen – von der Charakterbestimmung durch das Sternzeichen bis zum Kurzhoroskop in der Tageszeitung. Die Astrologie ist ein großes Geschäft, mit dem Jahr für Jahr Milliardenumsätze gemacht werden. Physikalische Erklärungen der Gesetzmäßigkeiten dieser Welt, so scheint es, reichen dem größten Teil der Menschheit nicht. Die gewaltige, Ehrfurcht, Staunen und Angst erzeugende Welt muß nach ihrer Meinung einfach mit dem menschlichen Schicksal in Zusammenhang stehen. Wenn die Erde schon nicht der Mittelpunkt der Welt ist, so könnten uns die Gestirne wenigstens unsere Zukunft verraten.

Viele Menschen können den Gedanken nicht ertragen, daß wir dem Universum gleichgültig sind.

Sternenbilder

Die nächste Revolution erlebte die Astronomie mit der Erfindung der Fotografie. Die ersten Bilder vom Mond entstanden um 1840, und schon kurze Zeit später waren Fotoplatten zum wichtigsten Hilfsmittel der Himmelsforscher geworden. Langzeitbelichtungen brachten Sternenwelten zum Vorschein, die vorher nie gesichtet werden konnten. Besondere Vorzüge boten Filme, die von nicht sichtbarem Licht geschwärzt wurden, denn jetzt konnte man auch in die infraroten und ultravioletten Spektralbereiche hineinsehen; später kamen Detektoren für Röntgen- und Gammastrahlen hinzu. Neue Welten taten sich auf.

Die dritte Instrumentengruppe, die den Astronomen enorme Datenmengen aus den Tiefen des Universums liefert, sind Radioteleskope.

Am 27. und 28. Februar 1942 empfing James Stanley Hey bei der Suche nach Radarstörungen durch den deutschen Kriegsgegner die ersten Radiowellen von der Sonne. Starke Eruptionen (Flares) waren die Ursache – sie wurden von mehreren Observatorien bestätigt. Wie schon zehn Jahre vor ihm der Pionier Karl Jansky stellte jetzt auch Hey fest, daß uns Radiowellen aus dem Universum erreichen. Doch es dauerte noch bis in die späten 50er Jahre, bevor die Radioastronomie ein eigenständiges Forschungsgebiet wurde. Heute ist sie aus dem Alltag der Astronomie und der Kosmologie nicht mehr wegzudenken. Die größten Teleskope der Welt sind Radioteleskope.

Das Radioteleskop in Arecibo, Puerto Rico, und das VLA (Very Large Array) in New Mexico gelangten in dem Hollywoodfilm *Contact* zu Kinoruhm. Mit dem VLA empfängt die Hauptdarstellerin Jody Foster Signale intelligenten Ursprungs aus dem Weltraum.

Aus dem forschenden Blick ins Universum entwickelte sich eine Wissenschaft, die heute vom Nimbus des völlig Unverständlichen umgeben ist. Astronomen und Kosmologen operieren mit Zahlen, die weit jenseits des menschlichen Fassungsvermögens liegen, bewegen sich am Rand der physikalischen Gesetze, entdecken immer wieder auf's Neue, daß der Kosmos doch ganz anders ist als angenommen, blicken Milliarden Lichtjahre in die Vergangenheit und entwickeln Theorien, die kaum jemand versteht – von der Relativitätstheorie über die These vom Urknall bis zur Frage nach der Sterblichkeit oder Unsterblichkeit von Materie.

Bis vor gar nicht allzu langer Zeit glaubten wir, unsere Milchstraße sei das Universum. Edwin Hubble zeigte 1923, daß Spiralnebel eigenständige Galaxien sind; Galaxien wie unsere. Von nun an gab es kein Halten mehr.

Abb. 12: Das größte Radioteleskop der Welt ist das von Arecibo in Puerto Rico. Es hat einen Durchmesser von 305 Metern. Mit seiner Hilfe horchen Wissenschaftler auch nach intelligenten Signalen aus dem All.

Das ohnehin schon unvorstellbar große Universum war endgültig aus den Fugen geraten. Das Trauma für den menschlichen Verstand war perfekt.

Kreisende Kugeln

Heute sind wir ungefähr darüber informiert,
wie groß das Universum ist – unvorstellbar,
wie vielfältig die Vorgänge darin sind – unvorstellbar,
wie alt es ist – unvorstellbar,
wie unwahrscheinlich unsere eigene Existenz ist – unvorstellbar.
Das Universum existiert seit Milliarden von Jahren, und möglicherweise gibt es nur ganz wenige Welten mit Wesen, die sich darüber wundern.
Wir jedenfalls tun es.

Das All ist fast wie ein Büro organisiert. Es besteht aus kreisenden Kugeln, die um kreisende Kugeln kreisen, die um kreisende Kugeln kreisen, und so weiter...

Wie alles begann

Der Blick zu den Sternen ließ die Menschen stets ehrfürchtig eine zentrale Idee, einen Schöpfer, ein übernatürliches Wesen vermuten, das alles geschaffen hat. Wir sind in unserem Wissen über den Bau der Welt in gewaltigen Schritten durch das letzte Jahrhundert geeilt, der zentralen Frage dabei jedoch keinen Millimeter nähergekommen. Weder der Sinn der Welt noch ihr Ursprung sind uns bekannt. Wir haben keine Ahnung, ob dieser Kosmos, dessen Alter wir auf mehr als 15 Milliarden Jahre schätzen, der einzige ist – oder der erste. Möglicherweise waren schon viele vorher da und werden viele nachher kommen. Möglich auch, daß sie parallel existieren – nebenan – oder zeitversetzt.

Allein unsere Mühe, den Anfang des Universums plausibel zu erklären, zeigt, wie wenig wir bisher dahintergekommen sind, ob die Welt eine Schöpfung Gottes oder der pure Zufall ist.

Eine Theorie über die Entstehung von Raum und Zeit sieht den Urknall als Initialzündung der Welt. Dieses Modell hat eine bewegte Geschichte hinter sich, wurde mehrfach verworfen und wieder neu vertreten. Heute gilt es als die wahrscheinlichste Erklärung für den Ursprung (!) des Universums:

Alle Materie und Strahlung war bei unendlich hoher Temperatur und unendlich hoher Dichte in einem Punkt konzentriert. Diese Masse wurde durch den Urknall explosionsartig auseinandergetrieben. Im Bruchteil einer Sekunde sank die Temperatur durch die extrem schnelle Expansion um mehrere Milliarden Grad. In den darauffolgenden Sekunden sank sie weiter dramatisch ab. In diesem Abkühlungsprozeß entstanden Photonen, Elektronen sowie Protonen und Neutronen, die in den nächsten Minuten zu stabilen Deuterium- (schwerer Wasserstoff) und Heliumatomkernen verschmolzen. In den folgenden Jahrhunderttausenden entstanden dann die schwereren Atome.

Die Theorie, das gesamte Universum sei in einem Moment aus einem einzigen Punkt heraus entstanden, erklärt die Tatsache, daß es sich stetig ausbreitet und die Galaxien sich daher seit Milliarden von Jahren immer weiter voneinander entfernen. Eines der schwierigsten und herausforderndsten Rätsel der Naturwissenschaft ist bis heute allerdings die Theorie der Galaxien- und Haufenbildung. Wie konnte es dazu kommen, daß sich die gewaltigen Gasmassen zu Sonnen verdichteten, die sich wiederum zu Galaxien zusammenfanden und als gigantische Sternenverbände mit hunderttausend und mehr Lichtjahren Ausdehnung durch den leeren Raum rasen?

Die Urknalltheorie gibt uns keine Auskunft darüber, woher die gewaltige Energie kam, die da eines Tages vor langer, langer Zeit zu der Explosion führte, die das All erschuf.

Nicht weniger rätselnd stehen wir schließlich vor der Frage, wohin sich das Universum eigentlich ausbreitet – denn wenn es expandiert, was offensichtlich geschieht, muß Platz vorhanden sein, in den es hineinwachsen kann. Was also befindet sich jenseits der Grenzen des Universums? Selbst wenn da nichts ist, muß dieses Nichts irgendwie existieren. Es ist ja so etwas wie ein Raum, in den der Weltraum hineinwächst. Anderenfalls wäre da eine Begrenzung, doch selbst die müßte irgendwann irgendwie entstanden sein…

Für die Schilderung oder Beschreibung dieser Phänomene fehlen uns die Worte. Lediglich die Sprache der hohen Mathematik bewegt sich hier noch auf halbwegs sicherem Boden – doch die versteht kaum jemand. Die Beschäftigung mit der Unendlichkeit des Universums ist ein Trauma für den menschlichen Verstand, aber wir sind wild entschlossen, den Dingen auf den Grund zu gehen. Vorläufig jedoch sitzen wir noch vor einem Kosmos von Fragen und vermögen nicht nachzuvollziehen, wie aus nichts – oder reiner Energie – ein ganzes Universum entstehen konnte.

Eines?

Heute deutet immer mehr darauf hin, daß im Universum nicht genügend Masse vorhanden ist, um die Expansion zu stoppen. Die Materie treibt seit dem Urknall – auch Big Bang genannt – immer weiter auseinander. Diese Ausdehnung sorgt für immer größere Abkühlung. Die Sterne werden irgendwann erlöschen, das Universum wird aufhören zu existieren – wenn man mit Universum jenes meint, das wir sehen können. Möglicherweise war der Urknall auch nur ein Gewitterblitz in einem übergeordneten Universum, einem Mega-Universum, in dem immer wieder Big Bangs vorkommen und Universen wie unseres entstehen lassen…

Sternenstaub

Die Frage, wie Materie entstand, können wir noch nicht befriedigend beantworten. Irgendwann war sie da, und damit nahmen die Dinge ihren Lauf. Die Deuterium- und Heliumatome verdichteten sich – gesellten sich zunächst zueinander, bildeten dadurch eine größere Masse, die mit ihrer Schwerkraft weitere Atome anzog. Je mehr

Atome sich zusammenfanden, desto größer wurde die Schwerkraft, die wieder weitere Atome anzog. Die Gaskonzentrationen nahmen zu, die Atome bildeten schließlich gewaltige Kugeln, in deren Innerem die Dichte, damit der Druck und folglich auch die Temperatur immer weiter anstieg – bis schließlich der Kernfusionsprozeß in Gang gesetzt wurde. Sterne waren entstanden; Feuerbälle, in deren Zentrum durch atomare Verschmelzung Wasserstoff in Helium umgewandelt wird – bei Temperaturen von 15 Millionen Grad. Dabei wird Energie freigesetzt und in den Weltraum abgestrahlt. Ein Stern von der Größe unserer Sonne verliert durch diese Abstrahlung in jeder Sekunde fast vier Millionen Tonnen an Masse. Dennoch reicht der Vorrat für rund acht Milliarden Jahre.

Sonnen, die wesentlich größer sind als unsere – sie gehört zu den eher kleinen –, werden nicht so alt. Ab der achtfachen Masse unseres Zentralsterns endet ihre Existenz bereits nach wenigen 100 Millionen Jahren in einem gewaltigen Feuerwerk, das die Wissenschaftler «Supernova» nennen. Die Dichte der Masse im Inneren des Sterns wird so hoch, daß Temperaturen entstehen, die den Kernfusionsprozeß extrem beschleunigen. Er verbraucht in kurzer Zeit den gesamten Brennstoffvorrat. In der letzten Phase kann der Druck der Kernfusion, der nach außen gerichtet ist, dem Druck der Materiemasse, der nach innen auf das Zentrum des Sterns gerichtet ist, nicht mehr standhalten. Der Kern des Sterns kollabiert in einem Zeitraum von weniger als einer Sekunde. Die in sich zusammenstürzende Materie erzeugt eine gewaltige Stoßwelle, die im Inneren reflektiert wird und die die äußeren Schichten des Sterns mit einigen tausend Kilometern pro Sekunde in den Raum hinausschleudert.

Die Energie, die bei solchen Sternexplosionen freigesetzt wird, ist so gigantisch, daß eine Supernova heller leuchten kann als eine ganze Galaxie. Auf der Erde erscheint sie dann als neuer Stern am Himmel: nova – neu. Ihre größte Pracht dauert nur einige Monate, die Explosionswolke bleibt jedoch für einige tausend Jahre als Supernova-Überrest nachweisbar. Der Kern ist – je nach Masse der explodierten Sonne – zu einem Neutronenstern oder einem schwarzen Loch geworden. Ein Neutronenstern hat eine der Sonne vergleichbare Masse, aber nur einen Radius von etwa zehn Kilometern. Ein schwarzes Loch hat eine so mächtige Anziehungskraft, daß nicht einmal Licht von dort entweichen kann – eine Gravitationshölle.

Während einer Supernova-Explosion entstehen Temperaturen, die sonst im Universum nicht vorkommen. Sie schmelzen Atomkerne zu den «schweren Elementen» zusammen. Die Elemente, aus denen Planeten wie unserer bestehen, werden während solcher Explosionen gebacken, dann mit mehreren tausend Kilometern pro Sekunde fortgeschleudert, um als Sternenstaub durch den Kosmos zu reisen – mitunter Jahrmillionen und -milliarden.

Eine Theorie zur Entstehung von Planetensystemen besagt, daß ein Teil dieses Materiestaubs von anderen Sonnen eingefangen, d. h. in eine Umlaufbahn gezwungen wird. Dort bildet der kosmische Staub eine kreisende Scheibe um den Äquator des Sterns, der ihn eingefan-

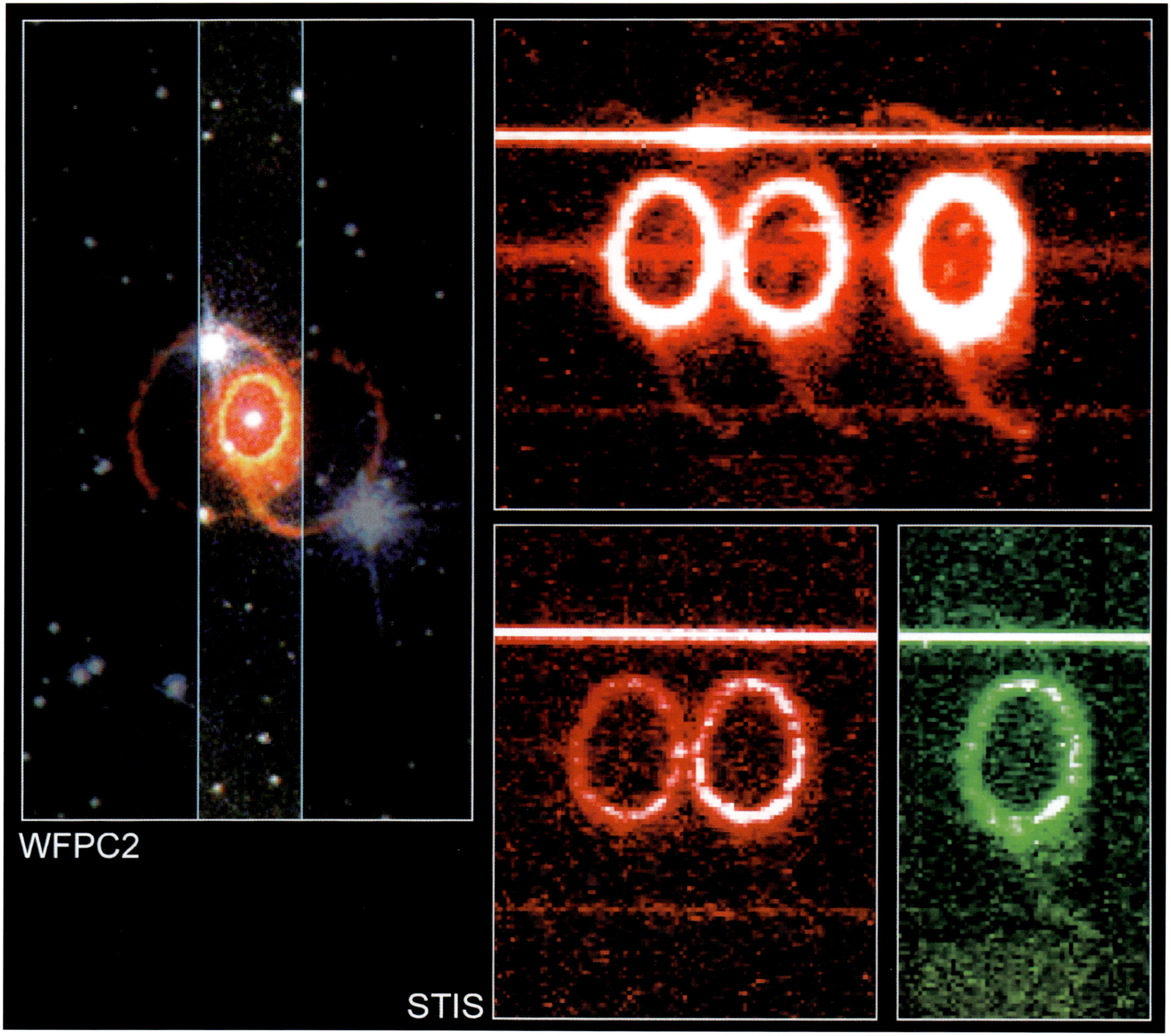
WFPC2
STIS

Abb. 13: Supernova 1987A, aufgenommen vom Hubble Space Teleskop. Eine Supernova ließ Tycho Brahe 1572 am damaligen Weltbild zweifeln. Der «neue» Stern zeigte, daß der Himmel nicht unveränderlich war.

gen hat. Mit der Zeit finden sich die Partikel zu Körnern, dann zu Klumpen, schließlich zu Brocken und so weiter zusammen, bis Planeten entstehen. Die schweren Elemente befinden sich dabei nahe an der Sonne, die leichteren weiter weg. Die ersten vier Planeten unseres Sonnensystems, Merkur, Venus, Erde und Mars, bestehen aus schweren Elementen, während die folgenden, Jupiter, Saturn, Uranus und Neptun, Gasplaneten sind. Ganz weit draußen gibt es dann wieder schwerere Elemente – in geringer Konzentration, daher der kleine Planet Pluto. Entscheidend für den Entstehungsprozeß – vor allem für die Planeten aus schweren Elementen – ist, daß sie immer mehr Materie aus ihrer Umgebung anziehen, die mit großer Geschwindigkeit einschlägt. Dadurch entsteht genügend Hitze, um das Material zum Kochen zu bringen. Der Planet ist heiß und weich und kann eine fast perfekte Kugelform bilden. Gleichzeitig sinken die ganz schweren Elemente in der glühenden Kugel nach «unten», also zur Mitte, und die leichteren schwimmen obenauf. Der Kern der Erde besteht aus schwerem Eisen, die äußere Schicht aus leichteren Silikaten. Für uns war das enorm wichtig, denn sonst wären wir nicht entstanden.

Die Atome unserer Körper sind – wie alle Atome der Erde – in fremden Sonnenexplosionen entstanden. Wir sind Sternenstaub.

Die so logisch und recht einfach anmutende Entstehung von Planeten macht es hochwahrscheinlich, daß viele Sonnen von solchen Trabanten umschwirrt werden. Zum Leidwesen der Astronomen ist es jedoch sehr schwierig, dieser Frage nachzugehen, denn andere Sonnen sind sehr weit von uns entfernt – wir sehen sie ja nur als winzige Punkte am Himmel –, und sie leuchten so stark, daß die kleinen Planeten in ihrer Umgebung völlig überstrahlt werden. Optisch sind sie also nicht auszumachen. In den letzten Jahren gelang es mit ausgeklügelten Meßverfahren dennoch, einige Planeten fremder Sonnen zu entdecken – die meisten werden vorsichtig als «planetenähnlich» bezeichnet. Es handelt sich aber ganz sicher um «kleine» Kugeln, die um ihren Stern kreisen. Bisher ist lediglich die Entdeckung besonders großer «kleiner Kugeln» möglich. Gefunden wurden bis Mitte 1998 elf dieser Planeten, deren kleinster etwa halb so groß, der größte zehnmal so groß wie Jupiter ist. Zum Vergleich: Jupiter ist der größte Planet unseres Sonnensystems. Seine Masse ist etwa 318mal größer als die der Erde und seine Größe tausendmal kleiner als die der Sonne. Mit mehr Masse hätte er selbst eine Sonne werden können, denn er besteht im wesentlichen, ähnlich wie unser Zentralstern, zu 90 Prozent aus Wasserstoff und 10 Prozent aus Helium.

Die Astronomen suchen weiter nach Planeten, doch es wird noch einige Zeit dauern, bis sie in der Lage sind, Himmelskörper zu entdecken, die etwa die Größe der Erde haben und auf denen ähnliche Bedingungen herrschen könnten wie bei uns – denn darum geht es ja. Wir wollen wissen, ob es im Universum mehr Leben gibt oder ob wir eine Ausnahmekugel erwischt haben. Bei der unendlich anmutenden Menge von Sonnen pro Galaxie und der ebenfalls unendlich anmutenden Anzahl der Galaxien sollte man meinen, daß es im Universum von Leben wimmelt, doch bis heute haben wir nicht den geringsten Beweis für Leben außerhalb der Erde.

Sieht man genauer hin, ist die Wahrscheinlichkeit unserer Existenz so unvorstellbar winzig, daß es uns – bei statistischer Betrachtungsweise – gar nicht geben kann. In den zurückliegenden viereinhalb Milliarden Jahren, die unser Planetensystem jetzt existiert, mußten Milliarden von Zufällen aufeinander folgen, damit wir entstehen konnten – und das ist offensichtlich passiert. Wir sind das unwahrscheinliche Produkt einer Jahrmilliarden-Zufallskette! Dieser Triumph des Zufalls hat allerdings einen schmerzlichen Schatten. Vorausgesetzt, es gibt Hunderttausende oder Millionen, gar Milliarden von Planeten, auf denen Leben möglich wäre, dann wird dort der gleiche oder ein ähnlicher Prozeß abgelaufen sein – und vielleicht sind das die Planeten, auf denen es nicht geklappt hat. Wir wären allein auf weiter Flur. Früher, als die Erde noch im Mittelpunkt des Universums thronte, war das kein Problem. Heute allerdings liegen die Dinge anders. Wir wissen, daß wir mit unserer Sonne am äußeren Rand unserer Galaxie, gemeinsam mit einigen 100 Milliarden anderen Sonnen, um ein schwarzes Loch kreisen und etwa 300 Millionen Jahre für eine Umrundung benötigen. Wir wären auf dieser Reise nicht gerne ganz allein – oder anders ausgedrückt: Es wäre prima, wenn wir Wesen treffen würden, mit denen wir Erfahrungen austauschen könnten. Einen Versuch ist es jedenfalls wert.

Außerirdisches Leben

We are not alone – «wir sind nicht allein» lautet die Botschaft in Steven Spielbergs Hollywoodfilm *Unheimliche Begegnung der dritten Art*, in dem Außerirdische mit einem geräumigen Raumschiff auf der Erde landen. Sie sind freundlich und nett.

Das war nicht immer so. Frühe Film-Außerirdische, die auf der Erde landeten, kamen in kriegerischer Absicht – eine Sorge, die sich bis heute gehalten hat. Filme wie *Alien* und *Independence Day* zeigen turmhoch überlegene außerirdische Intelligenzen, gegen die wir uns auf der Entwicklungsstufe von Bakterien befinden. Daß wir dennoch jedesmal mit heiler Haut davonkommen, liegt fast immer daran, daß wir uns zusammenreißen, alle unsere Alltagsquerelen vergessen und gemeinsam das Erbe der Menschheit verteidigen. Das scheint in der Tat ein wesentlicher Aspekt unseres Erfolgs als Lebewesen auf der Erde zu sein. Wir kommunizieren miteinander sehr effektiv, tauschen sehr komplexe Inhalte aus und helfen einander, wenn es notwendig ist. Andererseits bekämpfen wir uns wegen minimaler Unterschiede in Rasse, Religion oder sozialer Stellung. Da ist es schon mutig, im Universum auf die Suche nach außerirdischer Intelligenz zu gehen, wenn wir es kaum schaffen, schwarz und weiß, christlich und moslemisch, demokratisch und sozialistisch friedlich unter einen Hut zu bringen.

Die Metapher von der Erde als Raumschiff könnte da vielleicht helfen – ein großes Raumschiff im Orbit der Sonne, auf dem eine illustre Vielfalt von Kulturzonen existiert. In diesen Zonen leben die Menschen nach selbst definierten Regeln, und alle Menschen haben Zugang zu allen Zonen. Klingt fast wie Science-fiction à la *Enterprise*, ist aber recht nahe an der Wirklichkeit – zumindest, wenn man als Besucher aus dem All käme und sich die Sache erst einmal aus dem Orbit der Erde ansehen würde.

Doch bisher ist niemand vorbeigekommen – die Spekulationen über UFOs einmal außen vor gelassen. Wir müssen uns schon selbst auf die Suche machen, lautet die Forderung der Wissenschaft, wenn wir jemanden finden wollen, mit dem wir reden können.

Abb. 14: Der Mensch ist seit wenigen Jahrzehnten in der Lage, die Erde zu verlassen und sie vom Weltraum aus zu betrachten.

SETI

Es war nicht einfach, amerikanische Steuergelder in Höhe von 100 Millionen Dollar für ein Unternehmen lockerzumachen, das nach außerirdischer Intelligenz sucht, denn die Frage, «was soll das sein – außerirdische Intelligenz?», konnte natürlich niemand beantworten. Doch der Etat wurde nach einigem Zögern bewilligt und SETI am 12. Oktober 1992, 500 Jahre nach der Entdeckung Amerikas durch Christoph Columbus, von der NASA gestartet. SETI steht für «Search for Extraterrestrial Intelligence», zu deutsch: Suche nach außerirdischer Intelligenz.

Zwei Jahre später jedoch war es mit der Großzügigkeit schon wieder vorbei. Das Projekt geriet in finanzielle Schwierigkeiten und konnte nur fortgeführt werden, weil private Geldgeber einsprangen – darunter die Besitzer einer großen amerikanischen Computerfirma: Mr. Hewlett und Mr. Packard.

SETI sucht das Universum nach Radiosignalen ab, die intelligenten Ursprungs sein können. Das ist eine gewaltige Aufgabe, denn die Suche muß einen Bereich von fast einer Milliarde Frequenzen abdecken. Die Hauptarbeit des Projektes wird mit dem 305-Meter-Radioteleskop in Arecibo, Puerto Rico, durchgeführt.

Der amerikanische Philosoph Terence McKenna kritisiert das SETI-Projekt, weil er es für zu anthropozentrisch hält. Man gehe zu sehr davon aus, daß andere Intelligenzen die gleiche Technik wie wir entwickelt hätten. Er sagt: «Die erwartungsvolle Suche nach Radiosignalen von außerirdischen Quellen basiert auf einer wahrscheinlich ebenso kulturgebundenen Annahme wie das Absuchen der Galaxie nach einem guten italienischen Restaurant.»

Angesichts der Unwahrscheinlichkeit wäre es allerdings eine Riesensensation, wenn man tatsächlich ein solches Signal finden würde. Die Chancenlosigkeit stellt irdische Lottosysteme weit in den Schatten. Abgehört werden etwa eine Milliarde Frequenzen. Selbst bei einer Konzentration der Suche auf nur 1000 «erdnahe» Sterne, die unserer Sonne ähnlich sind, ergibt dies fast 10 hoch 13 Möglichkeiten. Das Teleskop in Arecibo hört mehrere Millionen Frequenzen gleichzeitig ab, Computer werten die Daten aus. In einigen Jahrzehnten könnte ein Signal geortet werden – wenn es überhaupt eines gibt.

Abb. 15: Wir wissen nicht, ob im Universum noch an anderen Orten Leben existiert. In unserer Phantasie aber beschäftigen wir uns immer wieder mit diesem Thema. Szenenfoto aus dem Spielfilm ***E.T.***

Sollten wir tatsächlich Signale finden, sind sie möglicherweise schon seit Jahrtausenden unterwegs, und die Kultur, die sie ausgesandt hat, befindet sich inzwischen auf einem ganz anderen Entwicklungsstand. Wenn wir antworten, ist diese Botschaft wieder ein paar tausend Jahre unterwegs. Recht unwahrscheinlich, daß sich dort noch jemand daran erinnert, was viele Tausende von Jahren vorher in den Kosmos gefunkt wurde. Und selbst wenn: Die Antwort wäre wieder ein paar tausend Jahre unterwegs. Da wird E-Mail wieder zur Schneckenpost.

Selber senden

Wir Menschen senden seit etwa 70 Jahren kontinuierlich Radiowellen ins All – mit unseren Radio- und Fernsehprogrammen. Intelligente Wesen, die wir damit erreichen können, müssen also mindestens so weit entwikkelt sein, daß sie das Radio erfunden haben. Die Radio- und Fernsehwellen, die wir automatisch hinausschicken, werden mit wachsendem Abstand von der Quelle allerdings immer schwächer. In tausend Lichtjahren Entfernung sind sie wahrscheinlich nicht mehr zu entdecken. 1974 schickte man daher eine codierte Botschaft mit

Außerirdische auf dem Heim-PC
Seit Jody Fosters erfolgreicher Suche nach Außerirdischen im Kinofilm *Contact* weiß man, wie diese Suche durchgeführt wird: Mit dem Riesenteleskop im puertoricanischen Arecibo. Die Forscher des SETI-Projekts hören damit Radiowellen aus dem All ab und suchen im kosmischen Rauschen nach Signalen, die von intelligenten Lebewesen stammen könnten. Diese Daten werden von Computern ausgewertet. Da mehr Daten anfallen, als die Rechner bewältigen können, sucht man Hilfe im Internet.
Seit Mitte 1998 können Privatpersonen im Projekt Seti@home bei der Analyse der Datenmassen helfen. Eine spezielle Bildschirmschoner-Software auf dem eigenen PC setzt sich in Arbeitspausen automatisch mit dem SETI-Rechner in Verbindung und stellt die freie Rechenkapazität zur Verfügung. Fünf Tage braucht ein Heimcomputer, um eine Minute Arecibo-Rauschen zu durchforsten, doch die Masse macht's. Viele Schreibtischcomputer rechnen heute an den SETI-Daten, denn immerhin hat damit jeder eine Chance, das erste Signal zu entdecken – so wie Jody Foster in *Contact* –, und das war in der Tat ein bewegender Moment. Mehr Informationen unter:
http://www.seti-inst.edu
oder
http://setiathome.ssl.berkeley.edu

gewaltiger Sendeleistung zum Kugelsternhaufen M 13 im Sternbild Herkules. Sie wird 26 000 Jahre unterwegs sein, bis sie dort eintrifft. Um sie zu empfangen, bedarf es nicht nur einer intelligenten Lebensform, die das Radio entwickelt hat, es muß auch jemand gewaltig aufpassen, um die 15 Minuten dauernde Sendung auf der richtigen Frequenz zu empfangen. Das gelingt nur, wenn dabei in die richtige Richtung gepeilt wird. Ist einer dieser Faktoren nicht erfüllt, rast die Botschaft ungehört weiter.

Mit so hoher Leistung senden wir nur selten ins Universum. Es ist teuer. Bleibt zu hoffen, daß die fremden Intelligenzen, die im Sendebereich unserer Radio- und Fernsehprogramme liegen, über ausreichend große Antennen und ausreichend leistungsfähige Verstärker verfügen, um diese Signale aus dem kosmischen Rauschen herausfiltern zu können. Dann wüßten sie von uns. Allerdings stellt sich die Frage, ob sie neugierig auf uns wären – schließlich sehen sie unsere TV-Programme...

Weltschiffe

Es gibt zwei mögliche Gründe für Reisen des Menschen zu fremden Sonnen. Erstens, daß wir uns einen neuen Planeten suchen müssen, weil unserer zu eng oder zu krank geworden oder von einem riesigen Asteroiden oder Kometen bedroht wird, und zweitens, daß wir von Außerirdischen eine Einladung erhalten. In beiden Fällen müßten wir unser Sonnensystem verlassen, durch den interstellaren Raum fliegen und in fernen Sonnensystemen nach dem Zielplaneten suchen.

Bei der Planung solch einer Reise sind wir an die Gesetze der Physik gebunden – soweit wir sie kennen. Sie setzen uns enge Grenzen. So ist die Lichtgeschwindigkeit das maximale Tempo, mit dem Distanzen überwunden werden können. Lebewesen und Gegenstände aber reisen wesentlich langsamer. Sie wären mit heutiger Technik Zehntausende von Jahren unterwegs, um den Nachbarstern unserer Sonne, Proxima Centauri, zu erreichen; es sei denn, die Außerirdischen schicken Baupläne für Raumschiffe, die vielfache Lichtgeschwindigkeit schaffen oder Raum-Zeit-Sprünge durchführen können – Ideen aus Science-fiction-Geschichten, deren Realisierung Wissenschaftler heute für unmöglich halten. Wenn wir in die Tiefe des Raumes fliegen wollen – oder müssen –, bleibt uns keine Wahl: Wir werden langsam sein.

Daraus folgt, daß Menschen, die eine solche Reise antreten, in großer Zahl aufbrechen müssen, denn sie werden viele Generationen lang unterwegs sein. Man benötigt dazu ein riesiges Schiff, auf dem mehrere Millionen Menschen Platz finden und das eine eigene, selbstregenerierende Biosphäre besitzt – fast eine Mini-Erde. Die Reisenden und ihre Kinder und Kindeskinder werden ihr Leben an Bord verbringen. Nach zehntausend und mehr Jahren wird man am Ziel sein. Selbstverständlich wissen wir nichts darüber, wie eine hermetisch abgeschlossene Kultur sich über einen so langen Zeitraum entwickelt. Wahrscheinlich werden die meisten Völker in solchen Raumschiffen «vom Weg abkommen». Sie werden irgendwann nicht mehr wissen, wohin die Reise geht, oder was ihr Sinn ist. Möglicherweise wird das Ziel oder der Sinn aber auch mystisch oder religiös verklärt oder... – alles ist möglich. Wir wissen recht gut über die letzten 2000 Jahre der menschlichen Entwicklung auf der Erde Bescheid. Wie aber unsere Vorfahren vor 10 000 Jahren dachten, liegt weitgehend im dunkeln, und wie die Chancen stehen, über einen so langen Zeitraum Frieden zu halten und das gemeinsame Ziel zu verfolgen – darüber wissen wir rein gar nichts.

All diese Probleme haben die Außerirdischen übrigens auch – es sei denn, sie kennen eine andere Physik. Dann allerdings sind wir für sie sicher nicht besonders spannend; eher eine niedere intelligente Lebensform – eine Erinnerung an ihre Urahnen.

Wir versuchen es dennoch

Bevor wir überhaupt daran denken, zu fremden Sternen aufzubrechen, werden wir uns für lange Zeit in unserem Sonnensystem umsehen. Vor gut 40 Jahren verließ zum ersten Mal ein von Menschen gemachtes Objekt die Erde – das Zeitalter der Raumfahrt hatte begonnen. Mit dem Betrieb der Internationalen Raumstation ISS beginnt das zweite Kapitel dieser Ära – die Menschheit baut einen festen Außenposten im Weltraum. Das dritte Kapitel wird gedanklich vorbereitet – die bemannte Reise zum Mars. Dort angekommen, werden wir sicher nicht haltmachen. Der Kosmos ist zwar ein Trauma für den menschlichen Verstand – aber er ist auch eine Herausforderung.

Die Brücke zum Mond

Vom Feuerwerkskörper zum Space-Helikopter

Die Erfindung von Raketen hat uns in die Lage versetzt, unseren Heimatplaneten zu verlassen. Das ist eine ungeheure Leistung und im Grunde genommen absurd, denn außerhalb der Erde kann der Mensch nicht leben – und dennoch fliegt er von ihr fort.

Die ersten Raketen

Die ersten Raketen entstanden möglicherweise durch Zufall. Schon vor mehr als tausend Jahren feierten die Menschen in China Feste, bei denen sie mit Sprengpulver gefüllte Bambusstäbe ins Feuer warfen, damit sie unter lautem Krachen explodierten – ein Ritual, das die Götter besänftigen sollte. Der Sprengstoff bestand aus Salpeter, Sulfat und Kreidepulver. Sicherlich kam es häufiger vor, daß einige dieser Stäbe nicht hinreichend fest verschlossen waren, so daß sich an einer Seite das Pulver entzündete und ein Feuerschweif am offenen Ende austrat. Das Bambusrohr fauchte dann in wilden Kurven durch die Gegend – es war zu einer Feststoffrakete geworden.

Als Kriegswaffen werden Raketen zum ersten Mal im Jahr 1232 erwähnt. Die Chinesen setzten sie in der Schlacht von Kai-fung-fu gegen die Mongolen ein. Auf Pfeile gebunden, trugen sie die Bogengeschosse sehr viel weiter, als diese normalerweise flogen. Gleichzeitig fungierten sie als eine Art Leitwerk, das die Pfeile auf Kurs hielt. Schon wenig später setzten auch die Mongolen solche kombinierten Waffen ein. Bis zum 15. Jahrhundert sind viele Berichte überliefert, in denen der Einsatz von Raketen zu kriegerischen Zwecken erwähnt wird.

Im 16. Jahrhundert experimentierte der deutsche Feuerwerker Johann Schmidlap mit mehrstufigen Geschossen. Er wollte Feuerwerkskörper auf größere Höhen bringen. Eine erste Stufe trug eine kleinere zweite, die gezündet wurde, wenn die erste Stufe ausbrannte. Damit gelang es ihm, die Pracht des Feuerwerks sehr viel höher am Himmel zu entfalten, als es bis dahin möglich gewesen war. Schmidlaps Idee der Mehrstufigkeit bildet bis heute die Basis für fast alle Systeme, die in den Weltraum fliegen.

Der heiße Stuhl

Neben der fast ausschließlichen Verwendung zu Kriegszwecken oder als Feuerwerkskörper existiert auch eine Legende, in der eine Rakete als Transportvehikel erprobt wurde. Mit Hilfe vieler Assistenten ließ der chinesische Beamte Wan-Hu einen mit Raketenantrieb versehenen Stuhl bauen, an dem zwei große Drachen befestigt waren. Jeder Drache trug 47 Antriebsaggregate.

Nachdem der Stuhl fertig war, setzte sich Wan-Hu persönlich darauf und gab das Kommando zur Zündung. Je 47 Assistenten, ausgestattet mit je einer Fackel, rannten zum Stuhl und entzündeten jeder ein Triebwerk. Es gab ein gewaltiges Donnern bei gleichzeitiger heftiger Rauchentwicklung. Als der Rauch sich verzogen hatte, waren Wan-Hu und der Stuhl verschwunden. Es ist nicht überliefert, was mit ihm geschah, aber es ist anzunehmen, daß er mit dem Stuhl explodierte.

Abb. 16: Um 1200 n. Chr. verwendeten die Chinesen Feststoffraketen in Form von Brandpfeilen auf dem Schlachtfeld.

Abb. 17: Der Dichter Cyrano de Bergerac (1619–1655) entwickelte mehrere Ideen, wie der Mensch in den Weltraum fliegen kann. Bei diesem Modell sorgt verdunstender Wasserdampf aus den Behältern am Gürtel für genügend Auftrieb, um die Versuchsperson in die Luft – und bis in den Weltraum zu tragen.

Abb. 18: 1928 baute Kurt Volkhart den Opel Raketenwagen. Hier sitzt er selbst am Steuer seines Feuerstuhls.

SpaceBobs Tagebuch, 22. August 2016
Kosmodrom Baikonur. Kasachstan.
45 Grad, 5 Minuten Nord; 63 Grad, 4 Minuten Ost.
Sehr heiß. Kräftiger Nordwind. Endloser Himmel.

Bin seit drei Tagen hier. Eine historische Stätte. Hier startete vor 59 Jahren der allererste Satellit in der Geschichte der Menschheit. Aber das ist nicht das eigentlich Irre hier. Das Gelände ist riesig. 6700 Quadratkilometer.
Ein gigantisches Gelände. Ich fahre den ganzen Tag mit einem Jeep herum. Gibt's hier billig zu mieten. Sind allerdings ziemliche Schrottdinger.
Man kommt immer wieder an großen Hallen vorbei. In manchen leben und arbeiten Leute, andere sind leer und verfallen. Vorhin war ich in einer Halle, wo sie an kleinen Space-Helikoptern bauen. Richtig wie früher in einer Autowerkstatt. Lauter Freaks, viele Japaner dabei. Sind lauter kleine Unternehmen – oder sowas ähnliches. Für die Hallen hier zahlen sie nichts. Niemand kümmert sich um das Gebiet, obwohl von hier immer noch Raketen starten. Ganz alte Interkontinentalraketen. Sie rosten irgendwo vor sich hin, aber manchmal kommt jemand, der einen Satelliten launchen will, und dann holen diese Typen hier das alte Gerät aus den Bunkern und Schuppen und knallen eine funktionstüchtige SS-18 zusammen. Damit ballern sie den Satelliten dann in die Umlaufbahn. Klar, daß sie megabillig sind.
Sie haben kleine, alte Propellermaschinen von der Armee. Damit fliegen sie zum Einkaufen – 400 Kilometer weit.
Ich will mir die alte Abschußrampe für die Sojus TM ansehen. Von dort ist der erste Mensch in den Weltraum geflogen. Das ist echt Geschichte.

Die ersten wissenschaftlichen Experimente

Isaac Newtons Gesetze der Bewegung brachten im 18. Jahrhundert neue Impulse für die Entwicklung von Raketen.

Zunächst konstruierte 1720 der niederländische Professor Willem Gravesande ein Fahrzeug, das nach dem Rückstoßprinzip arbeitete. Es wurde durch den Ausstoß von Dampf angetrieben – das erste Jet-Car.

Experimente in Deutschland und Rußland folgten. Man baute Flugkörper mit einem Gewicht bis zu 50 Kilogramm und erlebte erstmals, daß die Flammen startender Raketen tiefe Löcher in die Erde am Startplatz brannten.

Die meisten dieser Versuche dienten militärischen Zwecken, doch letztlich blieben diese ballistischen Waffen eher wirkungslos. Sie waren kaum zu lenken und damit schwierig ins Ziel zu bringen. Ihre Hauptwirkung beruhte eher auf dem Spektakel, das sie auslösten, als auf dem Schaden, den sie dem Gegner zufügten. Doch es gab Ausnahmen, bei denen sie tatsächlich kriegsentscheidende Verwüstungen anrichteten.

Der Erfolg indischer Raketenschauer gegen die Briten in den Jahren 1792 und 1799 weckte das Interesse des Artillerie-Experten Colonel William Congreve, und er begann mit dem Bau dieser Waffen für das britische Militär.

Die Congreve-Raketen waren in späteren Schlachten recht erfolgreich, obschon sie nicht viel präziser und zuverlässiger flogen als frühere Systeme. Durch ihren massenhaften Einsatz aber richteten sie doch beträchtliche Schäden an.

Mit der immer besseren Ausnutzung der Newtonschen Gesetze verließen die Konstrukteure im 19. Jahrhundert langsam den Bereich des «Herumbastelns». Der Raketenbau entwickelte sich zu einem Forschungsbereich mit wissenschaftlicher Basis. Der Brite William Hale erfand die Technik, Geschosse durch Eigenrotation während des Fluges zu stabilisieren. Dieses Prinzip wird auch heute noch verwendet.

Mit dem Einsatz von Granaten auf dem Schlachtfeld verloren die Raketen in der Mitte des 19. Jahrhunderts jäh an Bedeutung. Granaten waren effektiver, weil sie beim Aufschlag explodierten und die dabei entstehenden Metallsplitter mehr Schaden anrichteten. Raketen fanden wieder ausschließlich Verwendung als Feuerwerkskörper.

Der nächste und entscheidende Schritt in der Entwicklungsgeschichte ballistischer Flugkörper vollzog sich im 20. Jahrhundert. Es war der Beginn der modernen Raketentechnik, mit deren Hilfe es schließlich gelang, in den Weltraum, zum Mond und durch das gesamte Sonnensystem zu fliegen. Die Entwicklung der modernen Systeme ist das Verdienst einiger Visionäre, die ihre Ideen gegen den Widerstand ihrer Zeitgenossen durchzusetzen vermochten. Man hielt sie zunächst für Spinner, doch sie sollten recht behalten.

Abb. 19: Der russische Raketenforscher Konstantin Ziolkowski (1857–1935) in seiner Werkstatt. Er formulierte als erster die Idee, mit Raketen die Erde verlassen zu können.

Pioniere der Raketenentwicklung

Die moderne Raketenentwicklung vollzog sich zunächst auf dem Papier.

Der russische Lehrer Konstantin E. Ziolkowski formulierte 1898 zum ersten Mal die Idee, mit solchen Maschinen in den Weltraum zu fliegen. Vorher hatte nie jemand daran gedacht – oder es zumindest nicht gesagt. Von ihm stammt auch die Idee, sie mit flüssigem Treibstoff anzutreiben, um sie schneller zu machen. Er ging davon aus, ohne es je ausprobiert zu haben, daß die Geschwindigkeit ausschließlich von der Austrittsgeschwindigkeit der verbrennenden Gase abhängt – und hatte recht damit.

Konstantin E. Ziolkowski verfaßte zwischen 1925 und 1932 über 60 Schriften, in denen er das theoretische Fundament für die Raumfahrt legte. Er war ein einsamer, schwerhöriger Schulmeister, der größtenteils isoliert von der Welt arbeitete, aber in Korrespondenz mit Hermann Oberth aus Deutschland stand, einem weiteren Pionier der Raumfahrt. Zu Lebzeiten war Ziolkowski weitgehend unbekannt. Der damalige Wissenschaftsbetrieb nahm seine Werke nicht ernst, weil sie zu fantastisch erschienen. Einige Jahre nach seinem Tode aber war die technische Entwicklung so weit fortgeschritten, daß seine zukunftsweisenden Ideen begannen, Anerkennung zu finden.

Ziolkowski, der Visionär, gilt heute als Vater der Astronautik.

Im Jahre 1919 veröffentlichte der Amerikaner Robert Goddard eine Schrift mit dem Titel *A Method of Reaching Extreme Altitudes* – «Eine Methode zum Erreichen extremer Höhen». Ihn interessierte die Frage, wie man in der Atmosphäre höher aufsteigen könne, als dies mit Heißluft- und Gasballons möglich war.

SpaceBobs Tagebuch, 23. August 2016
Kosmodrom Baikonur. Kasachstan.
45 Grad, 5 Minuten Nord; 63 Grad, 4 Minuten Ost.
Sehr heiß. Kräftiger Nordwind. Endloser Himmel.

Mich hat was gestochen. Ein kasachischer Wespenmutant. Die gibt's bestimmt nur hier. Bereiten sich auf ihre Reise zu den Sternen vor. Hab' mich gefragt, ob sie je Fliegen oder Mücken oder Wespen oder anderes Getier an Bord hatten.
Jedenfalls brennt es höllisch, und mein Bein ist stark geschwollen.
Am Gagarin-Komplex, wo ich gestern war, stehen auch Wohnhäuser. Total runtergekommen. Noch viel mehr als da, wo ich zur Zeit wohne. In den Gebäuden leben Ausgeflippte. Kometenjünger. Sie warten auf was weiß ich für Teile: Hale-Bopp oder Wirtanen oder Shoemaker-Levy oder namenlose Asteroiden. Jewgeni sagt, man kann nie wissen, was sie dann tun. Man kann auch nicht ausschließen, daß sie Massenselbstmord begehen. Ist schon passiert. Dunkle Sache. Irgendwie versauen sie mit ihrer Anwesenheit die Atmosphäre am Gagarin-Komplex. Quatschen einen an, reden wirres Zeug. Ich hab' zwei T-Shirts gekauft: «Heaven calls» und «Round and round and round». Das ist zwar nicht der Renner, aber ich bin sie damit losgeworden.

Goddard behauptete in dieser Schrift auch, daß Raketen schneller fliegen könnten, wenn sie sich im luftleeren Raum befänden – eine Meinung, für die man ihn in der New York Times verspottete. Allgemein war man der Auffassung, das Rückstoßprinzip funktioniere nur innerhalb der Lufthülle, denn schließlich müsse der Rückstoß etwas haben, woran er sich abstoßen könne – die Luft eben. Im luftleeren Raum werde das also – logischerweise – nicht funktionieren. Eine Logik, die falsch war.

Das Rückstoßprinzip beruht auf dem dritten Newtonschen Gesetz: Jede Aktion hat eine Reaktion zur Folge. Von einem Raketentriebwerk werden Masseteilchen mit großer Geschwindigkeit entgegen der Flugrichtung ausgestoßen – Aktion. Dadurch entsteht in Flugrichtung eine gleich große Kraft, die die Rakete beschleunigt – Reaktion.

Goddard begann seine Experimente mit Feststoffraketen, gelangte aber schnell zu der Überzeugung, daß mit einem Flüssigtreibstoffantrieb eine höhere Beschleunigung zu erreichen sei. Niemand hatte bis dahin jemals ein solches System gebaut. Am 16. März 1926 startete er eine Rakete, in deren Tank sich flüssiger Treibstoff befand. Sie erhob sich nur zwölf Meter in die Luft und schlug 56 Meter weiter auf dem Boden auf. Wenn das auch kein berauschender Erfolg war, so wertete Goddard das Experiment doch als grundsätzlich erfolgreich.

1935 erreichte eine andere Goddard-Rakete die Höhe von 2280 Metern. Der Pionier experimentierte weiter und schuf eine ganze Reihe von Prototypen für Flüssigtreibstoffantriebe – und selbstverständlich war das ein einsamer Job. Seine visionären Vorstellungen von bemannter Raumfahrt wollte niemand hören.

Konstantin Ziolkowski, der Theoretiker, der ausschließlich mit seinem brillanten Verstand den Weg der Raumfahrt ebnete, und Robert Goddard, der Praktiker, der seine Entwürfe auch baute, waren Zeitgenossen. Die NASA benannte eines ihrer Forschungszentren nach ihrem visionären Vordenker, das Goddard Space Flight Center in Greenbelt, Maryland.

In den frühen 20er Jahren experimentierte ferner auch Hermann Oberth in Berlin mit Raketen. Er brachte die Ufa (Universum Film Aktiengesellschaft) dazu, seine Experimente zu finanzieren, nachdem der Regisseur Fritz Lang ihn als Special-Effects-Mann für seinen Film *Die Reise zum Mond* engagiert hatte.

Oberth schrieb mehrere Bücher, die den bis dahin meist rein fantastischen Raumfahrtideen jener Zeit eine wissenschaftliche Grundlage gaben. Sein 1923 erschienenes Buch *Die Rakete zu den Planetenräumen* erregte weltweites Aufsehen. In vielen Ländern entstanden Raumfahrt-Vereine, in Deutschland der Verein für Raumschiffahrt, der eine entscheidende Rolle in den frühen Tagen der Raumfahrt spielte.

Hermann Oberth wirkte als Professor an der Technischen Hochschule in Wien. Lange bevor die ersten Flugmaschinen die Erde verlassen hatten, entwarf und konstruierte er bereits Raumstationen. Sein Buch beeinflußte auch den jungen Wernher von Braun, der 1930 Oberths Assistent wurde. Später stand Oberth seinem ehemaligen Assistenten von Braun beim Bau der V2 in Peenemünde zur Seite.

Auch in Rußland beschäftigte man sich schon in den 20er Jahren dieses Jahrhunderts mit den Möglichkeiten moderner Raketentechnik. 1921 gründete die Rote Armee zu diesem Zweck das erste sowjetische Forschungsinstitut in Moskau. Hier begann Sergej Koroljow mit seiner Arbeit, die nicht weniger erfolgreich verlief als die Wernher von Brauns.

Der Pionier Koroljow wurde während einer stalinistischen Säuberungswelle 1938 verhaftet und ins nordsibirische Straflager Kolyma verbannt. Er überlebte als einer von wenigen, weil die Militärs in der Raketenforschung nicht auf ihn verzichten konnten. Als Aufpasser wurde ihm ein junger, ehrgeiziger Ingenieur zur Seite gestellt – Wladimir Tschelomej. Nach dem Krieg trennten sich die Wege der beiden verfeindeten Männer. Koroljow leitete die zivile Raumfahrt und trieb seine Leute zu Höchstleistungen, Tschelomej führte das militärische Raumfahrt-

Abb. 20: Der Amerikaner Robert H. Goddard (1882–1945) und einige seiner Mitarbeiter bei der Arbeit an einem Raketenmotor – ca. 1940.

Abb. 21: Der junge Wernher von Braun (1912–1977, 2. von rechts) assistiert 1930 erstmals seinem großen Vorbild Hermann Oberth (1894–1989, 5. von rechts), der mit einer Gruppe von Wissenschaftlern die «Deutsche Postrakete» entwickelt.

Abb. 22: Sergej Koroljow (1907–1966), der große Mann der sowjetischen Raketentechnik, gibt über Funk den Startbefehl für Wostok 1. An Bord befindet sich Juri Gagarin, der wenige Augenblicke später als erster Mensch in den Weltraum fliegen wird.

SpaceBobs Tagebuch, 24. August 2016
Kosmodrom Baikonur. Kasachstan.
45 Grad, 5 Minuten Nord; 63 Grad, 4 Minuten Ost.
Sehr heiß. Kräftiger Nordwind. Endloser Himmel.

Hab' mit Jewgeni Sternschnuppen beobachtet. Sie zischen hier alle paar Minuten über den Himmel. August, sagt Jewgeni, da fliegt die Erde durch einen Staubnebel – die Perseiden –, und die Sternschnuppen sind minikleine Staubteilchen, die der Erde so nahe kommen, daß sie in der Atmosphäre verglühen. Etwas mehr als 150 000 Kilometer pro Stunde haben sie drauf, wenn sie anfangen zu verglühen. Darum sind sie so schnell, wenn man sie sieht.
Jewgeni beobachtet die Sternschnuppen jedes Jahr im August. Er haßt Fernsehen – außer Space-TV. Das läuft in seiner kleinen Bude ununterbrochen.
Er lebt seit 30 Jahren hier auf dem Gelände – ist noch aus der Zeit der alten Sowjetunion, als das hier der Weltraumbahnhof des größten Reiches der Erde war. Damals, sagt er, hatten sie das Paradies hier. Dann ist alles verfallen, und seit fast zehn Jahren ist Baikonur irgend etwas zwischen Chaos und Superkapitalismus. Manchmal denke ich, was das für ein Leben ist. Sitzt seit 30 Jahren mit seiner Frau in einer 40-Quadratmeter-Wohnung in der Steppe von Kasachstan und schaut nur nach oben, in den Kosmos, zu den Sternen. Er war noch nie dort. Dazu reicht sein Geld nicht – und wird auch nie reichen. Er ist ein Facharbeiter der Space-Industrie. Wenn die Typen einen Satelliten launchen wollen, kommen sie zu ihm. Jewgeni weiß, wie man die alten Anlagen hier in Gang setzt, um Treibstoff für die Rakete zu produzieren. Das ist sein Geschäft. Er verdient eine Menge Geld, aber das wird er auch schnell wieder los für die Ersatzteile, die er für die Maschinen braucht. Es geht hier eigentlich zu wie auf einem Basar, nur daß die Stände immer gleich kilometerweit auseinanderliegen.
Hab' für Jewgeni 'ne Ladung Lammfleisch besorgt. Das ist ihm viel lieber, als wenn ich ihm Geld dafür gebe, daß ich bei ihm wohnen kann.
Ivanka, seine Frau, kocht absolut Spitzenklasse.

programm und gewann dort großen Einfluß. Zwischen diesen beiden Chefkonstrukteuren herrschte eine lebenslange Konkurrenzsituation, die in der UdSSR mehr oder weniger zwei komplette Raumfahrtprogramme nebeneinander entstehen ließ, die sich nach Kräften gegenseitig behinderten.

Raketen und Militär

Den ersten Höhepunkt erreichte die Entwicklung von Raketen in Deutschland zur Zeit des Zweiten Weltkrieges. Die Experimente des jungen Wernher von Braun auf dem alten Flugplatz Johannisthal wurden weitgehend aus dem militärischen Forschungsetat der deutschen Luftwaffe finanziert. Als die Luftschlacht um England verloren schien, zeigte Adolf Hitler starkes Interesse an von Brauns Arbeit. Sofort bewilligte man ihm enorme finanzielle, personelle und materielle Mittel. In Peenemünde auf der Insel Usedom entstand ein Testgelände für die streng geheime Forschung an Raketenwaffen, aus der die Vergeltungswaffen 1 und 2 hervorgingen, die als V1 und V2 Geschichte machen sollten.

V1 und V2

Die V1, auch Flügelbombe genannt, da sie einen Sprengsatz enthielt und Flügel besaß, startete waagerecht von einer Rampe. Die Abschußbasen zum Beschuß englischer Städte befanden sich am Atlantik. Die V1 flog relativ zielungenau.

Die V2 war eine echte Rakete, die senkrecht von einer beweglichen Rampe abgefeuert wurde. Von Braun und sein Team entwickelten sie während des Krieges so weit, daß sie später die Grundlage für die amerikanischen und russischen Trägersysteme bildete.

Die V2 verbrannte innerhalb von sieben Sekunden eine Tonne Treibstoff, der aus flüssigem Sauerstoff und Alkohol bestand. Einmal gestartet, war sie eine wirksa-

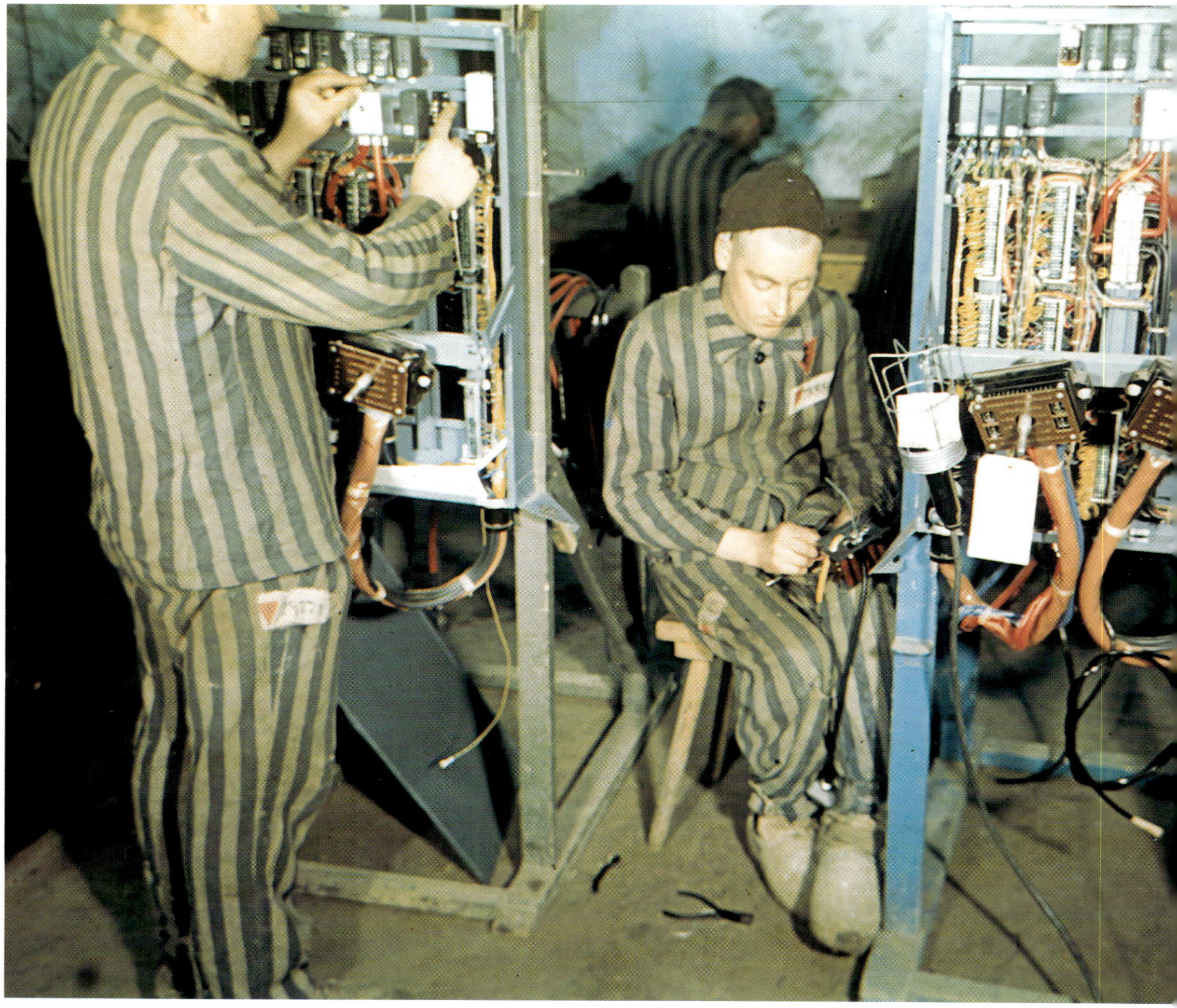

Abb. 24: Einsatz von Häftlingen im KZ Dora-Mittelbau bei der Fertigung der V2. Montage des elektrischen Hauptverteilers der Rakete.

Abb. 23: Start einer V2 auf dem Heeresübungsgelände in Peenemünde.

SpaceBobs Tagebuch, 25. August 2016
Kosmodrom Baikonur. Kasachstan.
45 Grad, 5 Minuten Nord; 63 Grad, 4 Minuten Ost.
Sehr heiß. Kräftiger Nordwind. Endloser Himmel.

Jewgeni hat mich zu seiner «Rampe» mitgenommen: LOX-LN2-Produktion. Sie liegt nördlich des Gagarin-Komplexes. War früher Montagehalle, Testgelände und Abschußbasis für die Energija-Rakete. Stärkste Rakete, die Menschen je gebaut haben. 170 Millionen PS. Sind aber nur ein paar geflogen; zu teuer und dann in den Wirren untergegangen. Jewgeni sagt, in den letzten 25 Jahren hat sich niemand von der Privatindustrie für russische Technologie interessiert. Alle wollen amerikanische und europäische Technologie – außer den Grassroot-Firmen. Sie kommen her und lassen sich aus dem, was hier in irgendwelchen Hallen herumliegt, Raketen und Satelliten zusammenbauen.
Jewgeni hat wieder Kundschaft. Zwölf arabische Kommunikationssatelliten müssen in die Umlaufbahn. Das bedeutet, daß drei Raketen starten werden. Wenn er den Treibstoff zusammenbrauen kann, ohne Ersatzteile kaufen zu müssen, macht er damit so viel Geld, daß er hier verschwinden kann. Er braucht dann nie wieder zu arbeiten. Aber das, sagt er, hofft er jedesmal, und es wird nie was.
Auf der Rampe sieht es unbeschreiblich aus. Ein wirklich großer Haufen Schrott, und ich hätte Angst, hier zu sein, wenn er diese Maschinen anwirft. Daß er damit Sauerstoff auf minus 200 Grad herunterkühlt, bis er flüssig ist, scheint völlig unmöglich. Aber er kann es – und ich will nicht dabeisein. Ist sicher ein unwahrscheinlicher Lärm.

me Waffe, die ganze Häuserblocks zerstören konnte. Bis zur Einsatzbereitschaft erlebte Peenemünde jedoch eine lange Serie von Fehlstarts des Aggregats 4, wie ihr interner Name lautete.

Die ersten V2-Einsätze fanden erst nach der Invasion der Alliierten in der Normandie im Jahr 1944 statt. Die Zielgenauigkeit hatte sich gegenüber der V1 verbessert, doch eine Wende des Krieges konnte sie nicht herbeiführen. Der große dunkle Punkt in der Geschichte der ersten Großrakete besteht darin, daß sie zu kriegerischen Zwecken entwickelt und eingesetzt wurde und dabei fast ausschließlich zivile Ziele traf. Doch es gibt einen weiteren Schandfleck, der nur selten zur Sprache kommt – Mittelbau Dora.

Das KZ Mittelbau-Dora
Das erste Kapitel der Raumfahrt ist auch ihr bisher Dunkelstes. Für die Herstellung von V1 und V2 mußten KZ-Häftlinge unter unmenschlichen Bedingungen arbeiten. Im KZ Mittelbau-Dora im Harz, wo Teile der V2 gefertigt wurden, hausten fast 10 000 Gefangene in unterirdischen Stollen, ohne hygienische Versorgung, unterernährt, dem Programm «Vernichtung durch Arbeit» preisgegeben. Etwa 60 000 KZ-Häftlinge hatten die Nazis in der V2-Produktion eingesetzt, 20 000 überlebten nicht. 20 000 Tote hinterläßt der Beginn des Raumfahrtzeitalters – 20 000 Opfer des Terrors.
Inwiefern Wernher von Braun die Zustände im KZ Mittelbau-Dora gekannt hat, konnte nie richtig geklärt werden. Seine Aussagen decken sich nicht mit denen von Überlebenden:
«...der Herr v. Braun immer am Tor vorbeigegangen ist, wenn er nach Zwangsarbeitern für die Anlagen in Peenemünde gesucht hat. Er ist gut 21mal im KZ Dora gewesen...» – Vor diesem Tor lagen Berge menschlicher Leichen.

Zivile Raumfahrt
Von der V2 zum Space Shuttle

Das Rüstungsministerium in Berlin befahl gegen Ende des Krieges, als die totale Niederlage nicht mehr zu leugnen war, daß alle Unterlagen zum Bau von Raketen zu vernichten seien, damit sie dem Feind nicht in die Hände fielen. Von Braun widersetzte sich dieser Anweisung und versteckte das Material in einer alten Mine im Harz.

Kurz darauf versuchten er und die Wissenschaftler, die für ihn arbeiteten, sich der amerikanischen Armee zu ergeben. Laut Gerüchten hatten sie von Hitlers Befehl erfahren, alle Wissenschaftler in Peenemünde zu erschießen.

Am 2. Mai 1945 erreichten die Forscher die amerikanischen Linien.

Ende 1945 führten die USA einige V2-Starts in Cuxhaven durch, die der damalige US-Präsident Eisenhower zu Testzwecken angeordnet hatte. Sie sollten zeigen, ob es sich lohne, die mehr als 50 noch nicht abgeschossenen und halbfertigen V2-Raketen in die USA mitzunehmen. Zeuge dieser Starts war auch der russische Offizier Sergej Koroljow.

Das amerikanische Militär entschied, die Raketen und die Wissenschaftler mitzunehmen. Von Braun und sein Team erhielten den Auftrag, militärische Raketen zu entwickeln. Den Ausgangspunkt dafür bildete die V2, denn bei ihr waren die grundlegenden Probleme flüssigtreibstoffgetriebener ballistischer Flugkörper bereits grundsätzlich gelöst.

Die erste militärische Rakete der USA, eingesetzt im Koreakrieg, war die Redstone, weitere Modelle folgten. Die militärische Führung der USA war vor allem an Trägersystemen interessiert, die weite Strecken mit sehr hoher Geschwindigkeit zurücklegen konnten. Ziel war die Entwicklung von ICBMs (Intercontinental Ballistic Missiles), Interkontinentalraketen als Träger für Atomwaffen. Das Wettrüsten zwischen den USA und der UdSSR lief gerade auf Hochtouren. Gleichzeitig begannen beide Nationen erste Schritte in Richtung Raumfahrt zu unternehmen. Die fortschreitende Computertechnik und Miniaturisierung in der Elektronik machten sowohl die komplizierten Berechnungen für Flüge ins All als auch den Bau kleiner Satelliten, die auf Erdumlaufbahnen Daten sammeln konnten, möglich.

Der erste Satellit der USA sollte Project Orbiter sein, in den Weltraum getragen von einer modifizierten Redstone, zusätzlich angetrieben durch Feststoff-Booster. 1954 gab man das Projekt jedoch auf. Der erste Satellitenflug der USA, so die Anweisung Präsident Eisenhowers, sollte mit möglichst wenig militärischem Equipment durchgeführt werden. Er etablierte damit ein zweites Raumfahrtprogramm, das fortan unabhängig vom militärischen existierte. Am 1. Oktober 1958 gründeten die USA dazu die NASA (National Aeronautics and Space Administration). Sie ist seitdem die zuständige Behörde für die zivile Raumfahrt. Zentrum der zivilen Raketenentwicklung wurde das Marshall Space Center in Huntsville, Alabama, und Wernher von Braun wechselte als Chefkonstrukteur dorthin. Die Gründung der NASA kam nicht von ungefähr. Ihr waren dramatische Ereignisse vorausgegangen:

SpaceBobs Tagebuch, 28. August 2016
Archangelsk. Geoposition weiß ich nicht. Mein GPS-Empfänger ist defekt.

Konnte billig einen Heli mieten. Mein Gastgeber Jewgeni «die-Welt-ist-groß-besonders-oben» Poljakow ist mitgekommen. In der Gegend hier – wir sind in der Nähe von Archangelsk, in der Taiga – liegt jede Menge Raketenschrott.
Ausgebrannte Stufen von Proton- und anderen Raketen. Sie fallen vom Himmel, wenn sie ausgeklinkt werden – einfach in die Landschaft. Groß wie ein Reisebus. Muß der reine Wahnsinn sein, wenn sie runterdonnern. Ein Haufen beuliger Schrott, der nicht rostet.
Jewgeni hat hier einen Bekannten, Vesvolot. Er ist Experte, weiß, wo der Raketenschrott liegt, und hat uns mitgenommen. Er pilgert dorthin und holt das Material. Dann verkauft er es. Davon lebt er. Die Leute bauen daraus Kühlschränke, Hundehütten, Klohäuschen, Hühnerställe. Alle sind froh, weil es so erstklassiges Material ist.
Als ich sagte, der Raketenschrott sei aber doch giftig, meinten sie, das störe sie nicht. Die Treibstoffreste in den Raketenstufen verseuchen das Material. Es ist sogar hochgiftig. Jewgeni meinte, ich solle mein Wissen für mich behalten. Es interessiere hier niemanden. Die Leute sehen einen nur ungläubig an, wenn da einer aus dem Westen kommt und schlaue Sachen weiß. Wenn du was ändern willst, sagt er, gib ihnen 100 000 Dollar.
Hab' Jewgeni vorher nie so reden gehört. Schon gar nicht mit mir.

Am 4. Oktober 1957 startete die Sowjetunion mit der Rakete Semiorka R 7 den Satelliten Sputnik 1. Er flog auf einer elliptischen Bahn in einer Höhe zwischen 227 und 945 Kilometern um die Erde und schickte Funksignale zurück. Seine Umlaufzeit betrug 96 Minuten. Sergej Koroljow, Chefkonstrukteur in der russischen Raumfahrt, hatte von Brauns Team überholt. Amerika wußte jetzt, daß die UdSSR im Besitz von Interkontinentalraketen war, denn Geschosse, die einen Satelliten in eine Erdumlaufbahn bringen können, erreichen – in der UdSSR abgeschossen – auch die USA.

Bereits vier Wochen nach Sputnik 1 erfolgte am 2. November 1957 der Start von Sputnik 2, an Bord die Hündin Laika, und Amerikas Satellit klebte immer noch am Boden.

Der Westen erlebte den «Sputnik-Schock». Man wollte auf keinen Fall hinnehmen, daß der Weltraum, und damit das Universum, kommunistisch dominiert werden würde. Am 31. Januar 1958 endlich gelang nach vielen Fehlversuchen der Start des amerikanischen Satelliten Explorer 1, in den Orbit getragen von einer Redstone mit der Bezeichnung Jupiter C. Am 17. März 1958 folgte Vanguard 1, der zweite amerikanische Satellit. Diese Flüge waren der Startschuß für den Wettlauf um die Vorherrschaft im Weltraum.

Der Vorsitzende der bayrischen CSU, Franz Josef Strauß, sprach am 14. Oktober 1957 von der Schande für die demokratische Welt, die jeder kommunistische Satellit im Weltraum bedeute.
Ministerpräsident Otto Grotewohl im Osten Deutschlands hingegen kommentierte:
«Die Weltöffentlichkeit weiß, daß allein im letzten Jahr mehr als ein Dutzend großangekündigter Raketenversuche der USA scheiterten und daß der Abschuß des amerikanischen Satelliten, dessen Umfang nicht einmal ausreicht, um den imperialistischen Weltraumeroberern den Mund zu schließen, bisher viele Male aus technischen und Wetterschwierigkeiten verschoben wurde und in der vergangenen Woche schließlich ganz scheiterte.
Auch in der Sowjetunion gibt es natürlich schlechtes Wetter. Und dennoch kreisen die Sputniks erfolgreich im Weltall.»

Das russische Raumfahrtprogramm unterstand der direkten Weisung des ersten Parteisekretärs Nikita Chruschtschow. Er trieb Koroljow und sein Team an, den

SpaceBobs Tagebuch, 30. August 2016
Kosmodrom Baikonur. Kasachstan.
45 Grad, 5 Minuten Nord; 63 Grad, 4 Minuten Ost.
Sehr heiß. Kräftiger Nordwind. Endloser Himmel.

Wieder zurück in Baikonur. Es geht das Gerücht, daß hier ein bemannter Start bevorstehen soll. Klingt eigentlich unwahrscheinlich, aber seit einigen Tagen tauchen im Gebiet verdächtig viele russische Funktionäre auf. Sie fahren in kleinen Verbänden herum und haben bewaffnete Eskorten bei sich. Alles Show, sagt Jewgeni. Aber es sieht richtig offiziell aus.
Wenn sie mit so einem Aufwand auftauchen, sagt er, haben sie was Großes vor. Ist ja immer noch ihr Gebiet hier, wenn sie sich auch nicht mehr drum kümmern. Jewgeni hat sie heute gesehen, und er ist sicher, daß der Verteidigungsminister dabei war. Das heißt, sie schicken von hier Kosmonauten hoch – vielleicht zum Mars. Es gibt Gerüchte, sagt er, aber das wäre Wahnsinn. Eine Marsmission startet von der Raumstation, doch das sieht er nicht so. Die Amerikaner, sicher, die starten von oben zum Mars. Bei den Russen aber kann man nie wissen, was sie tun.
Auf jeden Fall soll ich noch eine Zeitlang bleiben, meint er. Hier passiert in den nächsten Tagen und Wochen was.
Wochen. Diese Russen leben echt in einer anderen Zeit. Ich weiß nicht, was ich machen soll. Ich würde auch gerne nach Kourou, Französisch-Guayana, den europäischen Weltraumbahnhof ansehen. Andererseits – wenn sie von hier jetzt zum Mars aufbrechen, ich würde mir in den Hintern beißen, wenn ich das verpasse.

Abb. 25 (links oben): Wernher von Braun beobachtet 1964 den Start einer Saturn-V-Rakete durch ein Bunker-Periskop. Er wurde nach dem Zweiten Weltkrieg der führende Mann in der amerikanischen Raketenforschung.

Abb. 26 (links unten): Die Rakete Sojus 5 auf dem Weg von der Montagehalle zum Startplatz im sowjetischen Kosmodrom Baikonur – 1969.

Abb. 27 (rechts): Start einer chinesischen «Langer Marsch»-Rakete, Typ CZ-4A, vom Raumfahrtzentrum Taiyuan am 3.9.1990. An Bord der Wettersatellit «Fengyun I».

Amerikanern immer einen Schritt voraus zu sein. Es ging weniger um wissenschaftliche Forschung als darum, kommunistische Leistungsfähigkeit zu demonstrieren; je spektakulärer, desto besser. Nach den ersten Satelliten wollte die politische Führung baldmöglichst die erste Sonde zum Mond starten, dann zur Venus, zum Mars, zum Merkur, schließlich sollte der erste Mensch in den Weltraum gebracht werden, und ganz oben auf der Liste stand der Wunsch, Menschen zum Mond zu fliegen.

Das Tempo des Wettlaufs führte zu großer Hektik auf beiden Seiten. Die ersten Jahre waren durch Fehlstarts gekennzeichnet. Bereits am 17. August 1958, nur sieben Monate nach dem ersten erfolgreichen Start einer amerikanischen Rakete in den Weltraum, sollte Pioneer 0 zum Mond fliegen und ihn umrunden. Es war ein Mißerfolg, wie auch Pioneer 1, 2 und 3. Den russischen Mondsonden erging es nicht besser. Drei Satelliten vom Typ Luna überstanden die erste Flugphase nicht, weil die Trägerraketen explodierten.

Damit ein Satellit zum Mond fliegen kann, muß er auf eine Geschwindigkeit von 11,2 Kilometer pro Sekunde, d. h. 40 320 Kilometer pro Stunde, beschleunigt werden. Ist er langsamer, hält die Erdanziehung ihn fest, und er kann seine Erdumlaufbahn nicht verlassen.

Eine erdnahe Umlaufbahn – bis zu einer Höhe von 1500 Kilometern – setzt eine Geschwindigkeit von «nur» 7,8 Kilometer pro Sekunde, d. h. 28 080 Kilometer pro Stunde, voraus. Ist der Satellit langsamer, stürzt er zur Erde zurück.

Das Erreichen der erforderlichen Endgeschwindigkeit war zunächst die schwierigste Aufgabe. Die notwendige Geschwindigkeit von mehr als 40 000 Kilometern pro Stunde für einen Flug zum Mond erzielten die Techniker durch das Hinzufügen einer dritten Stufe, die erst gezündet werden sollte, wenn sich die Rakete bereits in einer Umlaufbahn um die Erde befand. Es war eine russische Sonde, die die erste Reise zum Mond antrat – ein weiterer Stachel im Fleisch des amerikanischen Selbstbewußtseins. Pioneer 4, die erste erfolgreiche amerikanische Mondsonde, startete zwei Monate später, am 3. März 1959.

Im darauffolgenden Jahr mißglückten, wie schon 1958, fast alle Starts, 1961 und 1962 hingegen gelangen die meisten Flüge zum Mond, zur Venus und zum Mars, doch das Interesse galt bereits einem anderen Ziel – der bemannten Raumfahrt.

Zum Glück kam es anders...
In der Sowjetunion existierte Anfang der 60er Jahre ein Plan, auf dem Mond einen Atomsprengkopf zu zünden. Die politische Führung hielt das für eine gute Idee, dem Westen so die Stärke der UdSSR zu demonstrieren. Eine Atombombenexplosion auf dem Mond hätte man von der Erde aus gut beobachten können. Man ließ den Plan jedoch wieder fallen. Die Ankündigung des amerikanischen Präsidenten John F. Kennedy, die USA wollten so bald wie möglich Menschen zum Mond schicken und wieder sicher zur Erde zurückbringen, lenkte die Aktivitäten in eine andere Richtung.

Abb. 28: Die sieben ersten NASA-Astronauten betrachten ein Modell der Mercury-Rakete, mit der John Glenn (2. von rechts) als erster Amerikaner in den Weltraum fliegen wird.

Gagarin, Shepard, Glenn...

Zunächst baute die UdSSR ihre Führungsposition weiter aus, denn auch Venus und Mars erreichten sie mit unbemannten Sonden vor den Amerikanern. Doch wer würde der erste sein, der einen Menschen in den Weltraum und sicher wieder zur Erde bringt?

Zur Verwirklichung dieses ehrgeizigen Zieles waren zwei Dinge unumgänglich: Der Start mußte unbedingt funktionieren, und das Trägersystem mußte stark genug sein. Bisher waren immer nur leichtgewichtige Satelliten in den Weltraum befördert worden, einen Menschen zu befördern bedeutete wesentlich mehr Gewicht – ein nicht geringes Problem. Raketen sind zwar riesengroß und mächtig schwer, doch kaum in der Lage, mehr als ihr eigenes Gewicht zu transportieren. Der entscheidende Grund dafür ist, daß sie bereits kurz nach dem Start aus der Lufthülle der Erde herausfliegen und deshalb allen Sauerstoff, den sie für die Verbrennung brauchen, mitnehmen müssen. Das erhöht die Ladung beträchtlich.

Raketentreibstoffe sind chemische Verbindungen, die bei der Zündung in Reaktion miteinander treten und so Energie freisetzen. Dies sind z. B. Wasserstoff, Hydrazin, Kerosin oder Salpetersäure. Die Auswahl der Stoffe ist unter anderem abhängig von den Flug- und Transportaufgaben einer Rakete, von ihrer Herstellung, ihren Transportmöglichkeiten und von den Kosten.

Ein Mensch benötigt im Weltraum zudem eine sichere Kapsel, Luft zum Atmen, ein komplettes Steuerungssystem für sein Raumschiff und vieles mehr; lauter Dinge, die etwas wiegen. Ein Vehikel, das so viel Gewicht in den Weltraum transportieren konnte, mußte erst noch entwickelt werden. Und wieder war die sowjetische Raumfahrt schneller.

Am 12. April 1961 startete Jurij Gagarin an Bord der Raumkapsel Wostok 1 um 7.07 Uhr als erster Mensch in den Weltraum, angetrieben von einer Rakete mit der Bezeichnung R-VIII.

Amerikas erster Mann im Weltraum folgte wenige Wochen später. Alan Shepard absolvierte am 5. Mai 1961 an Bord des Mercury-Raumschiffes Freedom 7 einen suborbitalen Flug. Es war nicht geplant, ihn in eine Umlaufbahn zu bringen – noch nicht. Seine Trägerrakete war nicht stark genug. Knapp zehn Monate später, am 20. Februar 1962, kreiste John Glenn in seiner Mercury-Kapsel 4 Stunden und 55 Minuten um die Erde, in die Umlaufbahn getragen von einer Atlas 6. Auch Amerika war im Weltraum angekommen. Doch bereits 1961 hatte Präsident Kennedy seine folgenschwere Rede zur Zukunft der bemannten Raumfahrt gehalten:

«We choose to go to the moon within this decade», sagte er und versprach, man werde eine gigantische Rakete bauen, bestehend aus Metallegierungen, die noch entwickelt werden müßten, und ausgestattet mit einer Technologie, die noch erfunden werden müsse. Damit gab er den Raketenbauern knapp neun Jahre Zeit, alles Notwendige zu erfinden, zu testen und so sicher zu machen, daß der Mensch seine Reise zum Mond noch in den 60er Jahren antreten konnte.

Das erste Projekt auf dem Weg zum Mond war das Gemini-Programm – regelmäßige, bemannte Flüge in den Orbit der Erde, Hochbetrieb für Wernher von Braun. Für die Geminies entwickelte er das Titan-Trägersystem; anschließend, für Apollo, die Saturn-V-Rakete – die Brücke zum Mond. Und bereits 1969 war es soweit.

Am 20. Juli 1969 meldete Neil Armstrong aus dem Meer der Stille: «The Eagle has landed». Der Mensch hatte den Mond betreten.

Insgesamt zwölf Astronauten landeten auf dem Erdtrabanten; Eugene Cernan, Kommandant der Apollo-17-Mission war im Dezember 1972 der letzte von ihnen, und seitdem ist niemand mehr dort gewesen.

Abb. 29 (oben): Nach dem Ende des kalten Krieges: eine russische Proton-Rakete mit Werbung für eine deutsche Zigarette. Der Künstler «Andorra» bemalte die Rakete in Baikonur.

Die Sowjetunion gab ihre Pläne für eine bemannte Mondmission auf, nachdem offensichtlich war, daß die USA ihr zuvorkommen würden und verlagerte ihre Aktivitäten auf den Bau und Betrieb von Raumstationen. Damit fiel automatisch auch die Entscheidung für bestimmte Raketentypen. Man wollte viele Flüge durchführen, den Orbit der Erde aber nicht verlassen. Es schien sinnvoll, die bereits bewährten Trägersysteme so weit zu verbessern, daß optimale Sicherheit gewährleistet werden konnte. Sojus und Proton wurden zu den wichtigsten Raketen, und sie fliegen bis heute.

Die NASA verfolgte einen anderen Kurs. Auch hier war man nach dem Abschluß der Mondflüge nicht weiter an gigantischen Superraketen interessiert, weil das Apollo-Programm unmißverständlich gezeigt hatte, wie teuer Flüge zum Mond sind; zu teuer, um sie regelmäßig durchzuführen. Zukünftig würde sich auch die amerikanische bemannte Raumfahrt in Umlaufbahnen um die Erde abspielen. Da die Domäne «Raumstationen» bereits von der UdSSR besetzt war, hielt man die Entwicklung wiederverwendbarer Raumschiffe für die vordringlichste Aufgabe.

Space Shuttle

Die NASA plante ein wiederverwendbares Transportsystem für den Low Earth Orbit (LEO), das bis zu zwei Wochen im All bleiben und wie ein Flugzeug landen konnte.

Abb. 30 (rechte Seite): Das Space Shuttle Columbia auf dem Weg von der Montagehalle zum Startplatz in Cape Canaveral, Florida.

Das Space Shuttle wurde entworfen und gebaut – ein System, das nicht mehr als Rakete im klassischen Sinn bezeichnet werden kann. Die offizielle Bezeichnung lautet «Space Transportation System«, kurz STS. Jeder Flug erhält eine Nummer: STS 1, STS 2 und so weiter. Wernher von Braun war an dieser Entwicklung nicht mehr beteiligt. Er verließ die NASA 1972, nicht ohne Groll. Seine Zukunftspläne deckten sich nicht mehr mit denen der Raumfahrtbehörde. Von Braun wollte viel höher hinaus als die Beamten der NASA. Sein Ziel war der Mars, und er war sicher, die ersten Astronauten könnten 1985 dort landen.

Das Space Shuttle ist 45 Meter lang, wiegt 67,5 Tonnen, kann bis zu acht Personen und maximal 29 Tonnen Nutzlast befördern. Der externe Tank wiegt in gefülltem Zustand 700 Tonnen.

Das Shuttle ist ein bemerkenswerter technischer Apparat. Sein Haupttriebwerk besteht aus etwa 70 000 Teilen, die zu mehr als 5000 Komponenten zusammengesetzt werden – eine mittlerweile unnötig komplizierte Konstruktion. Die Technologie der Shuttles stammt aus den 70er Jahren. Sie wurde nur in Details an modernste Technik angepaßt. Ein Raumgleiter würde heute anders konstruiert werden – weniger aufwendig, dafür preiswerter –, und eigentlich sollte das aktuelle System längst nicht mehr im Einsatz sein.

Zu Beginn des Shuttle-Programms ging man von acht Jahren Betriebszeit aus. Vier gleiche Maschinen – Columbia, Challenger, Atlantis und Discovery – sollten, im Abstand von je zwei Wochen, insgesamt 100 Flüge absolvieren; 25 jede. Diese Einschätzung war viel zu optimistisch. Der erste Shuttle-Start fand am 12. April 1981 statt, doch der Zwei-Wochen-Turnus konnte nie erreicht werden. Die Flüge lagen Monate auseinander, ohne Aussicht auf kürzere Intervalle. Der Flug STS 51-L warf 1986 das gesamte amerikanische Raumfahrtprogramm weit zurück. Die Raumfähre Challenger explodierte etwa 70 Sekunden nach dem Start. Alle sieben Astronauten kamen ums Leben, darunter die Lehrerin Christa McAuliffe, die als erste Zivilistin ins All fliegen sollte.

Die zerstörte Challenger wurde durch die Endeavour ersetzt, die ihren Jungfernflug 1992 absolvierte. Die 100 veranschlagten Flüge des Shuttles werden erst im Jahre 2000 absolviert sein. Das nachfolgende System, die X-33, wird frühestens 2003 einsatzbereit sein. Bis dahin werden Columbia, Endeavour, Atlantis und Discovery also auf jeden Fall noch die unterschiedlichsten Weltraumeinsätze absolvieren. Sie brachten in den zurückliegenden Jahren weit über 400 Astronautinnen und Astronauten fast aller Raumfahrtnationen in den Orbit, transportierten Satelliten und das Hubble-Teleskop auf ihre Umlaufbahnen, flogen Reparaturmissionen zum Weltraumteleskop, fingen defekte Satelliten ein, brachten sie zur Erde zurück und transportierten das Weltraumlabor Spacelab ins All, in dem medizinische und wissenschaftliche Experimente durchgeführt wurden. Zwischen 1996 und 1998 absolvierten die Shuttles acht Docking-Manöver mit der russischen Raumstation Mir, um sie mit Proviant, Treibstoff, Wasser und Ersatzteilen zu beliefern, vor allem aber, um amerikanische Raumfahrerinnen und Raumfahrer für Langzeitaufenthalte zur Mir zu bringen oder von dort abzuholen.

Der Flug eines Space Shuttles von der Erdoberfläche in eine Höhe von 300 Kilometer dauert nur etwa neun Minuten, dann ist es 28 080 Kilometer pro Stunde schnell.

Rußland orientierte sich in den 80er Jahren an den Erfolgen der USA. Für den alltäglichen Betrieb behielt man die bewährten Systeme Sojus und Proton bei, doch parallel dazu wurden der Raumgleiter Buran und die Superrakete Energija konstruiert, mit 170 Millionen PS das stärkste Geschoß, das je gebaut wurde. Sie trug die Fähre Buran zu einem einzigen erfolgreichen Jungfernflug ins All.

Baikonur, der größte Raumflughafen der Welt, ist dreimal so groß wie das Saarland und zehnmal so groß wie das Kennedy Space Center. 15 Startanlagen stehen dort, verbunden durch 1500 Kilometer Straße. Angeschlossen ist eine Wohnstadt für 100 000 Menschen, doch fast alles verkommt zu einer gigantischen Ruine.

Dann geriet die russische Raumfahrt in eine schwere Krise, ausgelöst durch den politischen Wandel in der Sowjetunion. Das Kosmodrom Baikonur liegt seither nicht mehr in Rußland, sondern im souveränen Staat Kasachstan. Die finanziellen Mittel der russischen Raumfahrt schrumpften in kürzester Zeit auf ein Minimum und sind heute viel zu gering, um aufwendige Programme fortführen oder gar weitere Forschungs- und Entwicklungsarbeiten beginnen zu können. Nicht einmal die Instandhaltung der vorhandenen Anlagen gelingt noch. Der Buran-Raumgleiter und eine Energija-Rakete stehen als Museumsstücke in einem Hangar, die übrigen, teilweise erst halbfertigen Fähren und Trägersysteme verrotten seit Jahren irgendwo im Gelände.

Abb. 31: Das Space Shuttle verbrennt 700 Tonnen Treibstoff auf dem Flug in die Umlaufbahn.

Kommerzielle Raumfahrt

Raketengeschäfte

Raketen werden schon seit Jahren nicht mehr ausschließlich für militärische und wissenschaftliche Missionen ins All geschickt. Längst gibt es einen Milliarden-Dollar-Markt für das Aussetzen kommerzieller Satelliten. Mehrere hundert Fernseh- und Telekommunikationssatelliten kreisen um die Erde, die meist nach wenigen Jahren funktionsuntüchtig werden und durch neue ersetzt werden müssen. Jede Woche starten Raketen mit solcher Fracht in den Weltraum.

Die USA und Rußland verfügen über spezielle Weltraumbahnhöfe für kommerzielle Flüge: Vandenberg in Kalifornien beziehungsweise Plessezk in Nordrußland (ein militärisch verwalteter Startplatz) und Swobodnyj im fernen Osten, durch den Rußland versucht, sich von Baikonur unabhängiger zu machen. Für das Gelände dort berechnet Kasachstan der GUS 1,5 Milliarden Rubel Miete pro Jahr. Swobodnyj hingegen war ein militärischer Atomwaffenstützpunkt und liegt auf eigenem Territorium. Dort können vorerst allerdings nur kleinere Raketen der Typen Start und Rokot abheben. Die Rokots sind umgebaute Interkontinentalraketen. Sie werden aus unterirdischen Silos gestartet. Die Start-Raketen hingegen werden von mobilen Rampen abgeschossen. Ab 2000 will man in Swobodnyj einen völlig neuen Startkomplex für rund 4,5 Milliarden Rubel bauen. Der Proton-Nachfolger Angara soll dort starten.

Ein weiteres zukunftsweisendes Abschußverfahren erprobte Rußland erstmals am 7. Juli 1998 erfolgreich. Aus mehreren Dutzend Metern unter der Wasseroberfläche starteten zwei Weltraumsatelliten von einem Atom-U-Boot aus ins All. Der Start wurde in Äquatornähe durchgeführt und damit die Geschwindigkeit der Erdrotation für die Beschleunigung der Rakete optimal ausgenutzt. So läßt sich mehr Gewicht in den Orbit befördern.

Europa, Japan, China

In den 70er Jahren begannen auch andere Nationen mit dem Aufbau ihrer Raumfahrtprogramme. Sie entwickelten eigene Launch-Systeme und mischen heute vor allem in der kommerziellen Raumfahrt mit. Für die bemannte Raumfahrt hingegen sind sie auf die Hilfe der USA und Rußlands angewiesen, weil sie bisher weder über Trägersysteme noch über Raumschiffe verfügen, mit denen Menschen in den Weltraum befördert werden können.

ESA (European Space Agency)

Die ESA besteht aus 14 Mitgliedsstaaten und wurde als Reaktion auf die großen Weltraumprogramme der USA und der UdSSR ins Leben gerufen. Man wollte den An-

Abb. 32: Die europäischen Trägersysteme Ariane 4 und 5 starten in Kourou, Französisch-Guayana. Hier: Die seit 1998 eingesetzte Ariane 5.

schluß nicht verpassen und unabhängig von den Supermächten einen eigenen Weg in den Weltraum finden.

Die europäischen Raketen sind Ariane 4 und 5. Ariane 4 ist die weltweit meistgebuchte Rakete für kommerzielle Starts. Ariane 5 befindet sich 1999 noch in der Erprobungsphase. Sie wird wichtige Aufgaben beim Bau und bei der Versorgung der Internationalen Raumstation ISS übernehmen. Startbahnhof der Ariane-Raketen ist Kourou in Französisch-Guayana. Die ESA wählte diesen Ort, weil er nahe am Äquator liegt und sie dadurch die Nutzlast pro Rakete gegenüber einem Startplatz auf dem Breitengrad von Cape Canaveral um 15 Prozent erhöhen konnte.

NASDA (National Space Developing Agency)

Japan hat relativ schnell einen 20jährigen Rückstand zu den anderen Raumfahrtnationen aufgeholt. 1986 erfolgte der erste Start der H-1-Rakete. Sie bestand zu 40 Prozent aus ausländischen Teilen. Seit 1994 ist die Rakete H-2 im Einsatz. Sie ist zu 100 Prozent «Made in Japan». Die NASDA hat ihre Pläne zur bemannten Raumfahrt in der zweiten Hälfte der 90er Jahre aufgegeben und setzt ausschließlich auf die Erkundung des Weltraums mit Satelliten und Sonden. Später will man auch Roboter entsenden, die von der Erde aus ferngesteuert werden sollen.

Das japanische Raumfahrtzentrum trägt den Namen Tanegashima.

China Great Wall Industries

China begann seine Raumfahrtaktivitäten in den 60er Jahren. Das Know-how stammte aus den USA. Der Leiter des chinesischen Raumfahrtzentrums China Great Wall Industries, Qien Susen, hatte von 1935 bis 1955 in den USA gelebt und war im Zweiten Weltkrieg Direktor der Raketenabteilung des Verteidigungsausschusses gewesen. Anfang der 50er Jahre geriet er wegen kommunistischer Umtriebe auf die Anklagebank des McCarthy-Ausschusses. Er verließ die USA und kehrte nach China zurück.

Der erste chinesische Satellit Deng Feng Heng 1 wurde 1970 auf seine Umlaufbahn gebracht. Er leistete Propagandadienste. Ein kleiner Sender an Bord funkte unablässig die Worte «Tung-fang-hung» – «Der Osten ist rot». Viel mehr konnte der Satellit nicht. Seit 1990 gehört China zu den Anbietern kommerzieller Transporte; anfangs zu unschlagbar niedrigen Preisen. Der ganz große Boom blieb jedoch aus – zu viele Pannen. Jahrelang war keine Gesellschaft bereit, teure Satellitenfracht zu versichern, wenn sie mit China Great Wall Industries ins All fliegen sollte. Das hat sich mittlerweile geändert. China spielt im weltweiten, lukrativen Markt der Raketenstarts inzwischen eine wichtige Rolle.

Die Trägersysteme der Volksrepublik tragen alle den Namen «Langer Marsch».

Raketen der Zukunft

Dem aktuellen Stand der Raketentechnik entsprechen konventionelle mehrstufige Raketen mit chemothermischen Antriebssystemen, die nur einmal fliegen können. Lediglich die USA verfügen mit dem Space-Shuttle-System über wiederverwendbare Raumgleiter, doch auch hier gehen mit jedem Start Millionenwerte verloren. Der

Chemothermische Triebwerke
Chemothermische Triebwerke beruhen auf der Ausnutzung der chemischen Reaktionswärme eines verbrennenden Treibstoffs. Die bei der Verbrennung entstehenden Gase werden mit Hilfe einer Düse, die hinter der Brennkammer liegt, ins Freie gepreßt. Dies bewirkt – gemäß dem Rückstoßprinzip – einen zur Strömungsrichtung der Gase entgegengesetzten Vortrieb der Rakete. Der Schub, der dabei entsteht, ist abhängig vom verwendeten Treibstoff. Chemothermische Triebwerke unterteilt man nach der Art des Treibstoffs in drei Gruppen:

- **Feststofftriebwerke**
Man verwendet hierfür in der Regel Brennmaterial in Pulverform, das beim Start gezündet wird und dann vollständig verbrennt. Solche Triebwerke lassen sich nicht abschalten. Sie werden häufig als Zusatztriebwerke für die Startphase verwendet und dann abgeworfen. Für die Verbrennung sind sie auf den Sauerstoff in der Erdatmosphäre angewiesen.
Beispiel: die beiden Booster des Space Shuttles.
- **Flüssigkeitstriebwerke**
Flüssigkeiten, die in Tanks lagern, werden in einer Brennkammer zusammengebracht und verbrennen dort. Die dabei entstehenden Gase treten mit hoher Geschwindigkeit an der beziehungsweise den Düsen aus und treiben die Rakete voran.
Flüssigkeitstriebwerke funktionieren auch im luftleeren Raum, weil der für die Verbrennung notwendige Sauerstoff in flüssiger Form mitgenommen wird.
Sie lassen sich nach Bedarf an- und abschalten und können somit auch zur Feinsteuerung von Raumschiffen und Satelliten im Hochvakuum des Weltraums benutzt werden.
- **Hybridtriebwerke**
Eine Mischung aus Feststoff- und Flüssigkeitstriebwerken.

«External Tank», der unter das Shuttle montiert wird und fast den gesamten Treibstoff enthält, ist ein 43-Millionen-Dollar-Wegwerfprodukt.

Launch-Systeme der Zukunft, darüber besteht in der Fachwelt Einigkeit, müssen komplett wiederverwendbar und wesentlich preiswerter sein als heute. Ein Shuttle-Start kostet mehrere hundert Millionen Dollar, und das ist eindeutig zu teuer – vor allem für die Visionäre der Tourismusindustrie. Sie planen in spätestens 20 Jahren ein lukratives Geschäft mit Reisen in den Weltraum, doch das kann nur funktionieren, wenn sich die Flugkosten drastisch senken lassen.

Für die Trägersysteme der Zukunft werden zwei Konzepte verfolgt: SSTO (Single Stage to Orbit) und wiederverwendbare Zweistufensysteme. Bei den SSTO-Lösungen handelt es sich um Vehikel, die einstufig in den Weltraum fliegen. Sie werfen keine Stufen oder Tanks mehr ab, so daß kein Bauteil verlorengeht, sondern kehren «am Stück» zur Erde zurück und sollen innerhalb kurzer Zeit für den nächsten Flug fit gemacht werden können.

Zweistufensysteme bestehen aus zwei unabhängigen Maschinen. Ein großes Flugzeug transportiert einen kleineren Orbiter in die höhere Erdatmosphäre, klinkt ihn dort aus und fliegt zurück zur Erde. Der Orbiter zündet nach der Trennung seine Raketenmotoren, fliegt ins All und landet später wieder auf der Erde. Beide Komponenten sind wiedereinsetzbar.

Neben der NASA arbeiten seit einigen Jahren auch private Unternehmen, Konzerne und sogar einzelne Pioniere daran, die notwendige Endgeschwindigkeit für Erdumkreisungen mit deutlich geringerem Aufwand als bisher zu erreichen. Gemeinsam ist allen Ansätzen, daß sie auch weiterhin chemothermische Antriebssysteme verwenden. Ging es bei der Entwicklung der bisherigen Transportsysteme in erster Linie darum, daß die Maschinen überhaupt ihr Ziel erreichen – koste es, was es wolle –, so setzen heute vor allem die Kosten den Maßstab. Wer in absehbarer Zeit ein wesentlich preiswerteres Transportsystem als die bisherigen anbieten kann, wird ein gigantisches Geschäft machen. Hunderte von Satelliten warten darauf, in den kommenden Jahren in den Orbit befördert zu werden, und auch die Internationale Raumstation ISS muß regelmäßig angeflogen werden, damit sie mit Proviant, Wasser, Atemluft, Ersatzteilen und Astronauten versorgt werden kann. Verständlich, daß vor allem amerikanische Firmen große Summen investieren, um sich ein Stück vom kosmischen Kuchen zu sichern. Zeit für Visionäre und Pioniere.

Der Ionenantrieb

Der Treibstoff für den Ionenantrieb ist das Edelgas Xenon.

In einer Ionisierungsvorrichtung wird den elektrisch neutralen Xenon-Atomen ein Elektron «entrissen», übrig bleiben die positiv geladenen Xenon-Ionen. Diese werden durch elektrische Felder auf hohe Geschwindigkeiten beschleunigt, wobei die Antriebsenergie mit Hilfe von Solarzellen gewonnen wird. Am Ausgang des Triebwerks haben die Ionen dann Geschwindigkeiten von mehr als 100 000 Kilometern pro Stunde und schießen in den freien Raum. Der Rückstoß erzeugt nun den Schub nach vorn.

Ionentriebwerke verbrauchen nur ein Zehntel der Energie, die chemische Antriebe für die gleiche Leistung aufwenden müssen. Das ermöglicht kleinere, leichtere und damit auch billigere Raumfahrzeuge mit wesentlich höheren Geschwindigkeiten.

Die erste Sonde mit Ionenantrieb – Millennium Deep Space 1 – befindet sich seit Ende Oktober 1998 auf dem Weg zum Mars und wird auf dieser Reise auch dem Kometen Kohoutek begegnen.

Advent Launcher

Eines der ungewöhnlichsten Projekte verfolgt das amerikanische Unternehmen Advent. Ihr Launcher, der einer gigantischen elektrischen Zahnbürste nicht unähnlich sieht, soll aus dem Wasser starten und auf dem Wasser wieder landen. Es ist eine SSTO-Lösung. Die Rakete fliegt in einer Stufe in den Weltraum und kehrt auch so wieder zurück.

Der Start aus dem Wasser ist eine Idee Wernher von Brauns – eins der Konzepte, das er nach dem Apollo-Projekt der NASA vorschlug, das dort aber verworfen wurde. Aufgegriffen hat es einer seiner ehemaligen Assistenten, der Texaner Jim Akkerman. Nach seiner Pensionierung begann er mit der Konstruktion des Advent Launchers. Einleuchtender Vorteil von Start und Landung aus und auf dem Wasser: Man spart den Bau teurer Startrampen und Landeplätze.

Abb. 33: Raketen der Zukunft. Die Amerikaner Harry Dace und Jim Akkerman mit einem Modell ihrer wasserstartenden Rakete «Advent Launcher».

Abb. 34: Roton, ein Space-Helikopter, soll kleine Lasten und bis zu drei Personen in den Weltraum bringen. Sein Vorteil: Er startet und landet wie ein Hubschrauber, kann daher überall eingesetzt werden.

Roton

Roton ist der Entwurf eines Space-Helikopters. Erdacht hat ihn der amerikanische Weltraum-Pionier Gary C. Hudson. Roton soll eine kleine Anzahl Menschen und leichte Lasten in die Umlaufbahn schrauben. Die Maschine startet wie ein gewöhnlicher Helikopter und fliegt bis in eine Höhe von rund 30 Kilometern. Während dieser Zeit benutzt sie den Sauerstoff der Luft zur Verbrennung des Treibstoffs. Auf dieser Höhe ist die Atmosphäre zu dünn für den Hubschrauberbetrieb, aber dünn genug, um nach dem Einklappen der Rotorblätter den Raketenmotor zu zünden, der das Vehikel jetzt auf die erforderlichen 7,8 Kilometer pro Sekunde beschleunigt. In der Umlaufbahn angekommen, setzt Roton seine Fracht ab oder dockt an eine Raumstation an.

Zur Landung klappt der Space-Helikopter die Rotorblätter nach der heißen Wiedereintrittsphase wieder aus und landet im normalen Hubschrauberbetrieb punktgenau dort, wo er gestartet ist – oder an jedem beliebigen anderen Ort.

Abb. 35: Das Konzept des Sänger II wird heute in unterschiedlichen Variationen für zukünftige Systeme weiterentwikkelt. Ein großer «Carrier» trägt einen kleinen «Orbiter» in ca. 30 Kilometer Höhe. Dort startet der Orbiter in die Umlaufbahn, der Carrier kehrt zur Erde zurück.

X Prize

Advent Launcher und Roton sind aussichtsreiche Kandidaten für den X Prize, eine mit zehn Millionen Dollar dotierte Finanzspritze für das erste private Unternehmen oder Team, dem es gelingt, drei Menschen in eine Höhe von 100 Kilometer zu fliegen, sie sicher wieder zu landen und diese Reise innerhalb von drei Wochen mit dem gleichen Fluggerät zu wiederholen.

Die X Prize Foundation wurde von Visionären, Astronauten und Sponsoren aus der ganzen Welt am 18. Mai 1996 in St. Louis, Missouri, gegründet. Ihr Ziel ist es, private Investoren und Erfinder zu motivieren, die Raumfahrtindustrie auf der Suche nach verbesserten und preiswerten Transportmöglichkeiten ins All einen entscheidenden Schritt weiterzubringen.

Sänger

Der Sänger II geht zurück auf einen Entwurf des deutschen Weltraumpioniers Eugen Sänger – ein Zweistufensystem, das heute von mehreren Großkonzernen in unterschiedlichen Variationen verfolgt wird. Das Konzept sieht vor, einen Orbiter auf oder unter einen größeren Transporter zu montieren und in eine Höhe von 30 Kilometer zu befördern. Der Transporter verbrennt bei seinem Flug den Sauerstoff der Umgebungsluft, fliegt also mit normalem Flugzeugtreibstoff, und erreicht eine Geschwindigkeit von Mach 6 (sechsfache Schallgeschwindigkeit, das sind rund 7200 Kilometer pro Stunde oder 2 Kilometer pro Sekunde). Dann wird der Orbiter ausge-

Katapult

Ähnlich der Technik, mit der auf der Erde Magnetschwebebahnen angetrieben werden, ließe sich auch eine Beschleunigung von Flugkörpern realisieren. Das Gewicht des Raumschiffes wäre stark reduziert, weil kein Treibstoff für den Antrieb mitgeführt werden müßte. Er käme von außen, von der Führungsschiene. Auf der Erde ist ein solches System nicht realisierbar, weil die Schiene in gewaltige Höhen hinaufreichen müßte: bis über die Erdatmosphäre hinaus. Innerhalb der Erdatmosphäre wäre die erforderliche Endgeschwindigkeit für eine Umlaufbahn nicht erreichbar, weil das Fahrzeug aufgrund der hohen Reibungshitze verglühen würde.

Auf dem Mond aber könnten elektromagnetische Schienensysteme eine erstklassige Startvorrichtung bilden. Dort stört kein Luftwiderstand, und die benötigte Endgeschwindigkeit für eine Umlaufbahn um den Mond beträgt «nur» 1,7 Kilometer pro Sekunde. Elektrische Energie für die Schienen ließe sich dort ebenfalls kostengünstig über Solarzellen erzeugen.

Abb. 36: Für weite Reisen durch unser Planetensystem wären Sonnensegler die ökonomischsten Raumschiffe. Ein Entwurf aus dem Jahre 1978 für ein Modell mit 800 Metern Seitenlänge.

klinkt, zündet seinen Raketenmotor und fliegt in die Umlaufbahn. Der Transporter kehrt zur Erde zurück, wird wieder betankt und steht für den nächsten Start bereit. Der Orbiter kehrt nach Erfüllung seiner Mission ebenfalls zur Erde zurück, und auch er ist kurze Zeit später wieder einsatzbereit.

Der Orbiter benötigt wesentlich weniger Treibstoff für seinen Flug in den Weltraum, als wenn er von der Erdoberfläche aus starten würde. Beide Maschinen, Transporter und Orbiter, sind voll wiederverwendbar. Sie starten und landen von normalen Flughäfen, können also in den täglichen Flugverkehr integriert werden.

Das Projekt Sänger, vorgestellt von der Daimler-Benz Aerospace, wurde 1995 allerdings aus Kostengründen begraben. Sein Nachfolger ist das Projekt Winged Drop Tank, eine Modifikation des Sänger.

Sonnensegler

Interplanetare Reisen, die nicht von der Erde oder einem anderen Himmelskörper, sondern von einer Raumstation aus starten, könnten den Sonnenwind für den Vortrieb nutzen. Sie würden mit Hilfe riesiger Flächen den Druck ausnutzen, den die Lichtteilchen (die Photonen) erzeugen, die von der Sonne weggeschleudert werden. Der Schub wäre nur gering, die Leistungsfähigkeit dieses Systems aber unbegrenzt. Die Raumschiffe würden im Sonnenwind segeln wie Segelschiffe im Wind auf der Erde.

X-33

Das NASA-Konzept für die nächste Generation von Orbitern heißt X-33, ein «Reusable Launch Vehicle». Das Trägersystem fliegt in einem Stück in den Weltraum und kommt so auch wieder zurück. Es ist nach kurzer Zeit wieder einsetzbar. Damit endet die Ära der teuren Wegwerfsysteme. Raketen entwickeln sich in Richtung Flugzeug.

Sobald die Entwicklung des Systems abgeschlossen ist, wird die Technologie an Privatunternehmen weitergegeben, die die Launcher dann bauen werden. Dieses Prinzip wird auch in Europa schon lange praktiziert. Die Ariane-Raketen werden von der ESA nur entwickelt, Bau und Vermarktung übernimmt anschließend die Firma Arianespace.

Die erste Version der X-33, von der NASA als Nachfolger des Space Shuttles geplant, ist die Venture Star.

Abb. 37: Die X-33 ist der Nachfolger des Space Shuttle. Zum ersten Mal baut die NASA ein Transportsystem, das komplett wiederverwendbar ist.

Der Photonenantrieb

Die Beschleunigung eines Raumschiffes hängt von der Austrittsgeschwindigkeit des Treibstoffes ab. Lichtteilchen (Photonen) wären daher der ideale Treibstoff, denn sie würden den Raketenmotor mit der höchstmöglichen Geschwindigkeit, der Lichtgeschwindigkeit, verlassen. Grundsätzlich sendet jede Lichtquelle Lichtteilchen aus. Um ein Raumschiff anzutreiben, sind jedoch hochenergetische Photonen erforderlich. Ein paar Glühbirnen reichen nicht aus. Hochenergetische Photonen ließen sich in einem Motor herstellen, der Materie und Antimaterie miteinander in Kontakt bringt. Beim Aufeinandertreffen entstünde ein permanenter «Vernichtungsblitz», der die gewünschte energiereiche Strahlung erzeugt. Das bisher ungelöste Problem ist die Brennstoffbeschaffung. Zwar ist es bereits gelungen, erste Antimaterieteilchen zu erzeugen, doch die Herstellung großer Mengen an Antimaterie und deren Lagerung wird in absehbarer Zeit nicht zu realisieren sein.

Piep, piep, Satellit

Augen und Ohren in der Umlaufbahn – und weit darüber hinaus

Die ersten Satelliten waren simple, kleine Maschinen, die im politischen Wettlauf um die Vorherrschaft im Weltraum hastig in die Umlaufbahn geschossen wurden, wo sie bestenfalls für wenige Wochen ein paar wissenschaftliche Daten sammelten. Gegen Ende der 50er Jahre war die Demonstration leistungsfähiger Raketen wichtiger als die konkrete wissenschaftliche Arbeit im All. Die Satelliten hatten eher eine Alibi-Funktion. Sie mußten nicht viel mehr tun, als durch das Aussenden von Signalen beweisen, daß sie tatsächlich im Weltraum flogen.

Abb. 38: Ein Modell des ersten Satelliten, Sputnik I, im Raumfahrtpavillon der Allunion in Moskau. Daneben: Modell eines der ersten Raumschiffe, das Menschen in den Kosmos trug.

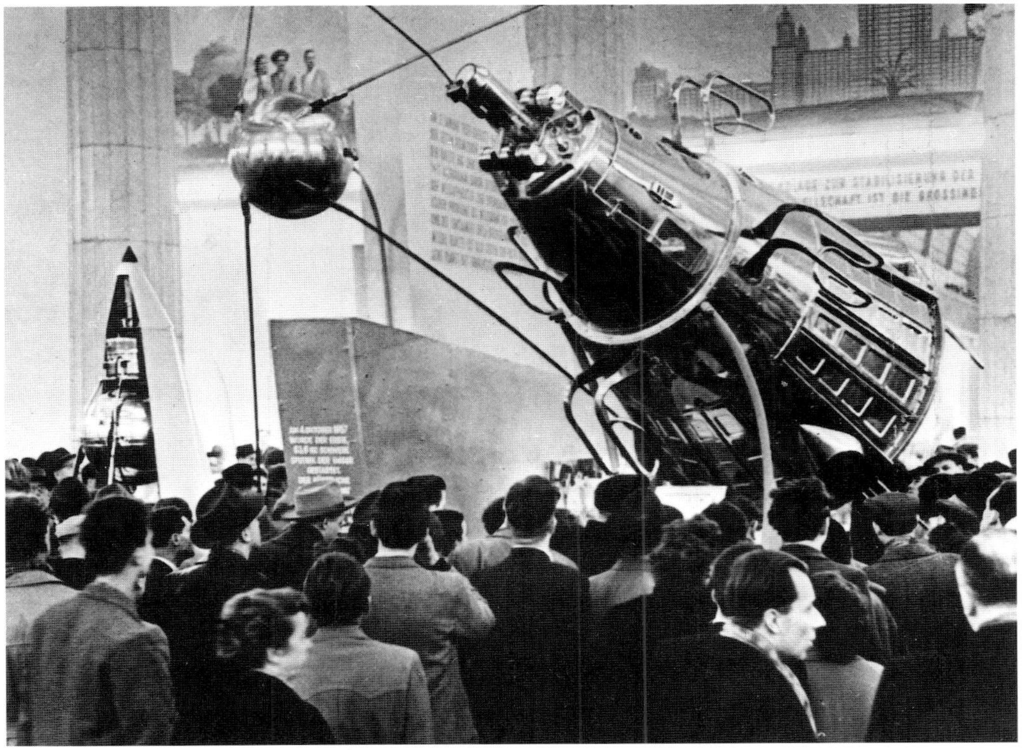

Wenige Jahrzehnte später sind Raumflugkörper zu hochkomplexen Maschinen geworden, die zu Hunderten die Erde umkreisen und dabei die unterschiedlichsten Funktionen ausüben: von der Beobachtung des Wetters, der Weltmeere, der Regenwälder und der Ozonschicht bis zur Ausstrahlung von Fernsehprogrammen und Navigationsinformationen für Schiffe, Flugzeuge und Autos. Sie leisten hervorragende Dienste, vermehren das Wissen der Menschheit beträchtlich und machen das Leben angenehmer. Milliarden von Menschen nutzen heute Satelliten, häufig ohne daß es ihnen bewußt ist.

Eine andere Klasse von Maschinen fliegt über die Erdumlaufbahnen hinaus in den tiefen Raum, den «Deep Space», zu anderen Planeten und deren Monden, um sie zu fotografieren, zu beobachten, zu vermessen oder um dort zu landen. Drei dieser Sonden befinden sich mittlerweile sogar auf dem Weg hinaus aus unserem Planetensystem: Pioneer 10, Voyager 1 und Voyager 2. Die beiden letztgenannten werden möglicherweise noch Daten zur Erde senden, wenn sie irgendwo zwischen 16 und 24 Milliarden Kilometern Entfernung als erste von Menschen gemachte Objekte den interplanetaren Raum verlassen, um in den interstellaren Raum vorzudringen. Ausgerüstet sind sie für diese Reise. An Bord befinden sich Grüße und ein Geschenk für Außerirdische.

Deep-Space-Sonden werden seit Jahren auch von der ESA, häufig in Zusammenarbeit mit der NASA, gestartet. Gesteuert werden sie vom ESOC (European Space Operations Centre) in Darmstadt.

LEO, GEO, Deep Space

Die wichtigsten Bahnbereiche um die Erde werden als LEO (Low Earth Orbit) und GEO (Geostationary Earth Orbit) bezeichnet.

LEO ist der Orbit, in dem sich der größte Teil der etwa 800 Satelliten befindet, die wir auf der Erde nutzen. Dort spielt sich zur Zeit auch die bemannte Raumfahrt ab, und die erste Phase des Weltraumtourismus wird hier beginnen. Der LEO reicht von etwa 200 bis 1500 Kilometer Höhe. Darüber liegen die «Van-Allen-Strahlungsgürtel», zwei die Erde ringförmig umschließende Zonen, in denen elektrisch geladene Teilchen durch das Magnetfeld der Erde eingefangen werden. Der innere Van-Allen-Gürtel befindet sich etwa zwischen 2000 und 5000 Kilometer Höhe und enthält hochenergetische Elektronen und Protonen. Der äußere erstreckt sich ungefähr von 19 000 bis 26 000 Kilometer und enthält hauptsächlich Elektronen aus dem Sonnenwind. Diese Gebiete sind für künstliche Satelliten gefährlich, da die hochenergetischen Teilchen in den empfindlichen elektronischen Instrumenten schwere Schäden verursachen können. Damit ist dieser Teil des Weltraums weitgehend unbrauchbar für die kommerzielle Raumfahrt.

LEO ist hingegen für Wissenschaft, Forschung, militärische Aufklärung, kommerzielle Dienstleistungen und die bemannte Raumfahrt von allergrößter Wichtigkeit. Viele hundert Objekte kreisen dort und senden gewaltige Datenströme zur Erde. Jahrzehnte der Wetterbeobachtung haben so viele Informationen geliefert, daß wir uns mit großen Schritten der Zeit nähern, in der wirklich verläßliche Wettervorhersagen möglich sind. Das El-Niño-Phänomen im Jahre 1998 hatten Meteorologen ziemlich exakt vorausgesagt; eine Leistung, die nur möglich war, weil Satelliten den Wissenschaftlern umfangreiche Wetterdaten geliefert hatten.

Die Fluggeschwindigkeit aller Objekte im LEO beträgt 7,8 Kilometer in der Sekunde. Sie umkreisen die Erde alle 90 bis 100 Minuten einmal.

Der Bahnbereich in 18 000 Kilometern Höhe, auch 1/2 GEO genannt, wird vornehmlich militärisch genutzt. Seit 1995 stellt das amerikanische Verteidigungsministerium die Dienste der im 1/2 GEO kreisenden GPS-Satelliten auch der Zivilbevölkerung zur Verfügung. Die 24 GPS-Satelliten ermöglichen die genaue Positionsbestimmung auf der Erde. GPS steht für «Global Positioning System». Auf der Erde fangen GPS-Empfänger die Signale der Satelliten auf und errechnen die metergenaue Position auf der Erdoberfläche.

Satelliten im 1/2 GEO umkreisen die Erde alle zwölf Stunden einmal.

Der nächste sehr wichtige Bahnbereich für Satelliten ist GEO. Es ist die Erdumlaufbahn, bei der ein Satellit exakt die gleiche Umlaufperiode hat wie die siderische Rotation der Erde. Sie beträgt 23 Stunden, 56 Minuten und 4,1 Sekunden. Beschreibt ein Satellit in einer Höhe von 35 900 Kilometern eine kreisförmige Bahn, die in der Äquatorebene liegt, scheint er am Himmel zu «stehen». Seine Bahn wird dementsprechend als geostationär bezeichnet. Dieser Orbit ist ideal für alle Satelliten, die permanente Datenströme von einem bestimmten Bereich der Erde empfangen oder dorthin senden, Fernseh- und Kommunikationssatelliten beispielsweise.

Ein Satellit in einer geosynchronen Bahn hingegen, die sich in derselben Höhe befindet, aber gegen die Äquatorebene geneigt ist, scheint im Verlaufe eines Tages am Himmel eine «8» zu beschreiben.

Der GEO ist mittlerweile ziemlich vollgepackt. Die Raumfahrtbehörden haben sich deshalb darauf verständigt, ausgediente Satelliten aus dem GEO zu entfernen. Im Gegensatz zu Flugkörpern im LEO, die nach einigen Jahren oder Jahrzehnten wieder zur Erde zurückstürzen, bleibt alles, was einmal im GEO kreist, für alle Zeiten dort – als künstlicher, winziger Mond der Erde. Mit der Zeit würde der GEO also mit funktionsuntüchtigen Satelliten überfüllt sein. Um dem vorzubeugen, schießt man ausgediente Flugkörper aus diesem Orbit auf eine höhere Bahn, nur wenige Kilometer hinauf, in den «Graveyard Orbit», was soviel wie Friedhofs-Umlaufbahn bedeutet. Die freigewordene Position im GEO wird anschließend wieder mit einem neuen, funktionstüchtigen Satelliten besetzt.

Zu jeder Umlaufbahn um die Erde gibt es eine Geschwindigkeit, mit der sich ein Satellit bewegen muß, damit die Fliehkraft die Anziehungskraft der Erde genau aufhebt. Er ist dann schwerelos.

Die Definition des Deep Space ist variabel. In Science-fiction-Filmen wie *Star Trek (Raumschiff Enterprise)* beginnt er erst weit jenseits der Heliopause, also außerhalb unseres Planetensystems. Am Anfang des dritten Jahrtausends, wenige Jahrzehnte nach dem Beginn der Raumfahrt, definieren wir den Deep Space bescheidener. Er beginnt für uns bereits jenseits der Umlaufbahnen um die Erde. Wenn ein Flugkörper dort seine Motoren noch einmal zündet, um auf 11,2 oder mehr Kilometer pro Sekunde zu beschleunigen, fliegt er nämlich von der Erde weg, zum Mond, einem anderen Planeten, einem Kometen oder Asteroiden. Ein Ende des Deep Space ist nicht definiert. Das Weltraumteleskop Hubble blickt 13 Milliarden Lichtjahre tief ins Universum, und niemand weiß, wieviel weiter es sich noch erstreckt.

Konstruktionsprinzip Satellit

Ein Satellit ist eine komplexe Maschine, sozusagen die Verlängerung unserer Augen und Ohren in den Weltraum hinein. Außerhalb unserer Atmosphäre herrschen sehr rauhe Bedingungen: große Hitze, große Kälte, Vakuum. Diesen Umweltbedingungen muß der Satellit standhalten. Die Maschinen in seinem Inneren, die die unterschiedlichsten Aufgaben erfüllen, benötigen eine bestimmte Betriebstemperatur, ihre Energieversorgung darf nicht zusammenbrechen, sie müssen von der Erde aus zu steuern sein usw. Das zentrale Element eines jeden Satelliten ist die «Plattform», auf der sich alle Maschinen befinden, die seinen Betrieb steuern. Außerdem befindet sich hier die Nutzlast – Instrumente für die spezielle Aufgabe des Satelliten – zur Wetterbeobachtung, Ausstrahlung von Fernsehprogrammen, Weiterleitung von Telefongesprächen, Messungen des Magnetfeldes der Erde usw.

Das Chassis muß sehr robust sein, weil der Satellit mit einer Rakete die Erde verläßt, und das führt zu extremen Belastungen. Start und Flug sind sehr laut. Zusätzlich wirken auf das Trägersystem während seines kurzen Fluges in die Umlaufbahn enorme Kräfte ein, die entsprechende Erschütterungen und Vibrationen erzeugen. Das Grundgerüst muß also sehr stabil sein, darf aber nicht viel wiegen, denn jedes Gramm muß in den Orbit gehievt werden. Je leichter das Chassis, desto mehr Instrumente kann der Satellit tragen. Die Satellitenforschung hat im Laufe der Jahre eine Reihe von Verbundwerkstoffen entwickelt, die leicht und gleichzeitig extrem fest sind. Man verwendet vor allem Sandwichplatten, bestehend aus einem Wabenkern dünner Alufolien, die beidseitig mit dünnen Kohlenwasserstoffolien beklebt sind. Auf diese Weise entsteht eine Kombination von ungewöhnlicher Festigkeit und Leichtigkeit.

Angeschlossen an das Chassis ist die Schnittstelle zur Trägerrakete, ein pyrotechnisches System. Es besteht aus einer genau dosierten Ladung Sprengstoff, die den Satelliten in der Umlaufbahn von der Rakete trennt. Mehrere Federn schleudern ihn dann von der Raketenstufe weg.

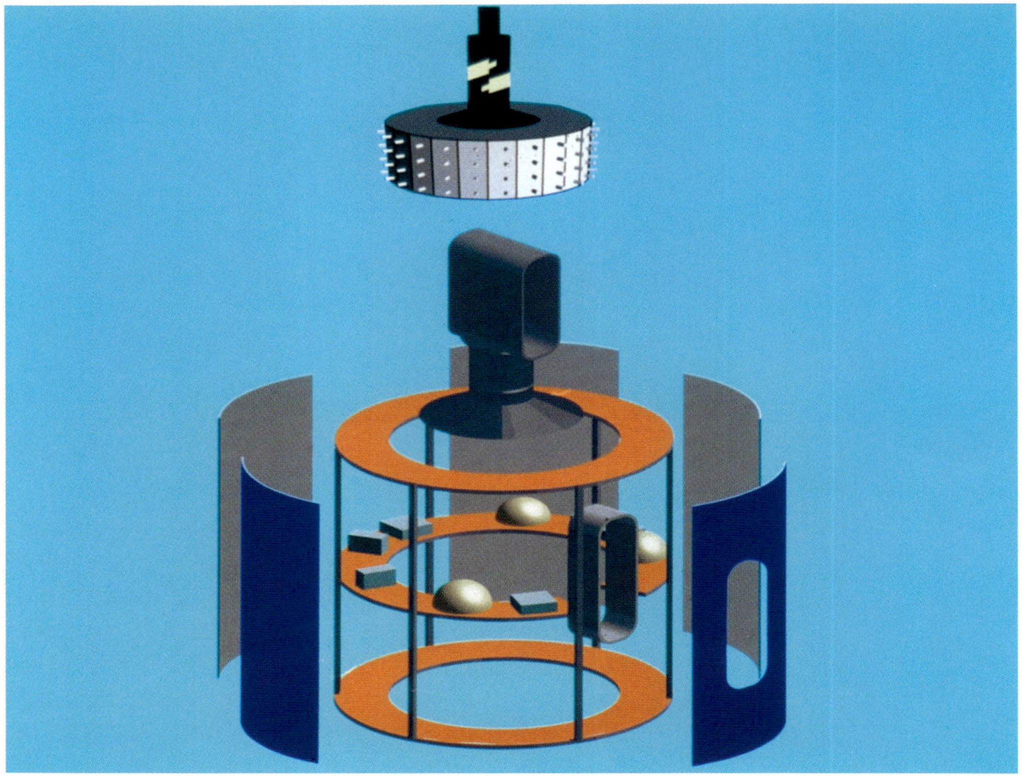

Abb. 39: Ein Wettersatellit wie Meteosat besteht im wesentlichen aus vier «Komponenten»: Kommunikationseinheit (oben), Radiometer (darunter), Gerüst (rot) und die rund um den Satelliten angeordneten Sonnenreflektoren (violett).

Abb. 40: Die Sonnenpaddel sorgen für die Erzeugung des Stroms, mit dem die Instrumente an Bord des Satelliten betrieben werden. Mars Global Surveyour auf seinem Flug zum roten Planeten.

Energieversorgung

Der Satellit ist jetzt «allein». In der ersten Phase seines Fluges wird er von einer Batterie mit Strom versorgt, doch die hält nur wenige Stunden, bestenfalls Tage. Danach muß sie aufgeladen werden. Die Stromversorgung wird heute ausschließlich über Sonnenpaddel sichergestellt. In den frühen Tagen der Raumfahrt baute man gelegentlich kleine Atomreaktoren zur Energieversorgung ein – mit dem Ergebnis, daß sie nach ihrem Rücksturz zur Erde Teile des Einschlagsgebietes radioaktiv verseuchten. Atomreaktoren befinden sich heute nur noch an Bord von Deep-Space-Sonden, die so weit in den Raum fliegen, daß ihr Energiebedarf über Sonnenpaddel nicht sicherzustellen ist. Sie kehren nie wieder zur Erde zurück, und so bilden die Reaktoren an Bord keine Gefahr für unseren Planeten.

Die Sonnenpaddel sind während des Fluges in die Umlaufbahn zusammengefaltet. Eines der ersten Manöver, die der Satellit im Orbit ausführt, dient ihrer Entfaltung – ein kritischer Moment. Nur wenn diese Aktion gelingt, wird er seine Aufgaben erfüllen können. Bei einem Fehlschlag hingegen kreist die Maschine als nutzloser High-Tech-Haufen um die Erde. Der Befehl zum Ausklappen der Sonnenpaddel wird über Funk an den Bordcomputer übermittelt. Er gibt daraufhin das Startsignal für die kleine, dosierte Sprengung der Rückhaltevorrichtungen der Sonnenpaddel, die sich dann automatisch entfalten.

Lage- und Bahnregelung

Im nächsten Schritt wird der Satellit ausgerichtet und stabilisiert.

Im LEO befindet sich immer noch so viel «Restatmosphäre», daß alle Flugkörper mit der Zeit abgebremst werden und dadurch von ihrer Bahn abkommen. Diese Abweichungen werden vom Boden aus korrigiert. Viele Satelliten fliegen in einer bestimmten Lage zur Erdoberfläche. Das wird mit Hilfe von Steuerdüsen oder Stabilisationskreiseln sichergestellt. Die Sonnenpaddel müssen dabei stets optimal zur Sonne ausgerichtet sein. Raumflugkörper im LEO befinden sich nur jeweils 45 Minuten im Licht, die zweiten 45 Minuten fliegen sie über die Nachtseite der Erde. Es bleibt also jeweils nur eine Dreiviertelstunde für das Aufladen der Batterien.

Der Mond und einige Planeten üben, je nach Position, ebenfalls eine Anziehungskraft auf den kleinen künstlichen Trabanten aus und bringen ihn von seiner korrekten Bahn ab. Auch diese Abweichungen werden korrigiert. Der Satellit muß also immer wieder «auf Kurs» gebracht werden. Bei jedem Manöver verbraucht er ein kleine Menge Treibstoff, und da er nicht nachgetankt werden kann, ist sein Schicksal besiegelt, wenn der Tank leer ist. Er verläßt seine optimale Bahn und kann seine Aufgabe nicht mehr erfüllen.

Beim Versagen der Triebwerke in der letzten Startphase kommt es ebenfalls zum Verlust. Der Satellit kann dann nicht auf seine vorgesehene Position gebracht werden. Das geschieht gar nicht so selten. Jede 25. Himmelsmaschine geht auf diese Weise verloren und trudelt

Rettung eines Satelliten
1998 gelang der spektakuläre Rettungsversuch eines Satelliten. AsiaSat 3 sollte als Kommunikationssatellit für Asien und Australien die Erde umkreisen, erreichte seine Position im GEO aber nicht, weil die letzte Stufe der russischen Proton-Rakete, die ihn ins All brachte, nicht lange genug feuerte. AsiaSat 3 befand sich auf einer nutzlosen elliptischen Bahn.
Die Betreibergesellschaft kassierte die Versicherungssumme, und damit war der Satellit «herrenlos», beziehungsweise in den Besitz der Versicherungsgesellschaft gelangt, die mit dem unnützen Gerät jedoch herzlich wenig anzufangen wußte. Techniker der Herstellerfirma Hughes Global Services überzeugten die Verantwortlichen, daß man AsiaSat 3 mit einem nie zuvor gewagten Manöver doch noch im GEO positionieren könne, wenn auch nicht an der vorgesehenen Stelle. Wahrscheinlich aber würde man ihn in Betrieb nehmen können. Die Versicherungsgesellschaft ließ sich auf das Experiment ein.
Man zündete die Triebwerke von AsiaSat 3, als er sich im Apogäum befand, dem erdfernsten Punkt seiner Bahn, und schickte ihn auf eine Reise um den Mond, den er am 13. Mai 1998 erreichte. Damit wurde er, inzwischen in HGS-1 (Hughes Global Services) umbenannt, zum ersten kommerziellen Satelliten, der den Mond umkreiste – eine halbe Runde, dann schwenkte er wieder auf Erdkurs. Am 6. Juni 1998 erfolgte ein zweiter Vorbeiflug am Mond. Anschließend konnte HGS-1 nach einigen weiteren kleinen Manövern in einer geostationären Position stabilisiert werden. Er war jetzt schnell genug für diesen Orbit.
Ein Kommunikationssatellit ist ein Kommunikationssatellit, und die Versicherungsgesellschaft vermietet nun ihrerseits die Kapazitäten von HGS-1.

dann funktionsuntüchtig auf ihrer Bahn entlang. Da die Maschinen gegen solche Mißgeschicke versichert werden, ist der Schaden nicht allzu groß. Man baut eine neue und versucht sein Glück noch einmal.

Die Methode der Stabilisierung von Objekten im Orbit über Schwungräder oder Stabilisationskreisel, in der Fachsprache «gyrodynes» genannt, nutzt das Prinzip der Selbststabilisation, das man bei jedem Kreisel beobachten kann. Solange er sich schnell genug dreht, behält er seine Position bei. Stattet man schwerelose Flugkörper im luftleeren Raum an jeder Achse – Länge, Breite, Höhe – mit schnelldrehenden Schwungscheiben aus, stabilisieren sie den Körper. Veränderungen der Geschwindigkeit in einer oder mehreren Achsen drehen den Körper. Die Energieversorgung erfolgt elektrisch. Dieses System läßt sich jahrelang betreiben – so lange jedenfalls, wie das Zusammenspiel von Lageregelung und Energieversorgung funktioniert.

Satelliten für den GEO werden von ihrer Trägerrakete zunächst in eine elliptische Transferbahn getragen. Im Apogäum wird dann das «Apogäum-Triebwerk» gezündet, um sie auf ihre vorgesehene Umlaufbahn zu bringen. In diesem Triebwerk bleibt anschließend noch genügend Treibstoff übrig, um sie Jahre später, wenn sie nicht mehr funktionieren, in den Friedhofs-Orbit zu schießen.

Wärmeregelung

Die Instrumente an Bord benötigen eine bestimmte Betriebstemperatur. Vor allem die auftreffende Sonnenstrahlung, bei den Sonnenpaddeln hochwillkommen, ist für den übrigen Teil des Satelliten viel zu intensiv. Der Wärmeaustausch, also die Ableitung der Wärme, kann im Vakuum des Weltraums nur durch Strahlung erfolgen. Eine Wärmeabgabe an die Umgebung ist nicht möglich, weil es keine Umgebung gibt. Während der Satellit auf der sonnenzugewandten Seite viel zu heiß wird, ist er auf der Schattenseite viel zu kalt. Der Unterschied beträgt mehrere hundert Grad. Bei Raumflugkörpern, die um die eigene Achse rotieren (können, falls ihre Funktion das zuläßt), bewirkt dieser «Grilleffekt» eine gleichmäßige Erwärmung und Abkühlung. Die meisten Raumflugkörper aber sind in allen drei Achsen – Höhe, Breite, Tiefe – stabilisiert. Sie werden mit isolierenden, glänzenden Folien beschichtet beziehungsweise «eingepackt», die die Wärme zu speziellen Strahlern transportieren. Dort wird der Überschuß dann in den Weltraum abgestrahlt.

Bordmanagement und Fernsteuerung

Eine Reihe von Routineaufgaben erledigen moderne Maschinen selbständig – Bahn- und Lageregelung sowie das Wärmemanagement. Es wäre zu aufwendig, diese Aufgaben unentwegt von der Bodenkontrolle durchführen zu lassen. Die Computer an Bord der Satelliten sind heute in der Lage, Routinechecks durchzuführen und die notwendigen Maßnahmen einzuleiten. Ein ganz klein wenig HAL ist also bereits an Bord.

Die Bodenkontrolle erhält vom Bordcomputer einen ununterbrochenen Datenstrom über den Zustand der Systeme an Bord und kann jederzeit eingreifen. Spezielle Manöver, die außerhalb der Routineabläufe liegen, werden vom Boden aus eingeleitet und gesteuert. Die Übermittlung der Befehle erfolgt per Funk.

Die vielen hundert Satelliten im Erdorbit senden gigantische Datenmengen, die wir sammeln, bearbeiten und auswerten. Weiter draußen, zwischen den Planeten und ihren Monden, befinden sich weitere Raumschiffe. Sie versorgen uns mit Informationen über die Entstehung des Planetensystems. Einige landen sogar auf Nachbarplaneten oder deren Monden. Vor allem Mars ist von großem Interesse. Er ist das nächste Ziel einer bemannten Mission. Vorher sind allerdings noch einige Erkundungsflüge notwendig, möglicherweise mit Robotern, die die Landung der Menschen auf dem roten Planeten vorbereiten können.

Der vorläufige Höhepunkt in der Geschichte der Datenströme aus dem Weltraum waren die Bilder des Marsrovers Sojourner, der am 4. Juli 1997 im Ares Vallis auf

Abb. 41: **Berühmt geworden durch seine Eitelkeit: Der Computer HAL 9000 an Bord des Raumschiffs Discovery, das im Film** *2001 – Odyssee im Weltraum* **zu Jupiter aufbricht.**

HAL

Der Bordcomputer HAL 9000 an Bord des Raumschiffs Discovery, das im Jahre 2001 zu Jupiter startet, um den legendären Monolithen zu suchen, verwandelt die Reise in eine *Odyssee im Weltraum*. Die künstliche Intelligenz HAL wird am 12. Januar 1997 eingeschaltet, um zum Reisebeginn im Jahre 2001 klug genug zu sein, die Crew sicher zu Jupiter zu bringen. HAL ist in der Lage, das Raumschiff komplett zu steuern. Als er einen kleinen Fehler macht, in der anschließenden Diskussion mit der Besatzung aber zu stolz ist, ihn zuzugeben, beschließen die Astronauten Frank Poole und Dave Bowman, ihn abzuschalten. Ihnen wurde gesagt, HAL mache keine Fehler. Jetzt ist ihnen die Sache jedoch zu unsicher. HAL beobachtet das Gespräch der beiden, indem er die Worte von ihren Lippen abliest. Aus dem, was sie sagen, zieht er den Schluß, daß die Menschen das Unternehmen gefährden. Die drei Astronauten, die sich im Hyperschlaf befinden, tötet er, Frank Poole wird durch seine Manipulation bei einem Außenbord-Einsatz in die Tiefe des Alls geschleudert, und Dave Bowman läßt er nicht wieder an Bord, nachdem dieser erfolglos versucht hat, Poole zu retten. Dave Bowman gelingt es dennoch, wieder in die Discovery zu gelangen – und er schaltet HAL anschließend ab. Doch die Discovery kehrt von ihrer Reise nicht wieder zurück.

Der Name HAL wurde aus dem Kürzel IBM gebildet – durch die Zurücksetzung um je einen Buchstaben. 1968, dem Entstehungsjahr des Films *2001 – Odyssee im Weltraum*, war IBM der größte Computerhersteller der Welt. Die digitale Revolution hatte noch nicht stattgefunden. *2001 – Odyssee im Weltraum* kam ein Jahr vor der ersten Mondlandung in die Kinos.

Abb. 42 (links): Die letzte Aufnahme, die Meteosat-2 am 2. Dezember 1991 zur Erde funkte, bevor der Wettersatellit außer Dienst gestellt wurde.

Abb. 43 (rechts): Die Daten der Satelliten werden in endlos anmutenden Datenspeichern gelagert. Blick ins Meteosat-Archiv bei der ESOC in Darmstadt.

dem Mars landete. Mehr als 2,6 Milliarden Bits schickte er – und Millionen Menschen sahen per Internet zu.

Erdumkreisende Satelliten

Die wohl bekanntesten Satellitentypen sind Wetter- und Fernsehsatelliten. Wir nutzen sie täglich, ohne etwas Besonderes daran zu finden. Wir kaufen eine Satellitenschüssel im Fernsehfachgeschäft oder im Supermarkt, montieren sie ans Haus, verbinden sie mit dem Decoder und haben mehr als 30 Fernsehsender zur Auswahl – mitunter auch ein paar ostasiatische. Da sendet ein entsprechender Satellit in unseren Empfangsbereich hinein.

Mit Wettervorhersagen decken uns alle Medien ein – Zeitungen, Radio, TV. Die genauesten Daten erhält man über das Internet. Wettersatelliten sind in dieses Netz enger eingebunden als in die anderen Medien, weil alle Universitäten und Wetterinstitute das Internet zur Kommunikation nutzen. Man kann sich dort einwählen, um einen detaillierten Überblick zur Wettersituation zu erhalten.

Wettersatelliten gehören ursprünglich zum Militär und zur Forschung, die Daten werden aber schon seit vielen Jahren auch kommerziell verwertet. Vor allem in der Schiffahrt und im Luftverkehr benötigt man möglichst aktuelle Wetterstände. Zu entsprechenden Preisen sind sie zu haben.

Fernsehsatelliten hingegen sind rein kommerzielle Maschinen. Deutsche Firmen wie Dornier oder Dasa spielen in diesem Markt eine führende Rolle. Nach der Fertigstellung suchen die Auftraggeber einen möglichst preiswerten Flug in die Umlaufbahn. Es kann durchaus sein, daß ein indischer Satellit in Deutschland gebaut und in den USA gestartet wird. Die Raumfahrtindustrie arbeitet global. Selbst amerikanische Unternehmen beladen russische und sogar chinesische Raketen mit ihrer Fracht.

Fernsehsatelliten, mittlerweile in großer Zahl vorhanden, sind alle im GEO stationiert, und auch die Wettersatelliten befinden sich dort. Beide Satellitentypen sind ja auf eine bestimmte Region der Erdoberfläche fixiert und müssen daher fest über ihr «verankert» sein.

Weniger bekannt sind viele wissenschaftliche Satelliten, die in jahrelangen Missionen unseren Heimatplaneten beobachten, um globale Prozesse zu verfolgen, damit wir sie eines Tages in ihrer immensen Komplexität verstehen können. Dazu gehören langfristige Analysen der Großwetterlage, der Temperaturschwankungen, der Meeresströmungen, der Ozonschicht, der Regenwälder. «Monitoring Planet Earth» nennen die Wissenschaftler das.

Satelliten sehen uns an – ERS-2

Raumfahrt ist keine Domäne der Supermächte mehr. Die ESA gilt als verläßlicher Partner mit großem technischem und wissenschaftlichem Know-how.

Heute ist die Erde das wichtigste Ziel der Raumfahrt. Ihre genaue Beobachtung verspricht den größten praktischen Nutzen. Satelliten sehen uns an, registrieren die Folgen dessen, was wir auf der Erde tun, und liefern die Ergebnisse an uns zurück.

Am 21. April 1995 startete die Trägerrakete Ariane 4 mit dem Satelliten ERS-2 an Bord und setzte ihn in einer Höhe von rund 800 Kilometern über der Erde ab.

ERS steht für «European Remote Sensing Satellite», was soviel heißt wie europäischer Fernerkundungssatellit. Er beobachtet und überwacht die Entwicklung der Ozonschicht, die fortschreitende Zerstörung der Regenwälder, die Verschmutzung der Weltmeere und einige weitere, für die Zukunft der Menschen wichtige Prozesse, die auf der Erdoberfläche vorgehen. Monitoring Planet Earth ist ein geeignetes Mittel zur Überwachung weltweiter Umweltabkommen, die heute zwar noch nicht in verbindlicher Form existieren, deren Zustandekommen aber unausweichlich ist. Nach der Ratifizierung solcher Vereinbarungen werden Maschinen wie ERS-2 wachsame Augen sein, denen keine Verletzung der Abkommen entgeht. Er und seine «Kollegen» tragen heute schon wesentlich dazu bei, die schleppenden Entscheidungsprozesse in der Umweltpolitik zu beschleunigen, weil sie sehr detailliert aufzeichnen, wie schlimm es steht und wie schnell es schlimmer wird.

ERS-2 tastet den Planeten mit Radarstrahlen ab und empfängt deren Echos. Der Bordcomputer erstellt daraus Zahlenkolonnen, die er zur Erde funkt. Hier rechnen Hochleistungscomputer sie in Bilder von erstaunlicher Präzision um.

Den tropischen Wäldern ist dabei ein spezielles Projekt der EU-Länder gewidmet, das den Namen TREES trägt. Neben seiner Bedeutung «Bäume» steht der Name für «Tropical Resources and Environmental Monitoring by Satellites», übersetzt etwa: Beobachtung der tropischen Zonen und ihrer Umwelt mit Hilfe von Satelliten.

TREES beobachtet den Zustand der Regenwälder und ihre Rolle als Waage des ökologischen Gleichgewichts.

Große Teile dieser Wälder liegen stets unter dichten Wolkendecken. Optische Kameras sind nicht in der Lage, die Erdoberfläche in diesen Regionen zu fotogra-

Abb. 44 (oben): New York aus ca. 800 Kilometern Höhe, gesehen von ERS-2.

Abb. 45 (rechts): Der europäische Radarsatellit ERS-2 über der Arktis.

fieren. So existierten sie viele Jahre lediglich als weiße Flächen auf den fotografischen Karten. ERS-2 aber durchdringt mit seinem Radar die Wolken, und da er nicht nur unabhängig vom Wetter ist, sondern auch keinen Unterschied zwischen Tag oder Nacht macht – er benötigt für seine Datenerfassung kein Licht –, ist er für die Wissenschaftler bei TREES das ideale Werkzeug, um die vielen weißen Flecken auf den Karten endlich verläßlich auszufüllen.

Abgeholzte Bereiche der Wälder sind auf den Bildern gut zu erkennen. ERS-2 liefert Bilddaten mit einer Auflösung von 25 Metern. Das heißt, daß ein Bildpunkt auf einem Foto der Fläche von 25 mal 25 Metern auf der Erdoberfläche entspricht. Man erkennt große Gebäude, Straßen und alle Gebiete, in denen abgeholzt wird. Werden solche Bilder über lange Zeiträume aufgenommen, ist deutlich zu sehen, wo und vor allem wie schnell beziehungsweise langsam Wälder verschwinden oder nachwachsen – und wie das Verhältnis von Nachwachsen und Verschwinden ist.

ERS-2 kreist auf einer polaren Umlaufbahn, fliegt bei seinen Runden also jedesmal über den Nord- und den Südpol, während sich die Erde unter ihm dreht. Nach 35 Tagen – er absolviert dabei 501 Orbits – hat er den Planeten einmal komplett abgetastet. Neben dieser Arbeit führt er weitere Beobachtungen z. B. der Weltmeere, der Ozonschicht und der Windströmungen durch – jeweils mit Spezialinstrumenten. Die Daten werden wissenschaftlich und kommerziell genutzt. Die Schiffahrt bezog im Laufe der ERS-Mission schon Tausende von Bildern, und es gelang, innerhalb von zwei Jahren etwa fünf Prozent des Treibstoffes einzusparen, weil Informationen über Windgeschwindigkeiten und Wellenhöhe jederzeit zur Verfügung stehen. Einzigartig sind auch Bilder der Eisrandregionen der Pole – von großer Bedeutung für die Navigation der Fischereiflotten, Touristendampfer, Forschungsschiffe und Erdölbohrtrupps.

Wettervorhersagen und Eiskarten sind ein lukrativer Geschäftsbereich bei der Verwertung von Satellitendaten.

Satelliten hören uns zu – Iridium

Am Ende der 90er Jahre beginnt ein neues Kapitel in der kommerziellen Raumfahrt. Nachdem die Fernsehsatelliten etabliert und dieser Markt abgedeckt ist, beginnt jetzt der große Verteilungskampf bei den Kommunikationssatelliten. Mobilfunk und Internet benötigen riesige Leitungskapazitäten, die mittlerweile kostengünstig über Maschinen in Erdumlaufbahnen bereitgestellt werden können. Noch vor wenigen Jahren schien die Idee, globale Netze im All zu realisieren, reine Fantasie zu sein, doch die Gewinne in dieser Branche sind gewaltig. So scheuen Geldgeber nicht länger vor immensen Investitionen zurück. 4,8 Milliarden Dollar wurden aufgebracht, um das erste weltweite Mobilfunknetz für Handys in der Umlaufbahn zu realisieren. Seit Ende 1998 arbeitet dieses Iridium genannte System und gibt wohlhabenden Handybesitzern die Gewißheit, daß sie weltweit unter einer einzigen Telefonnummer zu erreichen sind, und zwar auch dort, wo es überhaupt keine Infrastruktur für Handys oder Telefone gibt. Ein Iridium-Handy funktioniert immer, weil die Gespräche über die Iridium-Satelliten geleitet werden.

Wollte man durch Afrika, Asien und weite Teile Südamerikas viele Millionen Kilometer von Telefon- und Kommunikationskabeln verlegen, würde das Jahrzehnte dauern – und unbezahlbar wäre es auch.

Insgesamt 66 dieser baugleichen Kommunikationsschaltstellen kreisen in 780 Kilometern Höhe auf sechs polaren Bahnen. Wie an einer Schnur aufgereiht ziehen jeweils elf hintereinander her, so verteilt, daß an jedem Punkt der Erde zu jeder Zeit ein Iridium-Satellit über dem Horizont steht.

Zusätzlich wurden 14 Backup-Satelliten im Orbit postiert. Sobald einer der 66 Satelliten ausfällt, wird eine dieser Ersatzmaschinen auf seine Position manövriert.

Abb. 46: Auf sechs Polarbahnen ziehen jeweils 11 Iridium-Satelliten um die Erde. Sie sind so positioniert, daß an jedem Punkt der Erdoberfläche jeweils ein Satellit über dem Horizont steht. Das erste weltumspannende Netz für Satelliten-Handys.

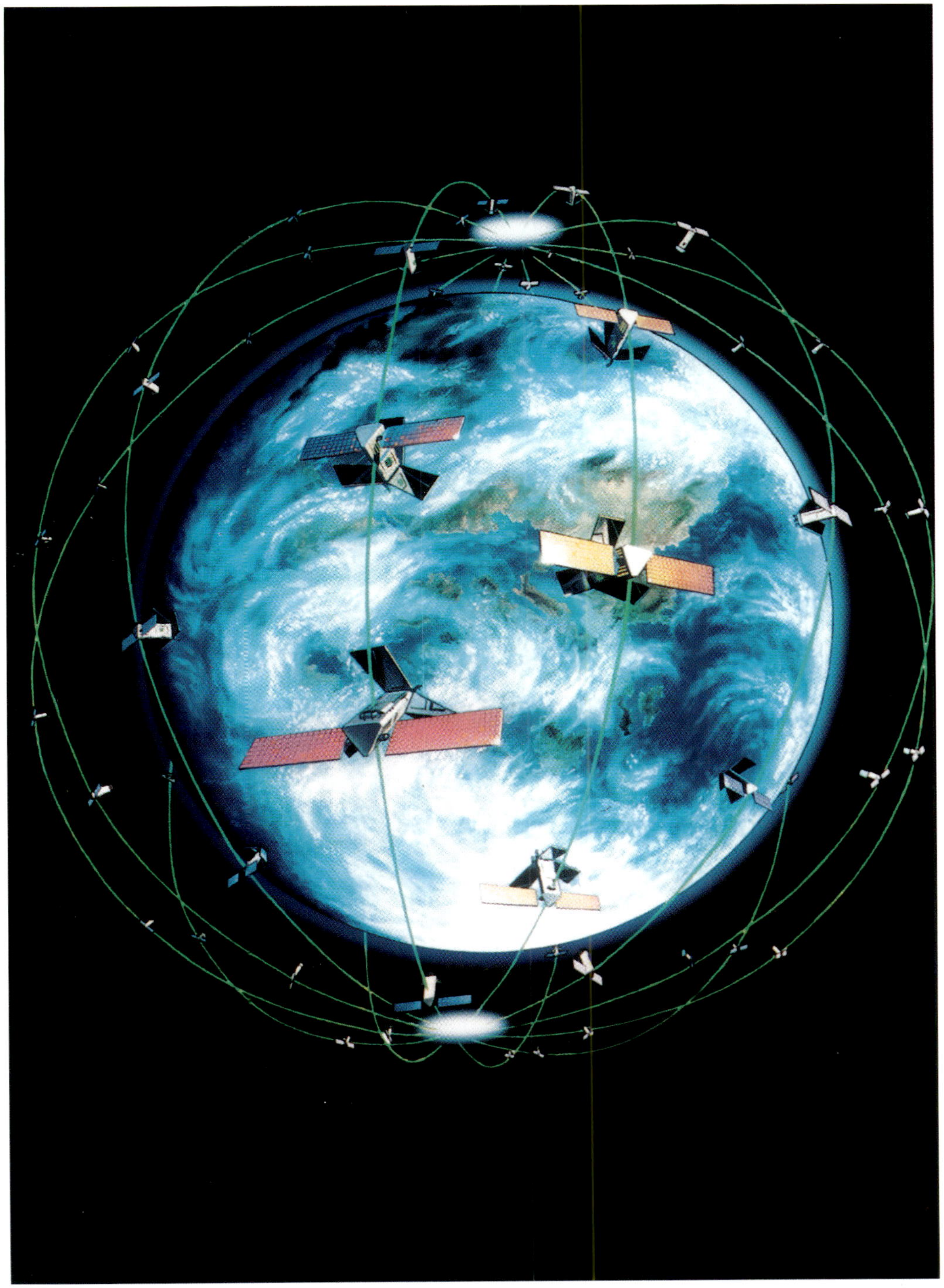

Zahlreiche Starts waren notwendig, um das Iridium-Netz zu vervollständigen. Sie erfolgten mit amerikanischen, russischen und chinesischen Raketen. In der ersten Planungsphase des Systems ging man noch davon aus, daß 77 Satelliten notwendig sein würden. Man wählte daher den Namen Iridium, weil dieses chemische Element die Ordnungszahl 77 hat, und obwohl die Anzahl auf 66 reduziert werden konnte, behielt man den Namen bei.

Das Iridium-Netz funktioniert nach einem ähnlichen Prinzip wie das Internet. Ein Anruf wird auf den gerade über dem Horizont fliegenden Satelliten geschickt. Der leitet ihn weiter an einen nächsten, der wiederum an einen anderen, bis der Empfänger erreicht ist, bis also die Maschine das Gespräch annimmt, die dort über dem Horizont steht, wo sich der Empfänger befindet. Verläßt sie den Empfangsbereich, übergibt sie das Gespräch vorher an die nachfolgende.

Iridium wird nicht das einzige Netz dieser Art bleiben. Die Fertigstellung des 48 Satelliten (plus 8 Reservesatelliten) umfassenden Globalstar-Kommunikationsnetzes ist für das Jahr 2000 geplant, und den Netzen für die Sprachkommunikation werden kosmische Netze für die Datenkommunikation folgen. Das spektakulärste ist das Projekt «Internet in the sky» des amerikanischen Unternehmens Teledesic. Es wird aus 288 Satelliten bestehen und neun Milliarden Dollar Investitionskosten verschlingen. Die Summe zeigt, wie hoch die erwarteten Gewinne sein müssen.

Wo sind die Sterne geblieben?
Am 18. März 1998, sechs Monate bevor das Iridium-Netz in Betrieb genommen wurde, einigten sich Motorola, das federführende Unternehmen im Iridium-Konsortium, und die Betreiber des größten Radioteleskops der Welt in Arecibo darauf, den Iridium-Satelliten, der in den Empfangsbereich des Teleskops fliegt, in dieser Flugphase jeweils abzuschalten. Die Einigung gilt für täglich acht Stunden. Sie kann in besonderen Fällen ausgedehnt werden.
Der Grund für diese skurrile Vereinbarung liegt in der Tatsache, daß die Iridium-Satelliten für ihre interne Kommunikation die gleiche Frequenz von 1612 Megahertz benutzen, auf der auch Strahlung von OH-Ionen aus dem Universum empfangen wird. Iridium aber sendet mit mehr Leistung und macht die OH-Signale aus den Tiefen des Alls für das Teleskop unhörbar. OH-Ionen werden in «Roten Riesen», sterbenden Sonnen, erzeugt und dienen den Astronomen unter anderem zur Altersbestimmung von Galaxien.
Wir verdanken der Radioastronomie einen Großteil unseres Wissens über das Universum. Die wachsende Dichte der Kommunikationssatelliten aber macht die Radioteleskope zunehmend taub. Manche Astronomen fürchten, daß die Radioastronomie um das Jahr 2015 völlig tot sein wird, weil das Kommunikationsrauschen im LEO dann undurchdringbar geworden ist.

GPS – Global Positioning System

Ein eher dunkles, weil unter Ausschluß der Öffentlichkeit stattfindendes Kapitel sind die militärischen Satelliten. Sie suchen die Erde und den Weltraum nach Gefahren ab, die von anderen Nationen ausgehen wie beispielsweise Truppenbewegungen, Atomtests oder der Bau militärischer Anlagen. Militärsatelliten arbeiten mit höheren Bildauflösungen als wissenschaftliche und kommerzielle Satelliten. In wenigen Jahren können «Schlüsselloch-Satelliten» selbst Autonummern vom Weltraum aus erkennen.

Bisher geht das noch nicht. Die Position eines Autos läßt sich aus dem Weltraum dennoch auf einen Meter genau feststellen, gleichgültig, wo es sich befindet. Einzige Voraussetzung ist ein GPS-Empfänger. Die 24 GPS-Satelliten in 18 000 Kilometer Höhe sind so positioniert, daß sich überall auf der Welt mindestens drei gleichzeitig über dem Horizont befinden. Sie senden ein sehr exaktes Zeitsignal, gekoppelt mit ihrer genauen Position über der Erdoberfläche. Die kleinen Empfänger dieser Signale, die man heute bereits für wenige hundert Mark kaufen kann, benötigen die Signale von mindestens drei verschiedenen GPS-Satelliten. Daraus errechnen sie ihre eigene Position auf der Erdoberfläche – exakt genug, um Schiffen und Flugzeugen die Navigation zu erleichtern und Versicherungsdetektiven zu verraten, wo gestohlene Luxuslimousinen versteckt werden.

Angegeben wird die Position folgendermaßen:

N 53° 33′ 22″ – gesprochen: 53 Grad, 33 Minuten, 22 Sekunden nördlicher Breite;

E 10° 01′ 49″ – gesprochen: 10 Grad, 1 Minute, 49 Sekunden östlicher Länge.

Auf einer Landkarte läßt sich daraus leicht der geographische Standort ermitteln. Schneller geht es, wenn der GPS-Empfänger an einen Computer angeschlossen wird, der die festgestellte Geoposition auf einer elektronischen Landkarte sofort markiert.

Das Militär nutzt die GPS-Satelliten unter anderem zur Zielnavigation für Marschflugkörper, Navigation von Flugzeugen und Schiffen und Ortung von Kriegsmaschinen im Einsatz. Es wurde auch schon erwogen, Soldaten von Spezialeinheiten GPS-Decoderchips in die Muskulatur zu operieren, um sie in Notfällen zielgenau aus Feindgebieten bergen zu können.

Die Forschungssatelliten werden verstärkt wichtige Aufgaben im Dienst der Menschheit übernehmen. Wir müssen ziemlich genau wissen, welche Folgen unsere Aktivitäten für die Atmosphäre haben, denn dieser hauchdünne Mantel, der nur 80 Kilometer hoch reicht, ist die unabdingbare Voraussetzung für die Existenz des Lebens auf der Erde. Temperaturverschiebungen um nur wenige Grad reichen aus, die Biosphäre extrem zu verändern – so extrem, daß es die Menschheit möglicherweise nicht mehr geben wird. Wir wissen all dies nicht genau; mit Hilfe der Datensammler im Orbit der Erde könnten wir dieses Wissen aber erlangen.

Deep-Space-Sonden

Das erste von Menschen gemachte Objekt, das aus einer Erdumlaufbahn hinaus und in den interplanetaren Raum hineinflog, war die russische Sonde Luna 1. Sie schwirrte im Januar 1959, 15 Monate nach dem Beginn des Raumfahrtzeitalters, in Richtung Mond. Zwei Monate später folgte die amerikanische Sonde Pioneer 4. Im Februar 1961 erreichte Sputnik 7 die Venus, im Oktober 1962 erfolgte der erste Marsflug durch Sputnik 29. Diese ersten Deep-Space-Missionen waren alle nur bedingt erfolgreich. Einige Sonden konnten ihren Kurs nicht halten, zu anderen ging der Kontakt verloren. Letztlich zeigten sie aber, daß der Weg zu den Planeten grundsätzlich offenstand.

Sonden als Vorboten der Menschen

Bevor der Mensch in den Weltraum vordringt, schickt er Maschinen dorthin. Sie erkunden das Terrain und vermitteln einen ersten Eindruck von den Bedingungen, die ihn dort erwarten. Andere Himmelskörper sind «Terra incognita», unbekanntes Land. Mit jeder unbemannten Sonde erfahren wir etwas mehr über Mond, Merkur, Venus, Mars, Jupiter, Saturn, Neptun, Pluto, die Monde der Planeten, den Asteroidengürtel, die Kometen. Unbemannte Sonden dringen in Bereiche vor, die für den

Abb. 47: Den Mond haben wir bereits besucht, 1998 den ersten Menschen dort bestattet (vgl. S. 84), und nun entwerfen wir Pläne, wieder hinzufliegen – diesmal um zu bleiben und eine Station zu errichten.

Abb. 48: Knapp hundert Jahre vor der ersten Landung auf dem Mond: Die Vorstellungen von seiner Oberfläche stimmen nicht mit der Wirklichkeit überein – «Une passage lunaire».

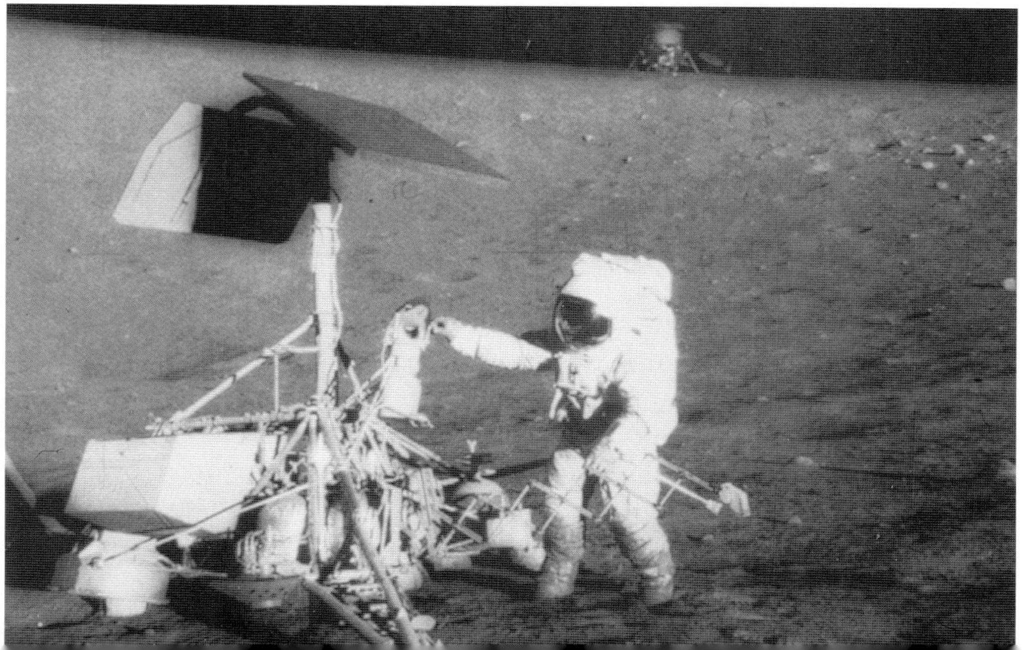

Abb. 49: Die Astronauten von Apollo 12 besichtigen eine Surveyor-Sonde. Diese Sonden fanden zwischen 1966 und 1968 unter anderem heraus, daß der Boden auf dem Mond fest ist und daß Menschen darauf landen können.

Menschen noch viele Jahre unerreichbar sein werden. Mit ihrer Hilfe können wir ein immer vollständigeres Bild unseres Planetensystems gewinnen. Sie sind unsere Augen und Ohren in der unvorstellbaren Weite dort draußen.

Mond

Die USA begannen 1961 mit einer Serie unbemannter «Lunar Missions», nachdem die Regierung beschlossen hatte, noch innerhalb des gleichen Jahrzehnts die ersten Menschen zum Mond zu befördern. Vorher mußte dieser genau untersucht werden, viel genauer, als es damals mit Teleskopen von der Erde aus möglich war. Also schickte man Maschinen dorthin, um ihn in Augenschein zu nehmen.

Den Auftakt machten die Ranger-Sonden. Ranger 7, 8 und 9 waren erfolgreich, ihre Vorgänger hingegen Fehlschläge.

Ranger 7, gestartet im Juli 1964, übermittelte 4000 Fotos von der Mondoberfläche. Einige tausend mehr erhielt man von Ranger 8 und 9, die im Februar und März 1965 ihren Flug absolvierten. Sie zerschellten auf dem Mond, fotografierten aber bis zum Aufprall. Damit war man zum ersten Mal im Besitz einer recht vollständigen fotografischen Karte des Mondes, einschließlich seiner Rückseite.

Ab 1966 folgten die Lunar Orbiter, die den Mond kartographierten und nach möglichen Landeplätzen absuchten. Ihre Mission war die erste systematische Erforschung der Oberfläche. Alle fünf Sonden waren erfolgreich. Die Aufnahmen wurden auf normalen Film belichtet, automatisch an Bord entwickelt, abgerastert und dann zur Erde gefunkt.

Zwischen 1966 und 1968 gingen auch die Surveyor-Sonden auf die Reise. Fünf der insgesamt sieben Surveyors gelang eine weiche Landung. Sie untersuchten den Mondboden. Bis zu diesem Zeitpunkt wußte niemand, wie er beschaffen ist; ob landende Sonden – und Astronauten – nicht möglicherweise in einer meterdikken Staubschicht versinken würden. Die Sonden sackten nur wenige Zentimeter ein, der Weg für die Astronauten war frei.

Vor 4,5 Milliarden Jahren streifte ein riesiger Asteroid die Erde und brach eine gewaltige Menge Materie heraus, die sich im All sammelte und den Mond bildete. Das ist nur eine von vielen Theorien zur Entstehung des Mondes, sie wird aber heute von vielen Wissenschaftlern für die wahrscheinlichste gehalten.

Die UdSSR startete in den 60er Jahren ebenfalls mehrere Sonden zum Mond. Die ersten drei flogen im Januar, September und Oktober 1959. Lunik 1 zog im Abstand von 5000 Kilometern am Mond vorbei, Lunik 2 schlug in der Nähe des Kraters Archimedes auf, Lunik 3 übermittelte die ersten Bilder von der Rückseite des Mondes. Nie zuvor hatten Menschen dorthin sehen können. Die nachfolgenden Sonden wurden mit Luna bezeichnet, beginnend mit Luna 4, die im April 1963, lange vor der ersten amerikanischen Sonde, auf dem Mond landete. Den Höhepunkt des russischen Mondprogramms bildeten die automatischen Rover Lunochod, die mit den Sonden Luna 17 und 21 auf dem Erdtrabanten landeten – Lunochod 1 am 17. November 1970 im westlichen Teil des Mare Imbrium und Lunochod 2 am 16. Januar 1973 im östlichen Teil des Mare Serenitatis. Sie legten dort 10,5 bzw. 37 Kilometer zurück. Beide Fahrzeuge trugen Kameras, einen Laserreflektor, einen Magnetometer, Sonnenkollektoren, einen Detektor für die kosmische Strahlung und ein Kommunikationssystem.

Die Sowjetunion führte bis 1976 unbemannte Mondlandungen durch, um Bodenproben zu sammeln und zur Erde zurückzubringen, dann wurde das Programm eingestellt. Die USA hatten bereits Ende 1972 mit der Apollo-17-Mission «die Tür zum Mond zugemacht».

Es sollte 26 Jahre dauern, bis die NASA wieder eine wissenschaftliche Mission zum Mond startete. Die Sonde Lunar Prospector begann ihre Reise am 6. Januar 1998, schwenkte am 11. Januar in eine polare Umlaufbahn 100 Kilometer über dem Mond ein und meldete zwei Monate später eine Sensation. Es gibt dort Wasser!

Der Militärsatellit Clementine hatte zwei Jahre zuvor Anzeichen für diese Möglichkeit geortet. Da niemals Sonnenlicht in die tieferen Lagen großer Krater an den Mondpolen gelangt, könnte sich dort Eis, das von Kometeneinschlägen stammt, über Jahrmillionen gehalten

Die Schändung des Mondes

Die Sonde Lunar Prospector, die 1998 beträchtliche Vorkommen gefrorenen Wassers auf dem Mond entdeckte, hatte eine außergewöhnliche Fracht an Bord – einen kleinen Behälter mit der Asche von Eugene Shoemaker, einem der populärsten amerikanischen Astronomen dieses Jahrhunderts. Er kam im Sommer 1997 bei einem Verkehrsunfall ums Leben. Lunar Prospector stürzte Anfang 1999 – nach getaner Arbeit – auf die Oberfläche des Mondes. Eugene Shoemaker ist damit der erste Mensch, dessen sterbliche Überreste auf einem anderen Himmelskörper «beigesetzt» wurden – wir haben das Zeitalter der Science-fiction bereits erreicht. Doch die Sache hat einen Schönheitsfehler, denn kaum war 1998 die Nachricht von der bevorstehenden spektakulären Bestattung in den Medien erschienen, warf der Präsident der Navajo-Nation, Albert Hale, der NASA vor, die religiösen Bräuche der Navajo-Indianer grob mißachtet zu haben. Der Mond sei ein heiliger Ort in der Navajo-Religion. Die Asche eines Toten dort zu verstreuen sei eine Schändung. Schließlich würden die Navajo ihre Toten auch nicht in den Kirchen der Christen bestatten.

Die NASA entschuldigte sich in aller Form und zeigte sich gleichzeitig sehr überrascht. Damit hatte niemand gerechnet. Die Probleme der Raumfahrt waren bis zu jenem Tag stets rein technischer Natur gewesen.

haben. Die Daten von Lunar Prospector bestätigten die Prognose, übertrafen sogar alle Erwartungen. Auf etwa 33 Millionen Tonnen wurde der Vorrat geschätzt – genug, um damit 2000 Menschen mehr als 100 Jahre zu versorgen – bei einem Verbrauch von 100 Litern pro Tag pro Person und ohne Recycling des verbrauchten Wassers. Der Fund beflügelte Pläne permanent besetzter Forschungsstationen, denn aus dem Wasser ließe sich auch Treibstoff für Missionen zum Mars gewinnen. Im September 1998 erhöhte die NASA die entdeckte Eismasse auf fast das Doppelte – und ließ Spekulationen über weitere Vorkommen freien Lauf.

Mars

Mars ist, von der Sonne aus gezählt, der vierte Planet unseres Sonnensystems. Seit über 100 Jahren ist er Gegenstand von Spekulationen über mögliches Leben. Im 19. Jahrhundert entdeckte Percival Lowell mit einem Teleskop die angeblichen Marskanäle, die nach seiner Meinung nach von intelligenten Wesen angelegt worden sein mußten. Erst Jahrzehnte später zeigten die Mariner-Flüge, daß diese Kanäle gar nicht existieren.

Mit dem Beginn des Raumfahrtzeitalters rückte der rote Planet viel näher an die Erde heran. Die Sonden Mariner 4 (1964) Mariner 6 und 7 (1969), Mariner 9 (1971)

Abb. 50: Mars, der rote Planet, ist das neue, große Ziel der bemannten Raumfahrt. Der Mensch wird diesen Planeten betreten – bis 2020, sagen Experten der NASA.

sowie Viking 1 und 2 (1976) konnten keinerlei Leben auf dem Mars entdecken. Auf einem Bild, das Viking 1 aufnahm, ist jedoch ein gigantisches, in Stein gemeißeltes Gesicht zu erkennen. Es nährte Theorien einer alten, ausgestorbenen Zivilisation, die einstmals auf dem Mars existiert haben mußte. 1998 aber wurde diese Illusion zerstört. Die Sonde Mars Global Surveyor fotografierte die gleiche Region noch einmal – mit einer wesentlich höher auflösenden Kamera. Zur großen Enttäuschung vieler Anhänger der Zivilisationstheorie löste das neue Bild das Gesicht in eine zerklüftete Gebirgslandschaft auf. Doch die Suche nach Spuren von Leben auf dem Mars geht weiter.

Im August 1996 schlug der Meteorit ALH 84001 in unsere Fantasie ein. Versteinerte Mikroorganismen wurden in diesem kleinen Meteoriten gefunden, der bereits seit Jahrmillionen auf der Erde lag, bevor Wissenschaftler der NASA ihn genau untersuchten. Bis heute ist jedoch nicht eindeutig geklärt, was die rastermikroskopischen Aufnahmen tatsächlich zeigen. Die Möglichkeit, daß es sich um versteinerte Lebewesen vom Mars handelt, ist gegeben – sicher ist das aber nicht.

In jedem Fall ist Mars ein interessanter Planet, schon weil er als der einzige im Sonnensystem gilt, den der Mensch eines Tages besiedeln könnte. Alle anderen fallen aufgrund ihrer physikalischen Bedingungen von vornherein aus: zu heiß, zu kalt, zu große Schwerkraft, ungeeignete Atmosphäre usw. Bleibt nur der Mars. Sein Durchmesser ist etwa halb so groß wie der der Erde, er besitzt Polkappen und zeigt jahreszeitliche Veränderungen. Die Polkappen sind mit einer dünnen Schicht aus Eis bedeckt, wahrscheinlich einem Gemisch aus gefrorenem Wasser und Kohlendioxid. Er besitzt ein schwaches Magnetfeld und eine dünne Atmosphäre, die zu 95,3 Prozent aus Kohlendioxid besteht, zu 2,7 Prozent aus Stickstoff und zu 1,6 Prozent aus Argon. Sauerstoff ist nur in geringen Spuren vorhanden.

Ein Marsjahr ist mit 688 Tagen fast doppelt so lang wie ein Jahr auf der Erde. Entsprechend sind auch die Jahreszeiten doppelt so lang. Auf dem Mars befindet sich der größte Vulkan des Planetensystems, der 27 Kilometer hohe Olympus Mons.

Die Strukturen einiger Täler deuten darauf hin, daß früher flüssiges Wasser in großen Mengen auf dem Mars

Krieg der Welten

Am 30. Oktober 1938 versetzte der damals 22jährige Orson Welles mit seiner Hörspielinszenierung des Romans von H. G. Wells *The War of the Worlds* halb Amerika in panische Angst. Die Hörer glaubten, technisch überlegene, unbesiegbare Invasoren vom Mars seien gelandet und zerstörten Amerika. 1938 war das Medium Radio noch recht neu, und alles, was gesendet wurde, unterlag der Kontrolle der Behörden. Auch das Manuskript für *The War of the Worlds* passierte diese Kontrolle. Niemand ahnte Böses.

In jenen Tagen war der Bauchredner Edgar Bergen der Star des amerikanischen Radios. Seine Sendung *Chase and Sunborn Hour* war das, was wir heute als «Einschaltquotenrenner» bezeichnen. Orson Welles und seine allsonntägliche Radioshow liefen parallel auf einem anderen Programm. Die Hörer wechselten in seine Sendung hinüber, wenn Bergen gerade ein paar flaue Gags brachte. So kam es, daß die meisten zu einem Zeitpunkt in das Hörspiel gerieten, als es bereits lief. Sie hatten die Ankündigung des Stückes nicht mitbekommen und wurden Opfer der realistischen und raffinierten Inszenierung, die sich Orson Welles für die Geschichte der Invasion vom Mars ausgedacht hatte.

Abb. 51 (links): Eine Armada unbemannter Sonden wird die Landung der ersten Menschen auf dem Mars vorbereiten. Den Auftakt machte 1997 die Sonde «Pathfinder».

Abb. 52 (rechts oben): Mars Lander untersuchen die Oberfläche, entnehmen Bodenproben und versuchen, Wasser zu finden.

Abb. 53 (rechts unten): An Bord von Pathfinder befand sich «Sojourner», ein kleiner, intelligenter Roboter, der mehrere Monate das Umfeld der Landestelle erkundete.

vorhanden war. Gräben im Valles Marineris scheinen durch plötzliche Überflutungen entstanden zu sein. Außerdem gibt es stark gewundene, ausgetrocknete Flußbetten mit zahlreichen Nebenflüssen, die ausschließlich in stark mit Kratern zerfurchten Gebieten liegen.

Den Mars umkreisen zwei kleine Monde, Phobos und Deimos. Sie unterscheiden sich so stark von ihrem Planeten, daß es sich wahrscheinlich um eingefangene Asteroiden handelt.

Mission to Mars

Die Landung der Pathfinder-Sonde am 4. Juni 1997 mit dem Marsrover Sojourner an Bord, der wochenlang über den Marsboden kurvte, war der Auftakt einer ganzen Reihe unbemannter Marsmissionen. Der Sonde Mars Global Surveyor, der leicht angeschlagen – ein Sonnenpaddel entfaltete sich nicht – ihre Mission zur exakten, auf anderthalb Meter genauen Kartographierung der Marsoberfläche dennoch gelang, folgt im Dezember 1998 der Mars Surveyor 98 Orbiter, der den roten Planeten ebenfalls umrundet. Diese Sonden testen das Verfahren des «Aerobraking», ein Manöver, bei dem sie

über viele Monate hinweg immer wieder in die Marsatmosphäre eintauchen und dadurch allmählich abgebremst werden. Das spart Treibstoff, der nicht auf die lange Reise mitgenommen werden muß.

1999 starten Mars Surveyor Lander und New Millennium Deep Space 2. Der Mars Surveyor Lander wird, der Name sagt es, auf dem Mars landen, das Klima untersuchen und herausfinden, wo auf dem Planeten Wasser existiert.

New Millennium Deep Space 2 soll zwei Sonden auf dem Mars absetzen. Beide entnehmen Bodenproben und analysieren sie vor Ort. Man will herausfinden, ob sich Eis unter der Oberfläche befindet, und wenn ja, in welches Gestein es eingebettet ist.

Der Einsatz beweglicher Maschinen wie der des Marsrovers Sojourner war ein wichtiger Schritt in der Entwicklung von Weltraumrobotern. Die NASA verfolgt seit Mitte der 90er Jahre ein neues Konzept bei der Erkundung des Deep Space: cheaper, faster, better – preiswerter, schneller, besser. Die Pathfinder-Sojourner-Mission hat «nur» 400 Millionen Dollar gekostet, etwa soviel wie ein Space-Shuttle-Start. Vor allem der kleine Rover wurde ein Medienstar und zeigte, daß unter Ausnutzung hochentwickelter Computertechnologie und «intelligenter» Programme erstaunlich erfolgreiche wissenschaftliche Missionen durchgeführt werden können. Die Steuerung Sojourners erfolgte nicht mehr aus einem aufwendigen Mission Control Center, sondern aus einem Büro, wo eine Handvoll Wissenschaftler den Rover per Computermaus mit Befehlen versorgten. Diese Entwicklung wird weitergehen. Es ist durchaus möglich, daß auf dem Mars bereits eine Schar Roboter umherwuselt, wenn die ersten Menschen dort ankommen.

Bis zum Jahr 2020 will die NASA eine bemannte Mission zum Mars starten. Mehr als 70 Millionen Kilometer sind zu überwinden – bei günstiger Konstellation von Erde und Mars.

Abb. 54: Live vom Mars: Panoramabild der Pathfinder-Sojourner-Landestelle. Das Bild wurde mehrere Millionen mal aus dem Internet heruntergeladen.

Sonne

Unbemannte Sonden sind nicht nur Vorboten und Kundschafter für nachfolgende Astronauten, sie fliegen auch zu Zielen, die Menschen niemals erreichen können. Der Kosmos ist ein extrem lebensfeindlicher Raum. Wir befinden uns 150 Millionen Kilometer von der Sonne entfernt. Näher heran können wir kaum.

Die Aktivitäten der Sonne sind von entscheidender Bedeutung für das gesamte Leben auf dem Planeten. Es ist daher nur logisch, daß wir versuchen, mehr über sie zu erfahren.

Ulysses

Die Raumsonde Ulysses wurde am 10. Juni 1990 gestartet und flog zuerst zu Jupiter, um dort Schwung für ihre Reise zur Sonne zu holen. Ulysses ist die erste Sonde, die über die Pole der Sonne fliegt. Nach 3,8 Milliarden zurückgelegten Weltraumkilometern vollendete sie 1997 ihre erste Sonnenumkreisung und befindet sich seitdem wieder auf dem Weg zu Jupiter, um neuen Schwung für einen zweiten Orbit um die Sonne zu holen. Die Flugbahn ist so kompliziert, weil die Sonde sehr schnell sein muß, damit sie in eine polare Umlaufbahn der Sonne gelangt. Die gewaltige Masse unseres Sterns zieht sie sonst in eine Umlaufbahn um seinen Äquator, auf der sich ja auch alle Planeten (mit leichten Bahnabweichungen) befinden.

Ulysses ist ein gemeinsames Projekt der NASA und der ESA. Die Sonde untersucht den Sonnenwind, das interplanetare Magnetfeld, die extrem heiße Sonnenkorona und Gravitationswellen. Ihren zweiten Sonnenorbit wird sie 2000 und 2001 absolvieren. Die Umkreisung in einer Entfernung von 300 Millionen Kilometern dauert fast ein Jahr.

Die erste Runde brachte eine Fülle neuer Erkenntnisse, denn die Pole der Sonne hatte vorher noch nie je-

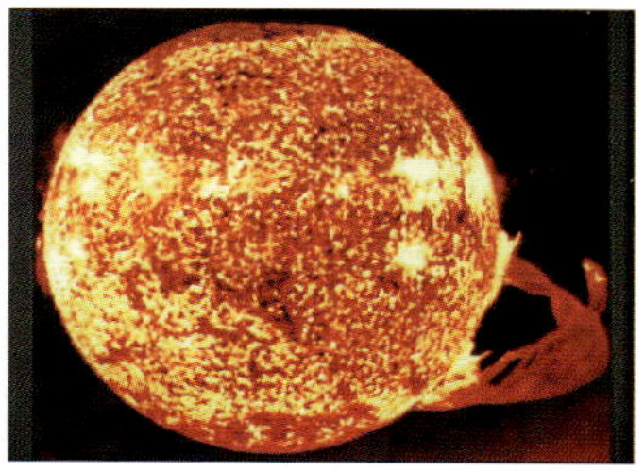

Abb. 55: Auf weiter Mission um die Sonne: Die Sonde Ulysses, die zum ersten Mal Daten vom Nord- und Südpol unseres Sterns zur Erde schickte.

Abb. 56: Die zweite Sonde auf Sonnenmission ist SOHO. Sie kreist ca. 1,5 Millionen Kilometer von der Erde entfernt auf einer eigenen, kleinen Bahn und beobachtet unterschiedliche Phänomene unseres Sterns.

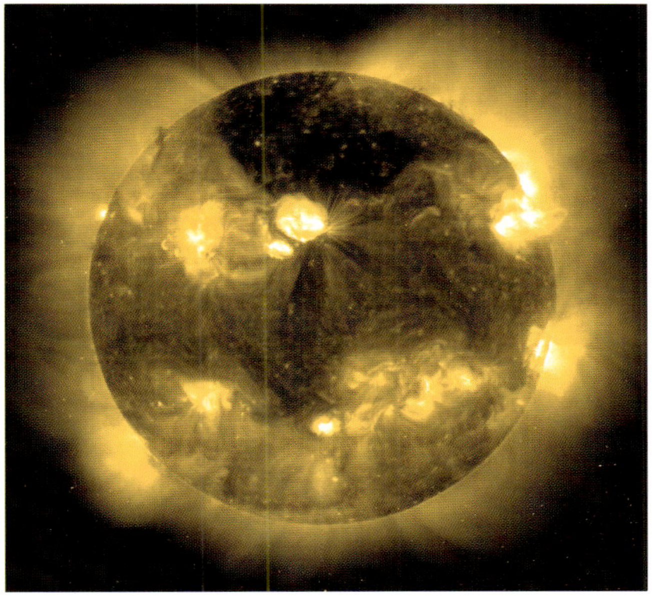

Abb. 57: Die Sonne leuchtet seit 4,5 Milliarden Jahren und «verbrennt» dabei in jeder Sekunde vier Millionen Tonnen ihrer Masse.

mand zu Gesicht bekommen. Eine der überraschendsten Neuigkeiten: Der Sonnenwind ist über den Polen viel schneller als in der Äquatorzone, wo die Sonnenpartikel mit etwa 400 Kilometern pro Sekunde ins Universum geschleudert werden. An den Polen erreicht der Wind Geschwindigkeiten von 750 Kilometern pro Sekunde (das entspricht 2,7 Millionen Kilometern in der Stunde). Ulysses dringt auf seiner Reise tief in Regionen vor, die uns noch völlig unbekannt sind. Die Sonne ist von einem weiträumigen Bereich umgeben, in dem der Sonnenwind und darin mitgeführte Magnetfelder wirksam sind – die Heliosphäre. Sie hat die Form einer gigantischen Blase. Ihre äußere Grenze ist die Heliopause. Dort endet die Anziehungskraft der Sonne; der Sonnenwind kann nicht mehr festgehalten werden und geht über in den interstellaren Raum. Die Entfernung der Heliopause konnte bisher nicht genau festgelegt werden. Man vermutet sie zwischen 100 und 150 AU, etwa 15 bis 22 Milliarden Kilometer von der Sonne entfernt.

Genauere Daten über die Heliopause erhofft man sich von den Sonden Voyager 1 und Voyager 2, die sich auf dem Weg hinaus aus dem Sonnensystem befinden. Nach optimistischen Schätzungen werden sie noch fast 20 Jahre Daten zur Erde senden. Seit 1977 unterwegs, haben sie bereits 70 AU zurückgelegt. Bevor sie die Heliopause erreichen, fliegen sie durch eine Zone, in der der Sonnenwind abrupt abgebremst wird, «termination zone» genannt. Die Voyagers, etwa 3,5 AU pro Jahr schnell, erwartet der dort erfolgende «termination shock» voraussichtlich im Jahre 2003. Die Heliopause hingegen werden die Sonden frühestens in zehn Jahren erreichen. Sollten sie dann noch funktionieren, wird die Menschheit erfahren, wie der interstellare Raum beschaffen ist.

SOHO

Die zweite Sonde, die ganz im Dienst der Erforschung unserer Sonne steht, ist SOHO (Solar and Heliospheric Observatory), ein Projekt der ESA. SOHO untersucht seit 1995 die Korona, den Sonnenwind und seismische Vorgänge auf der Sonne. Eine der überraschendsten Entdeckungen der letzten Jahrzehnte war, daß die Sonne

Die Sonne I

Gemessen an anderen Sternen, ist die Sonne ein Stern mittlerer Größe und durchschnittlich hell. Sie ist ein Zwergstern des Spektraltyps G2, die Oberflächentemperatur beträgt etwa 5500 Grad. Der Stern, von dem wir leben, ist, wie alle Sterne, eine Kugel aus heißem Gas. Ihre Energie produziert die Sonne durch Kernfusion im Zentrum – bei Temperaturen um 15 Millionen Grad. Jede Sekunde verbraucht sie durch die atomare Verschmelzung von Wasserstoff in Helium etwa 4 Millionen Tonnen ihrer Masse.

Die Sonne II

Die Sonne bewegt sich zusammen mit allen Planeten auf das Sternbild Herkules zu. Ihr Alter wird auf 4–5 Milliarden Jahre geschätzt. In etwa 4 Milliarden Jahren wird ihr Brennstoffvorrat verbraucht sein. Dann bläht sie sich zu einem Roten Riesen auf. Sie wird dann so groß sein, daß sie die Erde «verschluckt». Kurze Zeit später wird sie zusammensacken und als Weißer Zwerg, nicht viel größer als die Erde, aber mit einer millionenfach größeren Materiedichte, enden.
Die Sonne dreht sich am Äquator in 31,3 Tagen einmal um sich selbst, an den Polen in 26,9 Tagen. Sie rotiert in verschiedenen Bereichen unterschiedlich schnell, weil sie aus Gas besteht. Ihr Durchmesser beträgt 1 392 000 Kilometer (zum Vergleich: die Erde hat einen Durchmesser von 12 756 Kilometern). Die Sonne ist 333 000 mal so schwer wie die Erde.

Die Sonne III

Über dem Kern der Sonne liegt die Strahlungszone, in der die Energie nur durch Strahlungsprozesse nach außen transportiert wird. Darüber beginnt die Konvektionszone. Hier steigen Gasströme auf und geben ihre Energie an die Oberfläche ab. Anschließend sinkt das Gas wieder herab und heizt sich erneut auf. Diese Zirkulation ist die Ursache für die wabenartige Oberflächenstruktur der Sonne, die man auch Granulation nennt. Außerhalb der Konvektionszone erstreckt sich die sogenannte Sonnenatmosphäre, bestehend aus Photosphäre, Chromosphäre und Korona. In der Photosphäre wird das Licht erzeugt. Sie ist nur ein paar hundert Kilometer dick. In dieser Region treten Sonnenflecken und «Fackeln» auf.
Über der Photosphäre befindet sich die Chromosphäre. Während einer totalen Sonnenfinsternis zeigt sie sich als leuchtender, rosafarbener Kranz um die Sonne. Aus ihr schießen Flares, Spikulen und Protuberanzen heraus. In den Sonnenflares mitgerissene geladene Teilchen werden so stark beschleunigt, daß sie das Schwerefeld der Sonne verlassen können und auf ihrem Flug durchs All auch zur Erde gelangen, wo sie Störungen im Radiobereich verursachen, geomagnetische Stürme und das Polarlicht auslösen.
Die dünnsten Schichten der Sonnenatmosphäre, oberhalb der Chromosphäre, bilden die Korona, die sich weit in den interplanetaren Raum erstreckt. Durch das «Verdampfen» von Plasma aus der Korona entsteht der kontinuierliche Sonnenwind.

singt. Die Töne sind zu tief für menschliche Ohren und dringen auch nicht durch das Vakuum des Weltraums zu uns. Fest steht aber, daß über die Oberfläche der Sonne rhythmische Wellen laufen, erzeugt von Oszillationen, die aus dem Inneren der Sonne widerhallen. Die dabei entstehenden Schwingungen haben exakt definierte Frequenzen – wie bei Musiknoten. Analysen dieser Schwingungen – des Gesangs der Sonne – liefern den Wissenschaftlern neue Informationen über die Prozesse im Inneren unseres Sterns. Eine der Aufgaben von SOHO ist die Aufzeichnung dieser Töne in Hi-Fi-Qualität.

SOHO bewegt sich im Abstand von 1,5 Millionen Kilometern zur Erde um die Sonne. Die Sonde beschreibt dabei zusätzlich eine kleine Kreisbahn («Halo Orbit» genannt) um einen mit «L1» bezeichneten Punkt. In L1 heben sich die Anziehungskräfte von Sonne und Erde gerade gegeneinander auf. Da sich die Sonde auf ihrer Bahn also immer zwischen den beiden Himmelskörpern befindet, hat sie einerseits die Sonne immer «gut im Blick» und außerdem stets Kontakt zur Erde und kann so ununterbrochen Daten liefern.

Deep Space

Neben Mond, Mars und Sonne sind die inneren Planeten Merkur und Venus sowie die äußeren Planeten Jupiter, Saturn, Uranus, Neptun und Pluto und ihre Monde Anflugziele unbemannter Sonden. Seit 1985 stehen auch Kometen und Asteroiden auf den Forschungsprogrammen.

Merkur

Er ist der erste und nach Pluto kleinste Planet des Sonnensystems. 58 Millionen Kilometer entfernt von der Sonne, umkreist er sie in nur 88 Tagen. Die auffälligste Formation auf seiner Oberfläche ist das Caloris-Becken, ein Einschlagskrater mit einem Durchmesser von 1300 Kilometern, was etwa einem Viertel von Merkurs Durchmesser entspricht. Der Planet rotiert sehr langsam um seine eigene Achse; ein Tag dauert fast ein Jahr (einen Sonnenumlauf). Das Fehlen einer wärmespeichernden Atmosphäre hat enorme Temperaturunterschiede zur Folge. Im sonnennächsten Punkt, dem Perihel, treten auf der Tagseite Temperaturen bis zu 430 Grad auf, während sie auf der Nachtseite bis minus 170 Grad absinken.

Die einzige Mission zum Merkur wurde bisher mit der amerikanischen Raumsonde Mariner 10 im Jahre 1974 durchgeführt.

Venus

Der Venus galten in der jungen Geschichte der Raumfahrt schon viele Missionen, die erste bereits 1961 (Sputnik 7), die bisher letzte 1990 (Magellan). Venus ist der erdnächste Planet, nur 41 Millionen Kilometer entfernt. Sie ist kaum kleiner als die Erde und hat eine ausgeprägte Atmosphäre, die überwiegend aus Kohlendioxid besteht. Die Oberfläche des Planeten ist ständig von dichten Wolken aus Schwefelsäure-Tröpfchen bedeckt. Der Druck an der Oberfläche ist 90mal höher als auf der Erde, und die außergewöhnlich hohe Oberflächentemperatur von 450 Grad ist eine Folge des Treibhauseffekts.

Die extremen Temperaturen und der hohe Druck sind für die Erkundung ein großes Hindernis. Viele Raumsonden wurden bereits zerstört, bevor sie Daten übermitteln konnten, die anderen wurden nach relativ kurzer Zeit funktionsuntüchtig. Es gelang dennoch, die chemische Zusammensetzung einiger Gesteinsproben zu bestimmen und Panoramaaufnahmen der unmittelbaren Umgebung einiger Landestellen zu empfangen. Die Bilder zeigen eine wüste Felsenlandschaft.

Das geringe Alter der Krater und ihre Verteilung auf der Oberfläche der Venus lassen vermuten, daß der gesamte Planet einmal von Magma, das aus dem Inneren herausströmte, überflutet wurde. Danach hatte er eine geglättete Oberfläche, die anschließend von Meteoriten und Vulkanen wieder zerfurcht wurde.

1990 fertigte die US-Raumsonde Magellan aus einer Umlaufbahn um Venus eine Radarkarte der Oberfläche an. Sie zeigt zahlreiche Einschlagstrukturen wie auch Hinweise auf Vulkanismus in der jüngeren Vergangenheit. Die Strukturen auf der Venusoberfläche sind vergleichsweise jung: Der älteste Krater entstand vor 800 Millionen Jahren.

Durch die dichte Atmosphäre und die hohe Oberflächentemperatur entstehen weniger Einschlagskrater als auf anderen Planeten und Monden. Kleine Meteoriten verglühen beim Eintritt in diese Atmosphäre vollständig; kleine Krater kommen also nicht vor. Das Material, das von großen Meteoriten aufgeworfen wird, fliegt nicht weit. Es liegt in aufgeschmolzener Form um den Krater verstreut.

Jupiter

Dem größten Planeten des Sonnensystems statten Sonden seit 1972 Besuche ab. Pioneer 10 und die beiden Voyager-Sonden (1977) bildeten den Auftakt, um mehr über den Giganten jenseits des Mars zu erfahren. Seit 1989 kreist der Galileo-Orbiter um den fünften Planeten. Am 7. Dezember 1995 setzte er einen Lander ab, der in die Atmosphäre des Jupiter eintauchte und Daten funkte. Die Galileo-Mission führte, wie alle Deep-Space-Missionen zu den äußeren Planeten, zunächst in die «falsche» Richtung, zur Venus. Hier wurde der erste Swing-by geflogen, ein Manöver, das die Schwerkraft und die Bahngeschwindigkeit eines Planeten ausnutzt, um eine Sonde zu beschleunigen. Diese wird angezogen, dabei immer schneller und um den Planeten herumgeschleudert – auf den neuen Kurs. Beim Wegflug bremst die Anziehungskraft des Planeten die Sonde zwar wieder, da aber zu dieser auch noch seine eigene Umlaufgeschwindigkeit um die Sonne hinzukommt, ist die Sonde nach einem Swing-by schneller als vorher.

Die Beschleunigung durch diese Manöver ist größer als die mit Raketen erreichbare. Die kosmischen «Umwege» der Sonden nutzen die Wissenschaftler selbstverständlich auch zur Erforschung der Planeten, die für ei-

Abb. 58 (oben links): Die Venus, der zweite Planet, 108,2 Millionen Kilometer von der Sonne entfernt, ist fast so groß wie die Erde und «nur» 41 Millionen Kilometer von uns entfernt. Ihre Oberflächentemperatur liegt bei ca. 450 Grad Celsius.

Abb. 59 (oben rechts): Jupiter ist der fünfte und größte Planet des Sonnensystems. Er besteht, ähnlich wie die Sonne, vor allem aus Helium und Wasserstoff. Der gigantische Gasplanet hat mehr als 318mal soviel Masse wie die Erde.

Abb. 60 (unten links): Planet Nr. 6 im Sonnensystem ist der Saturn, ebenfalls ein Gasriese, der mehr als 95 Erdmassen aufweist. Auffällig sind seine charakteristischen Ringe. Er wird ferner von 18 Monden umkreist.

Abb. 61 (unten rechts): Neptun befindet sich weit draußen im Sonnensystem, 4,3 Milliarden Kilometer jenseits der Erde. Zum Vergleich: Die Sonne ist «nur» 150 Millionen Kilometer von uns entfernt.

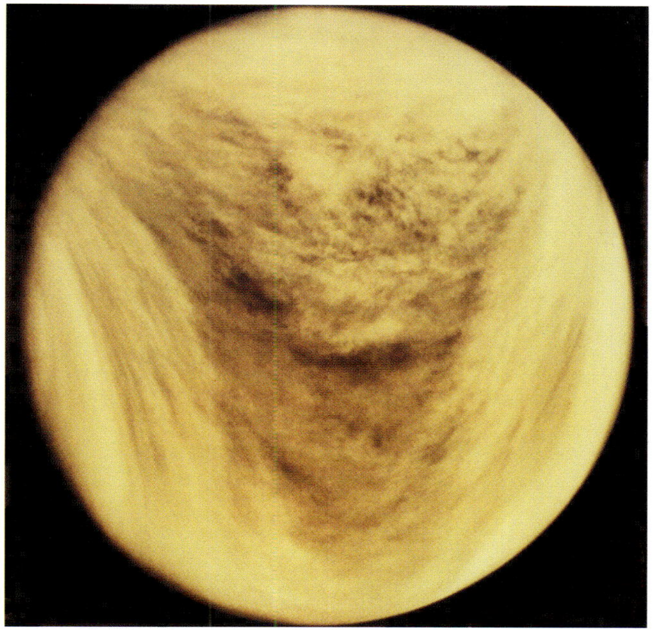

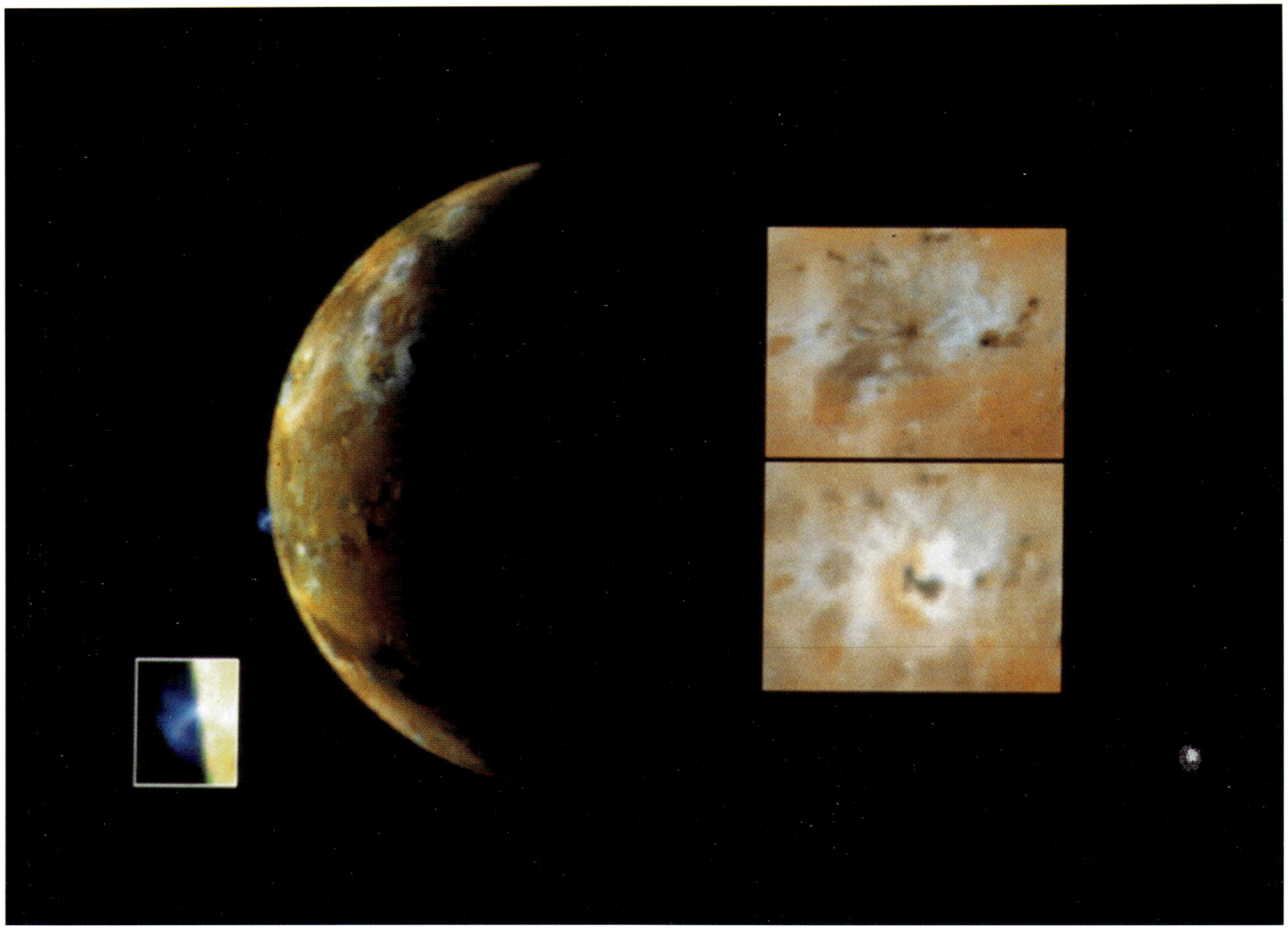

Abb. 62: Die Raumsonde Galileo hält einen Vulkanausbruch auf Io fest. Die Eruptionswolke reicht 100 Kilometer ins All.

Galileo

Der italienische Mathematiker und Philosoph Galileo Galilei entdeckte 1610 mit einem selbstgebauten Fernrohr die vier größten Monde des Jupiter: Io, Europa, Kallisto und Ganymed. Ihre Bewegungen um Jupiter kann man ohne Schwierigkeiten verfolgen. Galileo war Anhänger des kopernikanischen Weltbildes, nach dem die Erde und die Planeten sich um die Sonne drehen (heliozentrisches Weltbild). Die Kirche aber hielt am aristotelischen Weltbild fest, nach dem die Erde der Mittelpunkt des Universums ist (geozentrisches Weltbild). Galileo geriet in Konflikt mit der Kirche, die ihn am 22. Juni 1633 verurteilte und zwang, seiner Theorie abzuschwören. Er tat es, um sein Leben zu retten. Zur Legende geworden ist der Satz «Und sie bewegt sich doch!», den er angeblich auf dem Totenbett sprach.

nen Swing-by angeflogen werden. Und manchmal haben sie dabei Glück. Die Galileo-Mission z. B. stand unter einem sehr günstigen Stern. Die Flugbahn ermöglichte erstmals eine Annäherung bis auf 1600 Kilometer an zwei Asteroiden im Asteroidengürtel zwischen Mars und Jupiter – Gaspra und Ida.

Gaspra oder Asteroid 951 hat ein irreguläres, zerkratertes Erscheinungsbild. Er mißt 20 mal 12 mal 11 Kilometer. Ida ist kleiner.

1995 schwenkte die Sonde dann in eine Umlaufbahn um Jupiter ein und liefert seither immer wieder neue Informationen und bessere Bilder als je zuvor über den riesigen Gasplaneten und seine 16 Monde.

Saturn

Berühmt ist Saturn, der sechste Planet, für seine Ringe: Staubpartikel, Gesteins- und Eisbrocken, die ihn in großer Zahl und Dichte umkreisen – wie ein pulverisierter Mond. Saturn ist, wie Jupiter, ein Gasplanet, befindet sich 1,4 Milliarden Kilometer von der Sonne entfernt, ist 95mal so massereich wie die Erde und wird – neben seinen Ringen – von mindestens 18 Monden umkreist. Der größte ist Titan. Die beiden Sonden Cassini (NASA) und Huygens (ESA) befinden sich seit Oktober 1997 auf ihrer Mission dorthin. Bevor die Sonden ihr Ziel 2004 erreichen, fliegen sie in Swing-bys an Venus, Erde und Jupiter vorbei. Cassini ist ein Orbiter, der sowohl Titan als auch Saturn umkreisen wird, Huygens ist ein Lander. Er wird auf dem Mond Titan aufsetzen, um während der Eintauch- und Landephase Daten über die Zusammensetzung der hauptsächlich aus Stickstoff bestehenden Atmosphäre an Cassini zu funken. Der Orbiter leitet sie dann zur Erde weiter – Signallaufzeit rund 90 Minuten.

Titan ist der zweitgrößte Mond im Sonnensystem (nach Ganymed). Entdeckt hat ihn 1655 der Niederländer Christiaan Huygens. Titans Durchmesser beträgt 5150 Kilometer (der unseres Mondes 3476 Kilometer), seine Oberflächentemperatur liegt bei minus 176 Grad. Mit der Landung der Sonde auf der eisigen Oberfläche von Titan erhoffen die Wissenschaftler Einblick in die bizarre Welt dieses Mondes zu bekommen, die möglicherweise mit dem Zustand der Erde vor vier Milliarden Jahren vergleichbar ist, kurz bevor das erste Leben auf unserem Planeten entstand.

Uranus, Neptun, Pluto

Reisen zu den äußeren Planeten unseres Sonnensystems dauern Jahre, mitunter ein Jahrzent und länger. Uranus und Neptun, die Planeten sieben und acht, befinden sich 2,8 bzw. 4,5 Milliarden Kilometer von der Sonne entfernt. Nachdem Voyager 2 am 25. August 1981 Saturn in einer Entfernung von 101 000 Kilometern passiert hatte, erreichte sie am 24. Januar 1986 den Planeten Uranus, flog im Abstand von 107 000 Kilometern an ihm vorbei in Richtung Neptun und beendete ihre Mission am 24. August 1989 nach dem Vorbeiflug am achten Planeten und Triton, einem seiner Monde. Voyager 1 hingegen, das baugleiche Schwesterschiff von Voyager 2, flog am 12. November 1980 an Saturn und seinen Monden Titan, Rhea und Mimas vorbei. Anschließend verließ es die Ebene des Planetensystems und fliegt seitdem auf den interstellaren Raum zu.

Der Planet mit der größten Entfernung zur Sonne, Pluto, wurde noch nie von einer Sonde angeflogen. Die erste Mission dorthin ist für 2001 mit dem Pluto Express vorgesehen – ein System aus zwei Sonden, die im Abstand von einem Jahr bei Pluto ankommen werden, um ihn zu kartographieren und seine Atmosphäre zu untersuchen. Möglicherweise wird eine russische Zond-Sonde die beiden NASA-Sonden begleiten. Die Reise zum sechs Milliarden Kilometer entfernten Pluto wird zwölf Jahre dauern. Nach dem Vorbeiflug am letzten Planeten des

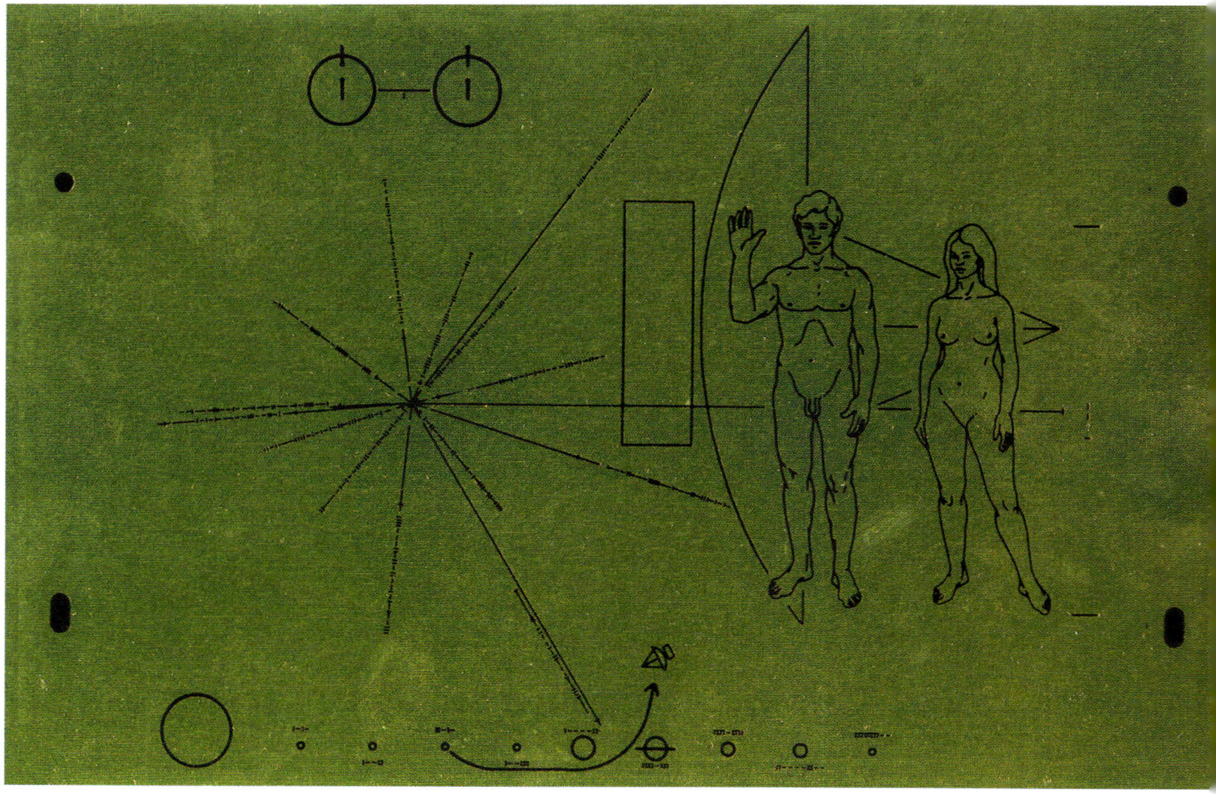

Abb. 63: Das kosmische Bilderrätsel. Eine Botschaft für fremde Intelligenzen, unterwegs zwischen den Sternen mit der Sonde Pioneer 10.

Pioneers Bilddtafel

Pioneer 10 wurde am 3. März 1972 gestartet. Es ist die erste Sonde, die bis zu Jupiter flog, und die erste mit einem Geschenk für außerirdische Intelligenzen an Bord – eine kleine, vergoldete Metalltafel, auf der eine Art Bilderrätsel abgebildet ist. Es soll etwas über den Ort, die Zeit und die Erbauer des Raumschiffes aussagen, geschrieben in der Sprache der Wissenschaft. Zwei Menschen wurden stilisiert dargestellt – ein Mann und eine Frau – natürlich nackt, was damals zu vielen erbosten Kommentaren aus der Bevölkerung führte. Man wollte nicht, daß Menschen solche Schweinereien in den Weltraum schicken – was sollten die Außerirdischen denken? Andere schlugen vor, statt der dargestellten Menschen zwei echte Leichen mitzuschicken. Sie würden im Kosmos nicht verfallen und den Außerirdischen wesentlich besseres Forschungsmaterial an die Hand geben. Indes, es blieb bei der vergoldeten Bildtafel.

Der Kontakt zu Pioneer 10 ging 1998 verloren. Seither fliegt die Sonde völlig losgelöst durch den Raum und wird in der ersten Dekade des 3. Jahrtausends unser Sonnensystem verlassen, um im interstellaren Raum zu segeln. Die Botschaft wird ein paar hundert Millionen Jahre lang lesbar bleiben. Es kann also sein, daß eine fremde Lebensform sie eines fernen Tages tatsächlich entdeckt, vorausgesetzt, sie entgeht dem Schicksal, das ihr in einem *Star-Trek*-Film zugedacht wurde. Hier entdecken Klingonen das primitive Ding aus der Steinzeit der Raumfahrt und benutzen es für eine lustige Schießübung.

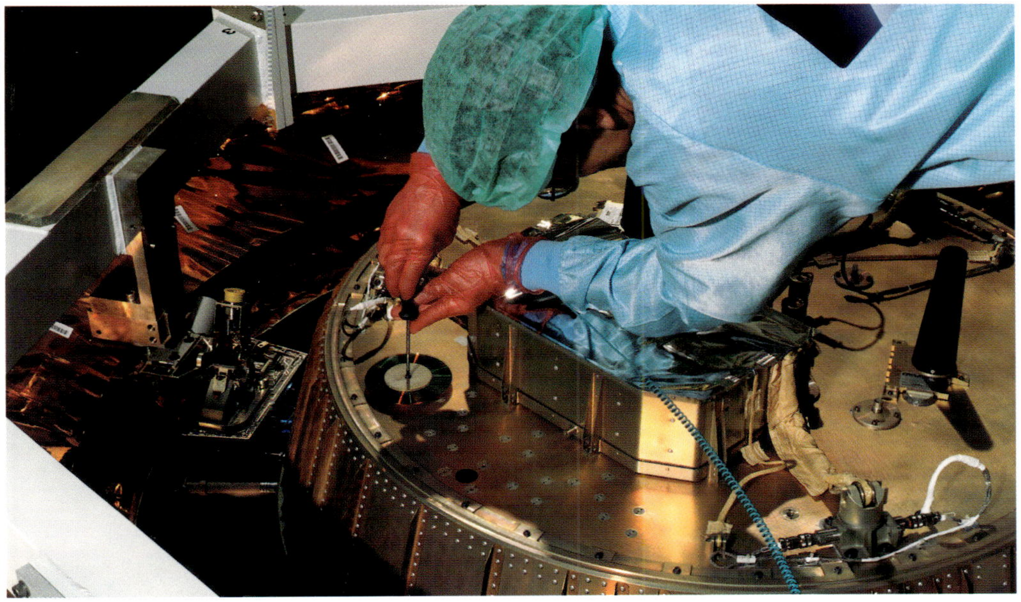

Abb. 64: Montage der CD-ROM mit 100 000 Grußbotschaften von Menschen der Erde in die Sonde Huygens, die 2004 auf dem Saturnmond Titan landen soll.

Sonnensystems wird der Pluto Express in Richtung interstellarer Raum weiterfliegen und so lange wie möglich Daten aus dem Raum jenseits der Planeten liefern. Zwischen den Starts der Voyager-Sonden und dem des Pluto Express werden 24 Jahre liegen, daher tragen seine Sonden wesentlich genauere und leistungsfähigere Instrumente an Bord – und werden entsprechend aufschlußreicheres Datenmaterial liefern. Die Signale, die sie während ihres Pluto-Vorbeifluges liefern werden, benötigen fast sechs Stunden, bis sie auf der Erde ankommen.

Botschaften an fremde Intelligenzen haben es der NASA offenbar angetan, denn auch die Voyager-Sonden enthalten irdische Grüße. Voyager 1 und Voyager 2 wurden am 5. September 1977 bzw. am 20. August 1977 gestartet. An Bord befindet sich je eine Schallplatte mit Tönen der Erde. Ein Plattenspieler zum Abspielen von Sounds of Earth, wie der offizielle Name der Platte lautet, ist ebenfalls dabei. Statt ein Bilderrätsel zu lösen, gilt es nun also, einen Plattenspieler zu bedienen, um die Grüße der Menschheit zu empfangen.

Huygens' CD-ROM

Am 15. Oktober 1997 begann das Sonden-Tandem Cassini-Huygens seinen siebenjährigen Flug zum Saturnmond Titan. Cassini wird auch nach Beendigung der ersten Mission weiterhin zur Erforschung des Saturn-Systems mit seinen zahlreichen Monden eingesetzt werden. Huygens aber bleibt für immer auf dem eisigen Mond Titan geparkt – vorausgesetzt, die Sonde versinkt nicht gleich in einem Ammoniak-See. Landet sie auf festem Grund, können außerirdische Lebensformen sie eines Tages bergen. Dabei werden sie dieses Mal, dem Stand der Technik der 90er Jahre gemäß, eine CD-ROM finden, auf der sich knapp 100 000 Grußbotschaften von Menschen der Erde befinden. Die ESA richtete im Dezember 1996 eine Seite im Internet ein, auf der man bis Februar 1997 eine Botschaft an die Fremden hinterlassen konnte – Texte, Zeichnungen, Unterschriften oder Tondokumente. Jede Botschaft wurde gespeichert und auf die CD gebrannt.

Es ist das erste Mal, daß eine Grußbotschaft von der Erde in den Weltraum auf so demokratische Weise organisiert wurde. Bei den Missionen Pioneer 10, Voyager 1 und Voyager 2 wurde die Wahl der Nachrichten durch einen erlauchten Kreis von Raumfahrtexperten und Wissenschaftlern getroffen. Huygens hingegen trägt die Grüße «normaler» Menschen ins All.

Eine Kopie der CD-ROM *Your signature into Space* ist übrigens bei der ESA erhältlich.

Abb. 65: Künstlerische Darstellung der Landung auf dem Titan. Huygens schwebt am Fallschirm auf die Oberfläche des mehr als minus 170 Grad kalten Mondes hinab.

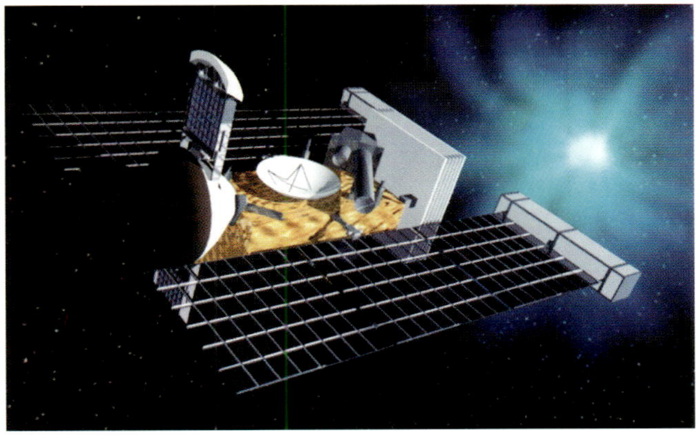

Abb. 66: Die Sonde Stardust fliegt zum Rendezvous mit dem Kometen Wild 2. In seinem Schweif wird sie Staub und kosmische Teilchen sammeln, um sie zur Erde zu bringen.

Geplante Missionen

Für die nächsten Jahre stehen neben Marsmissionen vor allem Kometen und Asteroiden als Reiseziele auf dem Fahrplan der Weltraumbehörden. Die USA, Rußland, Japan und Europa haben auch diese Himmelskörper inzwischen als Forschungsobjekte entdeckt.

1999 soll Stardust starten, um im Schweif des Kometen Wild 2 kosmischen Staub zu sammeln und anschließend zur Erde zu bringen. Für 2002 ist geplant, die japanische Sonde Muses-C zum Asteroiden 4660 Nereus zu schicken, sie dort landen zu lassen, den Asteroiden anzubohren und die Bodenproben zur Erde zu befördern. Im Jahre 2003 wird, so der Plan, Rosetta zum Kometen Wirtanen aufbrechen, darauf landen, Proben nehmen und zur Erde schaffen. Von diesen «Sample Return Missions» erhofft man sich Erkenntnisse über die Zusammensetzung von Kometen und Asteroiden. Man möchte dadurch der Klärung der Frage, woher sie kommen und wie sie entstanden sind, ein Stück näherkommen.

Bis 2005 sind auch einige weitere Marsmissionen geplant, die Nachfahren des Marsrovers Sojourner mitführen werden. Sie sollen Gesteinsproben einsammeln, sie zum Mutterschiff transportieren und dann die Rückkehr zur Erde antreten – die erste vom Mars.

Die ersten Gesteinsproben vom Mond brachten Menschen zur Erde, die ersten Proben vom Mars, den Kometen und Asteroiden hingegen werden Maschinen einsammeln.

Satelliten und Sonden werden Raumschiffe sein, in denen künstliche Wesen reisen und arbeiten.

Bei den extremen Entfernungen, langen Reisezeiten und lebensfeindlichen Bedingungen, die im Kosmos herrschen, ist die Untersuchung von Planeten, Monden, Asteroiden und Kometen aus der «Nähe» nur mit unbemannten Raumsonden möglich. Der nächste logische Schritt ist der Einsatz von Robotern, deren erste Generation die Rover sind. Zukünftige Roboter werden Wesen aus Metall sein, die sich von Strom ernähren, der sich im Raum mit Hilfe der Sonne leicht erzeugen läßt, und die mit den extremen Bedingungen im All sehr viel besser zurechtkommen als Menschen. Sie benötigen keine Biosphäre, ihnen reicht eine funktionierende Technosphäre – eine Bedingung, die sich sehr viel leichter realisieren läßt als der Aufbau einer komplexen Biosphäre im Hochvakuum des Weltraums oder den atmosphärischen Vorhöllen anderer Planeten.

Völlig losgelöst

Von Wostok 1 bis Space Shuttle

Nur dreieinhalb Jahre, nachdem zum ersten Mal ein Objekt von Menschen in eine Umlaufbahn geschossen wurde, folgte der erste Mensch und machte eine unglaubliche Erfahrung. Er konnte als erstes Lebewesen die Erde als Kugel sehen. Vier Milliarden Jahre nach der Entstehung des Lebens war da ein Wesen, das seinen Planeten verlassen konnte. Doch was will der Mensch im Weltraum, wo er nicht existieren kann?

Die mehr als 500 Astronautinnen und Astronauten, die bisher im Orbit der Erde oder auf dem Mond waren, berichten von einem unvergleichlichen Erlebnis, das ein neues Bewußtsein für die Fragilität und den Wert unseres Planeten erzeugt.

Die bemannte Raumfahrt leistet, nach Meinung ihrer Befürworter, unschätzbar wertvolle Dienste für die gesamte Menschheit. Die Gegner hingegen behaupten, es sei Geldverschwendung. Roboter könnten die Arbeiten im Orbit ausführen. Das sei wesentlich preiswerter.

Dennoch fliegen bis heute immer wieder Menschen ins All.

Raumfahrer

Gagarin, Shepard, Glenn, Leonow, White

Die ersten Menschen, die mit Raketen in den Weltraum flogen, waren Testpiloten – daran gewöhnt, in technisch nicht vollständig ausgereiften Prototypen zu Höllenritten aufzubrechen. Die Reisen auf den Spitzen der Raketen übertrafen alles bisher Dagewesene. Nie zuvor hatten Maschinen mit solcher Kraft Menschen so stark beschleunigt und schon gar nicht so gefährlich weit von der Erdoberfläche fortgetragen. Nie zuvor waren Menschen in das Hochvakuum des Weltraums vorgedrungen, hatten also auch noch nie ihr Leben so vollständig von einer technischen Maschinerie abhängig gemacht. Nie zuvor waren Menschen viermal so schnell wie eine Gewehrkugel – mit 25facher Schallgeschwindigkeit – in die Erdatmosphäre eingetaucht und hatten erleben müssen, wie Teile ihrer Kapsel als geschmolzenes Metall in einem Feuersturm an ihrem Fenster vorbeirasten. Und selbstverständlich funktionierte nicht alles reibungslos. Es gab reichlich Pannen.

Nie zuvor flogen Menschen viermal so schnell wie eine Gewehrkugel.

Die sowjetische Raumfahrt führte seit dem Start von Sputnik 1 im Wettlauf um die Vorherrschaft im All, und man wollte unbedingt auch einen Menschen vor den USA in eine Umlaufbahn bringen. Die gebotene Eile erforderte, Improvisationslösungen zu akzeptieren. Der Chefkonstrukteur Sergej Koroljow schlug vor, eine Kapsel zu bauen, die man nach einem bemannten Flug ohne viel Aufwand zu einem militärischen Aufklärungssatelliten umrüsten konnte, und erhielt den Zuschlag. Er entwarf die kugelförmige Raumkapsel Wostok 1, mit der Jurij Gagarin am 12. April 1961 als erster Mensch die Erde umkreiste. «Wie prachtvoll», funkte er aus dem Orbit zur Erde. «Ich sehe die Erde, Wälder, Wolken». Dann nahm er über Kap Hoorn eine kleine Mahlzeit aus der

Tube zu sich. Doch der Flug hatte seine Tücken. Kurz nach Zündung der Bremsraketen notierte der Missionskommandant Jewgenij Karpow: «Funkstörung.» Die Wostok 1 rotierte heftig und unkontrolliert. Der wenige Sekunden nach dem Ausbrennen der Bremsraketen abgesprengte Versorgungsteil hatte sich nicht vollständig von der Kapsel getrennt. Er blieb mit ihr über einen Schlauch verbunden. Wie eine große Hantel rotierten die beiden Elemente fast zehn Minuten umeinander, dann endlich riß die lose Verbindung. Der Zwischenfall hätte Gagarin auf vielerlei Weise das Leben kosten können.

Gagarins Kollege John Glenn, der als erster Amerikaner die Erde am 20. Februar 1962 an Bord des Raumschiffs Friendship 7 umkreiste, erging es nicht viel besser. Die Liste der Risiken für seinen ersten Flug war lang. Glenn könnte z. B. in einen falschen Orbit geraten. Auch war damals keineswegs klar, ob er von der Umlaufbahn überhaupt in die Erdatmosphäre zurückgelangen oder ob es in der Schwerelosigkeit zu Problemen mit dem Schlucken von Nahrung, der Sehkraft und anderen körperlichen Funktionen kommen würde.

Während seiner ersten Erdumrundung arbeitete der Autopilot fehlerhaft. Glenn übernahm für den Rest des Fluges und den Wiedereintritt in die Erdatmosphäre die Steuerung selbst. Auch als eine Fehleranzeige ihn glauben ließ, daß er wahrscheinlich verglühen werde, weil sich der Hitzeschild der Kapsel angeblich ablöse, behielt er die Ruhe. Er kam, wie Gagarin, heil wieder zur Erde zurück.

Ende Oktober 1998 flog John Glenn mit der Space-Shuttle-Mission STS 95 noch einmal in den Weltraum –

Abb. 67: «...daß alle Menschen und alles, was ich kenne, sich auf diesem kleinen Ding da befinden, das ich mit dem Daumen verdekken kann...», faszinierte den amerikanischen Astronauten Alan L. Bean noch 30 Jahre nach seiner Reise zum Mond.

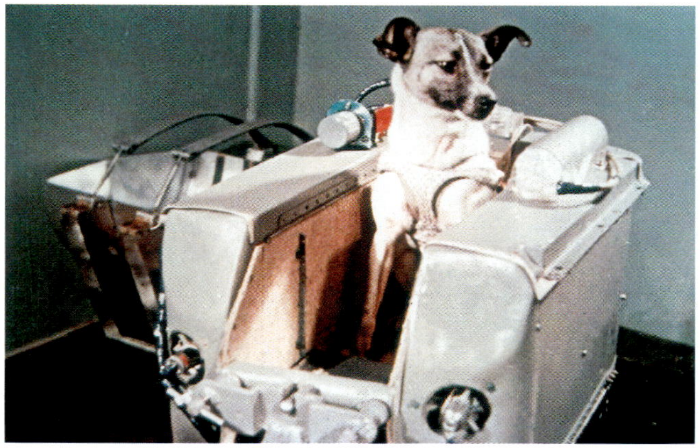

Abb. 68: Die Hündin Laika, erstes Lebewesen, das die Erde verließ, in ihrer Kabine vor dem Start am 3.11.1957.

Abb. 69 (oben links): Der Kosmonaut Juri Gagarin auf dem Weg zum Startplatz der Wostok 1, die ihn als ersten Menschen in den Weltraum brachte. Hinter ihm sein Ersatzmann Stepanowitsch Titow.

Abb. 70 (oben rechts): Juri Gagarin und Walentina Tereschkowa, die erste Frau im Kosmos, erhielten viele Auszeichnungen für ihre Pionierflüge.

Abb. 71 (unten): 1965 stellte die UdSSR das Raumschiff Wostok auf der «Ausstellung der volkswirtschaftlichen Errungenschaften» der Bevölkerung vor.

36 Jahre nach seinem ersten Flug, mittlerweile 77 Jahre alt und damit der älteste Mensch, der bisher im Weltraum schwebte. Den Amerikanern ist gute Publicity in der Raumfahrt nach wie vor wichtig. In den Pioniertagen waren die Russen darin allerdings erfolgreicher. Sie brachten 1963 mit Walentina Tereschkowa die erste Frau und am 12. Oktober 1964 die erste Crew in den Weltraum – das Raumschiff Woschod 1 mit drei Besatzungsmitgliedern. Diese Kosmonauten konnten keine Raumanzüge tragen, sonst hätten nur zwei in der Kapsel Platz gefunden. Da aber das Gemini-Programm der USA zwei Besatzungsmitglieder vorsah, wollte Koroljow drei Kosmonauten unterbringen und schaffte es wieder, den USA zuvorzukommen.

Den nächsten bemannten Flug in Woschod 2 bestritten nur zwei Kosmonauten, denn diesmal mußten sie Raumanzüge mitführen. Am 18. März 1965 verließ Alexeij Leonow sein Raumschiff und schwebte zwölf Minuten frei im All. Als er wieder in die Woschod 2 zurückkehren wollte, paßte er nicht mehr durch die Luke. Sein Raumanzug hatte sich im Vakuum des Weltraums wie ein Luftballon aufgebläht. Erst als es ihm gelang, den Druck im Anzug zu senken, was nicht ungefährlich war, konnte er zurück in die Kapsel. Dort gingen die Komplikationen weiter. Die Ausstiegsluke schloß nicht mehr dicht ab. Luft entwich in den Weltraum. Das Lebenserhaltungssystem pumpte daraufhin reinen Sauerstoff in die Kapsel – eine lebensbedrohliche Situation in Anbetracht des Feuersturms, durch den die Kapsel beim Wiedereintritt hindurchmußte. Ein Funke hätte genügt, ein verheerendes Feuer an Bord zu entfachen.

Abb. 72: Der erste Amerikaner, der in einem Raumschiff um die Erde kreiste, war John Glenn.

Abb. 73: 36 Jahre nach seinem ersten Flug ins All startete John Glenn im Oktober 1998 noch einmal in eine Umlaufbahn. Diesmal war er mit 77 Jahren der älteste Mensch im Weltraum.

Abb. 74: Start der Saturn V, der Rakete, die nie versagte. Sie trug die amerikanischen Astronauten zum Mond.

Zehn Wochen später, am 3. Juni 1965, verließ der Astronaut Edward H. White als erster Amerikaner sein Raumschiff Gemini 4.

Zu dieser Zeit liefen in den Raumfahrtzentren der USA und der UdSSR bereits die Vorbereitungen für eine gigantische Raumfahrtmission auf Hochtouren – die Landung auf dem Mond.

Die Reise zum Mond

Seit der amerikanische Präsident John F. Kennedy am 25. Mai 1961 in seiner historischen Rede verkündet hatte, die USA würden noch vor dem Ende der 60er Jahre Menschen auf dem Mond landen lassen und sicher wieder zur Erde zurückbringen, waren die Zeichen für die bemannte Raumfahrt gesetzt. Alle Aktivitäten galten diesem ehrgeizigen Ziel. Die Raumfahrt war zur Chefsache des Präsidenten geworden. Kosten spielten keine Rolle, nur das Ziel war von Bedeutung, und das mußte auf jeden Fall erreicht werden.

In der Sowjetunion liefen selbstverständlich ähnliche Programme. Koroljow hatte schon vor Gagarins historischem Flug mit den ersten Vorbereitungen für eine bemannte Mission zum Mond begonnen. Die Pläne für die bis heute eingesetzten Sojus-Kapseln entstanden in jenen Tagen. Doch die Sowjetunion verlor den Wettlauf.

Das Projekt war so groß, daß es erstklassige Organisations- und Koordinationsstrukturen erforderte, und die gab es in der sowjetischen Raumfahrt nicht in ausreichendem Maße. Hier arbeiteten Dutzende von Konstruktionsbüros nebeneinander her, in ständiger Konkurrenz und von unterschiedlichen Ministerien finanziert. Diese Zersplitterung hat das Projekt stark behindert. Die absurden Machtkämpfe, vor allem zwischen der zivilen (Koroljow) und der militärischen (Tschelomej) Raumfahrt, taten ein übriges. Als es schließlich darum ging, den Mond zu erobern, kam es zum offenen Kampf zwischen den beiden Männern und ihren Abteilungen – mit der Folge, daß praktisch zwei komplette Raumfahrtprogramme nebeneinander existierten – zuviel für die Sowjetunion. Der Kampf gegen die USA vertrug keine zweite Front im eigenen Lager. Die von Tschelomejs Team entwickelte Proton, bis heute eine der zuverlässigsten Raketen der Welt, scheiterte damals serienweise, erhielt aber gegenüber der von Koroljow entwickelten Sojus-Rakete den Vorzug. Als Koroljow in der heißen Vorbereitungsphase 1966 starb, brachte sein Tod das Projekt vollends aus dem Tritt.

Viele Experten glauben bis heute, daß die Sowjetunion den Mond vor den Amerikanern erreicht hätte, wenn sie ihre Kräfte besser hätte bündeln können.

Apollo

Der Name des griechischen Gottes und Sohn des Zeus, Apollo, wurde für das amerikanische Mondprogramm gewählt, weil er der Gott der Vollkommenheit ist, und vollkommen mußte der Flug sein, mit dem die ersten Menschen auf den Mond reisen sollten. Fehler durften nicht vorkommen, ein Scheitern oder gar der Tod der Astronauten mußten unmöglich gemacht werden.

Der Start des Programms ließ zunächst jedoch Schlimmes befürchten. Die Mannschaft der Apollo-1-Mission, die die Rakete und die Raumkapsel im Orbit der Erde testen sollte, kam am 27. Januar 1967 während einer Routineübung ums Leben. Die Astronauten Edward White, Virgil Grissom und Roger Chaffee verbrannten in der Kapsel, als ein Feuer ausbrach. Die Atmosphäre in der Apollo bestand aus reinem Sauerstoff. Ein Funke löste die Katastrophe aus. Es ging so schnell, daß die Rettungsmannschaften keine Chance hatten, die Astronauten lebend zu bergen. Edward White, Virgil Grissom und

Abb. 75: Training einer Apollo-Crew in den 60er Jahren. In dieser Kapsel sollte der Flug zum Mond simuliert werden.

Abb. 76 (rechte Seite): Die Crew der Apollo 11 vor dem Mondfährensimulator – Michael Collins, Neil A. Armstrong und Edwin E. Aldrin.

Roger Chaffee waren die ersten Opfer, die die amerikanische Raumfahrt zu beklagen hatte.

Das tragische Schicksal der Apollo-1-Mannschaft blieb die einzige Katastrophe des Projekts – abgesehen vom dramatischen Verlauf der Apollo-13-Mission. Kurz nach dem Start war ein Sauerstofftank in der Serviceeinheit explodiert, wodurch die meisten Systeme des Raumfahrzeugs außer Betrieb gesetzt wurden. Dadurch war die Mission zwar ein Mißerfolg, verlief jedoch glimpflich – und zeigte im nachhinein sogar, wie leistungsfähig das Apollo-Programm selbst im Falle eines großen Unfalls war. Die Astronauten kamen wohlbehalten wieder auf der Erde an.

Mit der Landung auf dem Mond am 20. Juli 1969 erreichte das weltweite Interesse an der Raumfahrt einen nie zuvor gekannten Höhepunkt. Die Eagle, wie das Lande-Modul der Apollo-11-Mission hieß, hatte im Meer der Ruhe auf dem Mond aufgesetzt. Die ersten Menschen waren auf einem fremden Himmelskörper gelandet – und Millionen Menschen sahen zu, denn eine Fernsehkamera übertrug die Bilder direkt vom Mond, und als Neil Armstrong die Mondoberfläche betrat, sprach er den inzwischen historisch gewordenen Satz: «Dies ist nur ein kleiner Schritt für einen Menschen, aber ein großer Sprung für die Menschheit».

Die erste Crew, Armstrong wurde von Edwin Aldrin begleitet, blieb nur wenige Stunden auf dem Mond, dann erfolgte der Start zurück in die Mondumlaufbahn, wo Michael Collins in der Apollo 11 auf die Rückkehr seiner beiden außerirdischen Kollegen wartete. Mit jeder Apollo-Mission starteten drei Astronauten, doch jeweils

Abb. 77 (oben): Edwin Aldrin steigt die Leiter der Mondfähre «Eagle» herab und betritt als zweiter Mensch den Mond.

Abb. 78 (links): Der erste Fußabdruck auf dem Mond. Er wird für Jahrmillionen unverändert bleiben – es sei denn, eines Tages laufen unachtsame Touristen darüber hinweg…

Abb. 79 (rechts): Insgesamt betraten 12 Menschen den Mond. Seit den Apollo-Missionen ist niemand mehr dort gewesen.

Abb. 80 (oben): Ab Apollo 15 nahmen die Astronauten ein Auto mit zum Mond, um sich weiter von der Landefähre entfernen zu können.

Abb. 81 (rechts): Nach der Rückkehr verbrachten die Astronauten mehrere Wochen in Quarantäne. Präsident Richard Nixon begrüßt die ersten außerirdischen Amerikaner in ihrem kleinen Sicherheitsverlies.

Abb. 82 (rechts außen): Am 13. August 1969 feiert New York die Crew der Apollo 11 in der größten «Konfetti-Parade», die die Stadt je gesehen hat.

nur zwei landeten auf dem Mond – der Kommandant der Mission und der Pilot der Mondlandefähre (Lunar Landing Module – LLM).

Der dritte Mann jeder Mission war der Pilot des CSM – Command Service Module, wie die Apollo-Kapsel offiziell hieß. Er blieb in der Raumfähre und kreiste um den Mond, während die Kollegen unten auf der Oberfläche Geschichte schrieben.

Die UdSSR gab sich nicht kampflos geschlagen und hätte den Amerikanern im letzten Moment beinahe noch einen Teil der Show gestohlen. Am 17. Juli 1969, die Apollo 11 befand sich gerade auf dem Weg zum Mond, schwenkte die sowjetische Sonde Luna 15 in eine Bahn um den Erdtrabanten ein. Sie sollte auf seiner Oberfläche landen, Bodenproben nehmen und mit dieser Beute vor den amerikanischen Astronauten wieder zurück auf der Erde sein. Ein kleiner Erfolg zwar nur, aber ein schmerzhafter Nadelstich in der so makellosen Erfolgsgeschichte der Eroberung des Mondes. Doch die Mission von Luna 15 mißlang. Die Sonde krachte mit einer Geschwindigkeit von mehr als 500 Kilometern pro Stunde auf die Oberfläche und zerschellte.

Astronauten sind Helden

Für Amerika war die Apollo-11-Mission ein technischer und politischer Triumph. Die USA waren jetzt die führende Nation im Weltraum. Doch der Erfolg hatte seine Schattenseiten. Jeder Flug kostete über eine Milliarde Dollar pro Astronaut. Das war auch für Amerika zuviel. Ursprünglich wollte man zehn Missionen durchführen, Apollo 17, die siebte Mission, aber war die letzte. Die NASA erholte sich viele Jahre nicht von der finanziellen Last, und die Entwicklung der bemannten Raumfahrt geriet ins Stocken.

Da Apollo 13 ein Fehlschlag war, erreichten insgesamt «nur» sechs Missionen ihr Ziel, und zwölf Menschen betraten zwischen 1969 und 1972 den Mond. Der wissenschaftliche Wert des Projekts ist bis heute umstritten, denn – so die Argumente der Gegner – die Astronauten haben auf dem Mond nichts getan, was hochentwickelte Maschinen nicht auch hätten tun können.

Doch der Mensch erhoffte sich von einem so gewagten und zukunftsweisenden Schritt mehr als nur wissenschaftlich-technische Vollzugs- und Erfolgsmeldungen. Die Astronauten waren die Stellvertreter der Menschheit. Der Mensch selbst war in den Weltraum aufgebrochen – und lernte gleich seine Grenzen kennen. Eine Schwierigkeit, die zunächst nicht offensichtlich, später dann aber um so deutlicher wurde, war die psychologische Betreuung der Männer vom Mond. Es ist eine Sache, Testpiloten der Army als Astronauten auszubilden und ins All zu schicken. Eine andere Sache ist es, sie anschließend wieder in das normale Leben auf der Erde zu integrieren, und das lief nicht so glatt. Die NASA hatte kaum darüber nachgedacht, welche Aufgaben die Mondfahrer nach ihrer Rückkehr übernehmen sollten. Sie wurden auch nicht darauf vorbereitet, daß sie zu nationalen Helden, zu «Popstars» werden würden. Die Medien zeigten wildes Interesse an ihnen, wendeten sich dann aber schnell wieder ab, weil die Männer kaum medientauglich waren. Sie konnten nicht beschreiben, was sie erlebt hatten. Nicht geübt darin, in bildreicher Sprache zu berichten, wie es ihnen auf dem Mond ergangen war, welche Gefühle sie bewegten, woran sie dachten, ob sie Angst hatten, blieben sie befriedigende Antworten schuldig. Die Menschen auf der Erde hatten 1000 Fragen, den Astronauten aber fehlten die Worte.

Alan L. Bean, der vierte Mann auf dem Mond (Apollo 12), sagte mehr als 25 Jahre nach seinem Flug, in der Bibel stehe, der Mensch sei aus dem Paradies vertrieben worden. Das sei falsch. Wir seien im Paradies. Man müsse sich nur die Welten um uns herum ansehen, von denen der Mensch Kenntnis habe. Dort sei die Hölle. Unser kleiner, leuchtender Planet dagegen sei der Garten Eden.

Einige Mondfahrer fanden nach ihrer Rückkehr nicht in ihr normales Leben zurück. Neil Armstrong, der erste Mensch auf dem Mond, überwarf sich mit der NASA. Er wurde Farmer. Sein Kollege aus der Eagle, der zweite Mann auf dem Mond, Edwin Aldrin, bekam ein ernstes Alkoholproblem und brauchte fast zehn Jahre, um wieder auf die Beine zu kommen. Er leitet heute eine Space-Lotterie, bei der man Reisen in den Weltraum gewinnen kann.

Zwei Mondastronauten – James Irwin (Apollo 15) und Charles Duke (Apollo 16) – kamen mit so nachhaltigen religiösen Eindrücken vom Mond zurück, daß sie ihre Karriere als Testpiloten und Astronauten an den Nagel hängten, um Wanderprediger zu werden.

Der cleverste der zwölf vom Mond war David Scott, Kommandant der Apollo 15 und der erste Mensch, der ein Auto auf dem Mond fuhr. Ohne seinen Arbeitgeber darüber zu informieren, hatte er Briefmarken mit auf die Reise genommen, die er später für viel Geld verkaufte – sehr zum Mißfallen der NASA.

Auch der deutsche Astronaut Ulf Merbold hat bei seinem ersten Weltraumflug 1983 Bekanntschaft mit einem Mondfahrer gemacht:

«...als die Arbeit getan war, hat der Kommandant uns in einer Plauderstunde von den guten alten Zeiten erzählt. John (W. Young) war sechsmal im Weltall, davon ist er zweimal zum Mond geflogen. Mit Apollo 10 umrundete er den Mond, und bei Apollo 16 war er Kommandant. Er hat drei volle Tage da oben zugebracht. Es gibt nur zwölf Männer, die den Mond überhaupt betreten haben. John erzählte beim Essen vom Lunar Rover. Die waren so weit weg vom Apollo, die haben das Fahrzeug nicht mehr gesehen, die haben auf einem anderen Weg den Rückweg eingeschlagen. Ich stell' mir das sehr emotional vor – wenn man am schwarzen Himmel die Erdkugel sieht.

Dann bin ich ins Cockpit des Space Shuttles gegangen. Während einer Erdumrundung sieht man, wie die Sonne aufgeht, 45 Minuten später dann den Sonnenuntergang. Dann sieht man die Sterne und eine Weile später die Nordlichter. Über den Tropen liegen immer Gewitter...»

Die Apollo-Missionen

Apollo 11
Start: 16. Juli 1969
Landung auf dem Mond: 20. Juli 1969
Ort der Landung: Mare Tranquillitatis – Meer der Ruhe (0.67° N, 23.47° E)
Landung auf der Erde: 24. Juli 1969
Neil A. Armstrong, Kommandant
Michael Collins, Pilot des Apollo-Raumschiffs Columbia
Edwin E. Aldrin, Pilot des LLM Eagle

Apollo 12
Start: 14. November 1969
Landung auf dem Mond: 19. November 1969
Ort der Landung: Oceanus Procellarum – Ozean der Stürme (3.01° S, 23.42° W)
Landung auf der Erde: 24. November 1969
Charles Conrad, Jr., Kommandant
Richard F. Gordon, Pilot des Apollo-Raumschiffs Yankee Clipper
Alan L. Bean, Pilot des LLM Intrepid

Apollo 13
Start: 11. April 1970
Ein technischer Fehler verhinderte die Landung auf dem Mond.
Landung auf der Erde: 17. April 1970
James A. Lovell, Kommandant
John L. Swigert, Jr., Pilot des Apollo-Raumschiffs Odyssey
Fred W. Haise, Jr., Pilot des LLM Aquarius

Apollo 14
Start: 31. Januar 1971
Landung auf dem Mond: 5. Februar 1971
Ort der Landung: Fra Mauro (3.65° S, 17.47° W)
Landung auf der Erde: 9. Februar 1971
Alan B. Shepard, Jr., Kommandant
Stuart A. Roosa, Pilot des Apollo-Raumschiffs Kitty Hawk
Edgar D. Mitchell, Pilot des LLM Antares

Apollo 15
Start: 26. Juli 1971
Landung auf dem Mond: 30. Juli 1971
Ort der Landung: Hadley-Rille / Apenninen (26.13° N, 3.63° E)
Landung auf der Erde: 7. August 1971
David R. Scott, Kommandant
Alfred M. Worden, Pilot des Apollo-Raumschiffs Endeavour
James B. Irwin, Pilot des LLM Falcon

Apollo 16
Start: 16. April 1972
Landung auf dem Mond: 21. April 1972
Ort der Landung: Descartes (8.99° S, 15.49° E)
Landung auf der Erde: 27. April 1972
John W. Young, Kommandant
Thomas K. Mattingly II, Pilot des Apollo-Raumschiffs Casper
Charles M. Duke, Jr., Pilot des LLM Orion

Apollo 17
Start: 7. Dezember 1972
Landung auf dem Mond: 11. Dezember 1972
Ort der Landung: Taurus-Littrow (20.18° N, 30.76° E)
Landung auf der Erde: 19. Dezember 1972
Eugene A. Cernan, Kommandant
Ronald E. Evans, Pilot des Apollo-Raumschiffs America
Harrison H. Schmitt, Pilot des LLM Challenger

Apollo im Film I

Die Mission der Menschheit zum Mond wurde zum Mythos, der auch im Film seinen Niederschlag fand. Da die NASA die Astronauten auf dem Mond mit Filmkameras ausgestattet hatte, gibt es reichhaltiges Bildmaterial von den Landungen, den Moonwalks und den Ausflügen mit dem Mondmobil. Die Aufnahmen haben allerdings einen Schönheitsfehler. Der größte Teil wurde mit nur sechs Bildern in der Sekunde gedreht; zu wenig, um Bewegungsabläufe flüssig wiederzugeben. Da Ende der 60er, Anfang der 70er Jahre die Aufzeichnung von Bildern auf Magnetbänder noch nicht so ausgereift war, daß leicht zu transportierendes Equipment zur Verfügung gestanden hätte, filmten die Astronauten mit 8-mm-Filmkameras. Damit sie soviel wie möglich aufnehmen konnten und gleichzeitig möglichst wenig Filmrollen benötigten, setzte man die Bildfrequenz herunter. Deshalb ruckeln die Astronauten über den Mond – eine Herausforderung für den amerikanischen Regisseur Al Rainer, der 1994 aus dem Material den Film *For all Mankind* schuf.

Er war der erste, der nach mehr als 20 Jahren in die Archive der NASA durfte, um darin zu stöbern. Die amerikanische Raumfahrtbehörde hütete das Filmmaterial wie einen kostbaren Schatz, und das hatte schon bei der Landung der Apollo-Raumschiffe begonnen. Nachdem die Astronauten aus der Kapsel geborgen waren, kam als nächstes das Filmmaterial an die Reihe. Es wurde mit dem Helikopter zum Flugzeugträger gebracht und hier auf zwei Flugzeuge verteilt. Man wollte sichergehen, daß im Fall eines Absturzes einer Maschine nicht das ganze Material verlorenging.

Abb. 83: Die Mission der Apollo 13 verlief dramatisch. Eine Explosion im Versorgungsmodul hätte die Reise beinahe in einer Katastrophe enden lassen. Vielleicht hätte man das Raumschiff nicht «Odyssey» nennen sollen...

Apollo im Film II

1995 wurde in Hollywood ein spannender Film über den Apollo-13-Flug gedreht, mit Tom Hanks in der Hauptrolle: *Apollo 13*. Die Szenen in der Apollo-Kapsel Odyssey wurden in künstlich erzeugter Schwerelosigkeit gedreht – in einem Parabelflieger. Diese Maschinen beschreiben mit hoher Geschwindigkeit eine Parabel und erzeugen damit im Inneren des Flugzeugs für etwa 25 Sekunden den Zustand der Schwerelosigkeit. Man baute also das Innenleben der Apollo-Kapsel in ein solches Flugzeug hinein und drehte die Weltraum-Odyssee der Apollo 13 darin. Den Schauspielern war die meiste Zeit schlecht – was dem Film sehr zugute kam.

Tom Hanks blieb dem Thema Apollo treu. Er drehte mit seiner eigenen Filmfirma für den Fernsehsender HBO eine Serie über das Apollo-Projekt. Premiere war im April 1998, zum 30. Geburtstag des Films *2001 – Odyssee im Weltraum*.

Space Shuttle

Zum Mond geschossen wurden die Astronauten mit Raketen des Typs Saturn V, dem Meisterstück Wernher von Brauns.

Sie bildete den Endpunkt einer Entwicklungslinie, in der die Trägersysteme immer größer und schwerer wurden. Für die Zukunft mußten neue Konzepte entwickelt werden. Vor allem die Tatsache, daß von dem 112 Meter hohen Maschinenturm der Saturn V nur ein etwas mehr als zwei mal zwei Meter großes Stück zur Erde zurückkam (die Apollo-Kapsel, und die konnte man auch nicht wieder verwenden), mußte geändert werden. Raketen und Raumschiffe durften nicht länger komplette Wegwerfprodukte sein. Man wollte für die bemannte Raumfahrt ein wiederverwendbares Raumschiff entwickeln und entschied sich für das Space Shuttle; einen Achtsitzer für den Orbit mit einer großen Ladebucht, in der Satelliten, Labors und andere Einheiten für Experimente im Weltraum untergebracht werden konnten. Die mögliche Nutzlast betrug über 28 Tonnen.

Das Space Shuttle transportierte viele Satelliten, das Weltraumteleskop Hubble und jede Menge Nachschub für die Mir in den Weltraum, es ist Trägersystem für das von der ESA gebaute Weltraumlabor Spacelab, fängt Satelliten ein, um sie zurück zur Erde zu bringen, dient der Medizin bei der Erforschung der Schwerelosigkeit auf den menschlichen Organismus und vieles mehr. Es ist ein echtes «Shuttle», ein Pendler zwischen Weltraum und Erde.

Die Astronautencrew besteht in der Regel aus sieben bis acht Mitgliedern. Sie gehen drei Stunden vor dem Start an Bord.

Start

Der deutsche Astronaut Ulrich Walter über den Start des Space Shuttles:

«Am Anfang geht es ganz langsam. Ich saß im Mitteldeck, da gibt es kein Fenster. Alles vibriert, und man hört nur im Kopfhörer, daß wir abgehoben haben. Erst nach einer gewissen Zeit, ein paar Minuten, wenn der Treibstoff rausgeblasen ist, spürt man's. Man wird ganz langsam in den Sitz reingedrückt, das geht bis 1,5 g hoch. Dann sind die Feststoffraketen ausgebrannt und werden abgesprengt, und dann kommt man in die 3-g-Phasen. Man kann sich kaum noch bewegen und muß gegen den Druck anarbeiten. Manche Astronauten vergessen zu atmen, weil der Druck so groß ist. Man muß richtig ziehen. Nach etwa neun Minuten sagt der Commander: ‹Ich stell' jetzt die Antriebe ab›, und das ist dann wirklich ein eigenartiges Gefühl: Sie sind angepreßt, Sie ziehen Luft, und dann, mit einem Mal, sind Sie in der Schwerelosigkeit – und damit im Weltraum.»

Von der Zündung der Triebwerke bis zur Ankunft in der Umlaufbahn, die meist zwischen 250 und 300 Kilometer Höhe liegt, vergehen nur neun Minuten.

Abb. 84: Der wiederverwendbare Raumgleiter Space Shuttle fliegt zwischen 280 und 400 Kilometer über der Erde.

Die Arbeit beginnt für die Mannschaft unmittelbar nach der Ankunft im Orbit. Die Zeit ist knapp, denn die mit rund 400 Millionen Dollar immer noch überaus teure Reise muß optimal für Experimente, Reparaturarbeiten und Tests genutzt werden. Nach zehn, maximal vierzehn Tagen sind die Luft-, Wasser- und Nahrungsmittelvorräte des Shuttles aufgebraucht, die Reise geht zu Ende.

Um die Landephase einzuleiten, wird das Shuttle umgedreht. Es fliegt mit dem Hinterteil voran, wenn die kleinen Triebwerke, die man «orbit and maneuvering system» nennt, gezündet werden, um abzubremsen – von 7,8 auf 7,5 Kilometer in der Sekunde (das entspricht der neuen Geschwindigkeit von 27 000 Kilometern pro Stunde). Durch diese Verlangsamung wird aus der Kreisbahn eine elliptische Umlaufbahn. Im Perigäum (dem erdnächsten Punkt) dieser Ellipse fliegt das Shuttle so dicht an die Erde heran (ca. 120 Kilometer), daß es in die obere Lufthülle eintaucht – der Beginn einer dramatischen Phase. Die hohe Fluggeschwindigkeit erzeugt enorme Reibungshitze (bis zu 1500 Grad), zu überstehen nur mit speziell entwickelten Hitzekacheln, die die Unterseite des Shuttles schützen. Die Bremsmanöver werden mit sehr großer Präzision geflogen. Mußten die Apollo-Astronauten noch sehr aufwendig aus dem Meer geborgen werden, landet das Space Shuttle stets punktgenau auf seiner Landebahn, was für die Astronauten sehr viel angenehmer ist als alle anderen bisher durchgeführten Landungsarten.

Landung

Ulrich Walter über seine Landung mit der Columbia-Raumfähre 1993:

«Die Landung ist viel angenehmer als der Start. Es ist nicht so spektakulär, weil sich der Eintritt in die Erdschwere sehr langsam vollzieht. Sie merken das gar nicht. Wir hatten ein Kissen dabei, das wir immer hochgeworfen haben. Daran konnten wir sehen, wie die Erdschwere langsam zurückkam.

Nach der heißen Phase fliegt das Shuttle mit aerodynamischen Manövern zur Erde zurück. Es ist noch dreimal so schnell wie der Schall, und mit so einer Geschwindigkeit will man nicht landen. Durch die Manöver wird es langsamer und verliert gleichzeitig an Höhe. Es braucht eine ganze Weile, bis die Landegeschwindigkeit erreicht ist. Das sind etwa 500 Kilometer in der Stunde. Dann setzt es auf, bremst dabei weiter ab, und der Bremsfallschirm kommt raus, das gibt einen richtigen Ruck nach hinten, und dann kommt das Shuttle zum Stehen. Damit ist die Mission beendet.»

Nach der Landung bleibt die Raumfähre eine ganze Zeitlang stehen. Sogenannte «Schnüffelteams» stellen mit speziellen Geräten fest, ob kein Treibstoff zu riechen ist. Erst wenn sie ihr O.K. geben, öffnen die Astronauten die Luke.

Ulf Merbold über die Landung nach seinem Mir-Aufenthalt 1994:

Abb. 85: Der Schweizer Claude Nicollier flog am 31. Juli 1992 mit der Atlantis in den Weltraum. Er gehört zum Team der ESA-Astronauten.

«...in der Sojus sind nur kleine Fenster, aber ich saß direkt an so einem Fenster und hatte ein relativ großes Gesichtsfeld. Die Sojus-Kapsel wird in nur vier Minuten von Mach 25 auf 1500 Kilometer pro Stunde abgebremst. Die ersten zwei Minuten kann man durch das Fenster schauen, und da sieht man die Fetzen fliegen. Man sieht die flüssig gewordenen Teile vorbeirasen, also flüssiges Metall, aber nach zwei Minuten beginnen die äußeren Scheiben dann selber zu glühen, und man sieht nichts mehr. Schließlich werden diese verkokelten Scheiben abgeworfen, und dann weiß man, daß man in der Atmosphäre ist. Man ist auf einer Geschwindigkeit, die den ersten kleinen Fallschirm zuläßt...»

«Die Russen nennen das zwar eine weiche Landung, aber das muß man sich eher wie einen Auffahrunfall mit dem Auto vorstellen.»

Take the Morning Shuttle

Die NASA nahm 1984 ein Projekt in Angriff, das den Weltraum «normalen» Menschen zugänglich machen sollte; eine Forderung, die von Weltraumenthusiasten und -lobbyisten schon seit Jahren gestellt wurde. In einem Passagiermodul für die Ladebucht des Space Shuttles hätten 74 Menschen Platz gefunden – Touristen, die für mehr als eine Million Dollar einen Flug in den Weltraum hätten buchen können. Das Modul sollte mit Sitzreihen ausgestattet werden, wie man sie aus Flugzeugen kennt. Geboren wurde die Idee in der Planungsphase des Shuttles, als man davon ausging, Shuttle-Flüge würden regelmäßig alle zwei Wochen durchgeführt. Nach dem Ende des offiziellen NASA-Programms hätten die Shuttles die Funktion von Passagiertransportern übernehmen können – einerseits zum reinen Vergnügen für Weltraumtouristen, andererseits aber auch als superschnelles Flugzeug. Neun Minuten Start, 45 Minuten im Orbit, 35 Minuten Landeanflug, und man wäre um den halben Globus geflogen. Eine Reise, die mit konventionellen Flugzeugen mehr als 20 strapaziöse Stunden in Anspruch nimmt, wäre nach anderthalb Stunden bereits zu Ende; sicherlich eine interessante Alternative für manchen Manager. Doch die NASA legte die Pläne ein Jahr später wieder auf Eis.

Challenger

Als bisher schwärzester Tag in der Geschichte der amerikanischen Raumfahrt gilt der 28. Januar 1986. Die Raumfähre Challenger steht für die Mission STS 51-L auf der Rampe in Cape Canaveral, Florida. Ein sonniger Tag, an dem sich ein Bild am Himmel bieten wird, das um die Welt geht, das den Tod von sieben Astronauten bedeutet und das die bemannte amerikanische Raumfahrt um Jahre zurückwerfen wird.

An Bord der Challenger befindet sich zum ersten Mal eine Zivilistin – die Lehrerin Christa McAuliffe.

In der Nacht zuvor hatte Frost die Dichtungsringe einer der beiden Zusatzraketen so stark heruntergekühlt, daß sie noch unflexibel waren, doch es gab keine Sensoren, die das hätten melden können. Der Start der Chal-

Abb. 86 (oben): Das letzte Bild der Challenger-Crew auf dem Weg zur Raumfähre: Gregory Jarvis, Ellison S. Onizuka, Sharon Christa McAuliffe und Michael J. Smith.

Abb. 87 (linke Seite): Der schwarze Tag der amerikanischen Raumfahrt. Am 28. Januar 1986 explodiert die Raumfähre Challenger 73 Sekunden nach dem Start. Alle Astronauten kommen ums Leben.

lenger verlief reibungslos. Sie hob ab und gewann schnell an Höhe. In der Feststoffrakete aber bahnte sich die Katastrophe bereits an. In den beiden Boostern rechts und links vom Haupttank befindet sich fester Treibstoff. Wird er gezündet, kann das Abbrennen nicht gestoppt werden. Er brennt in der Raketenröhre von innen nach außen. 73 Sekunden nach dem Start war der Feuersturm so weit an die Außenschicht vorgedrungen, daß er an einem defekten Dichtungsring austrat – katastrophalerweise an der Innenseite, so daß der extrem heiße Feuerstrahl auf den Haupttank des Shuttles gerichtet wurde. Er brannte sekundenschnell ein Loch hinein und brachte 1,5 Millionen Liter Flüssigtreibstoff zur Explosion – ein Inferno mit der Wirkung einer kleinen Atombombe.

16 Kilometer über dem Startgebiet stand eine Explosionswolke am Himmel, die bis heute ein Mahnmal geblieben ist. Die Trümmer der Challenger stürzten ins Meer und die Träume der bemannten Raumfahrt in ein Chaos. Reisen in den Weltraum waren keineswegs so sicher, wie man dachte.

Über die Art, wie die zwei Astronautinnen und fünf Astronauten den Tod fanden, gibt es keine offizielle Version. Möglicherweise erlebten sie den fast drei Minuten dauernden Sturz zurück zur Erde bei vollem Bewußtsein. Man konnte vier Überlebensmasken aus dem Atlantik bergen, von denen drei eingeschaltet waren und deren Sauerstoffvorrat zu drei Vierteln verbraucht war...

Frauen im Weltraum

Mit dem Space Shuttle endete die Ära der Astronautik als Männerdomäne (ausgenommen Walentina Tereschkowas Flug im Jahre 1963). Für die Shuttles wurden erstmals Frauen zu Astronautinnen ausgebildet und flogen als Pilotinnen und Kommandantinnen regelmäßig in den Weltraum. Einige unternahmen EVAs (Extra Vehicular Activities), Spaziergänge im Raum. Bis zum Jahr 2000 zählt das Astronauten-Corps der NASA 30 Sternenfahrerinnen – von insgesamt mehr als 500 Menschen, die bereits im All waren. Den Anfang an Bord des Space Shuttles machte Sally K. Ride, 1983 als erste Amerikanerin im All. Der Rekord des längsten Aufenthalts eines Amerikaners im Weltraum wird sogar auch von einer Frau gehalten – Dr. Shannon Lucid. Sie verbrachte 1996 fast sechs Monate auf der Mir.

Die sowjetische Kosmonautin Walentina Tereschkowa flog bereits 1963 ins All – als erste Frau in der Geschichte der Menschheit. Integraler Bestandteil der russischen Kosmonautencrews wurden Frauen aber erst sehr viel später. Die Zahl der Astronautinnen hat die der Astronauten noch längst nicht eingeholt, aber ihr Anteil wächst kontinuierlich.

Die toten Astronauten

Edward White †
(erster Amerikaner, der sein Raumschiff verließ und frei im All schwebte)
Virgil Grissom †
(zweiter Amerikaner im All und erster Gemini-Astronaut)
Roger Chaffee †

Apollo-1-Crew. Bei einem Routinetest bricht Feuer an Bord der Kapsel aus.
27. Januar 1967

Wladimir Komarow †
Bei der Landung der Sojus 1 öffnete sich der Landefallschirm nicht. Die Kapsel zerschellte in der Steppe Kasachstans.
24. April 1967

Georgij Dobrowolskij †
Wladislaw Wolkow †
Viktor Pazajew †

Das Kabinendrucksystem in der Kapsel der Sojus 11 versagte während der Wiedereintrittsphase. Die Kosmonauten saßen wie schlafend in der Kapsel.
29. Juni 1971

Judith Resnik †
Christa McAuliffe †
Gregory Jarvis †
Ronald McNair †
Ellison Onizuka †
Francis Scobee †
Michael Smith †

Die Raumfähre Challenger explodiert 73 Sekunden nach dem Start.
Januar 1986

Deutsche Astronauten

Das Space Shuttle stand auch Astronauten anderer Nationen offen. Die Astronautenklassen der NASA zählen längst europäische, japanische und kanadische Raumfahrer zu ihren Schülern. Deutschland flog zwei Missionen mit dem Shuttle, D1 im Jahre 1985 und D2 im Jahre 1993. Die D1-Mission bestritten die Astronauten Ernst Messerschmid und Reinhard Furrer, die D2-Mission Hans Wilhelm Schlegel und Ulrich Walter. Deutschlands erfahrenster Astronaut ist Ulf Merbold, der zweimal mit dem Space Shuttle ins All flog – STS 9 im November / Dezember 1983 und STS 42 im Januar 1992. 1994 weilte er als erster ESA-Astronaut auf der Raumstation Mir.

Abb. 88: Der deutsche Astronaut Ulf Merbold bei seinem zweiten Flug mit dem Space Shuttle im Januar 1992.

EVAs – Spaziergänge im Raum

Mit den regelmäßigen Shuttle-Flügen und den Aufgaben, die dabei zu erledigen waren, wurden auch EVAs zu einem normalen Bestandteil der Raumfahrt. Bei fast jedem Flug verlassen Astronauten das schützende Raumschiff. Sie tragen dazu einen speziellen Anzug, der praktisch selbst wieder ein eigenes Fahrzeug ist, und arbeiten frei im Weltraum; sei es, um einen Satelliten zu bergen, Reparaturarbeiten oder Experimente durchzuführen. Die NASA entwickelte Ende der 80er Jahre zusätzlich einen speziellen Stuhl mit Antriebsaggregaten, der es den Astronauten ermöglicht, sich ohne Sicherheitsleine außerhalb des Raumschiffs zu bewegen. Ohne diesen Stuhl müssen sie stets darauf achten, angeleint zu sein, da sie sonst keine Chance haben, das Raumschiff wieder zu erreichen, wenn sie einmal davon wegtreiben.

Während der Spaziergang im Raum stehen die Astronauten in ständigem Funkkontakt zum Mission Control Center. Dort wird entschieden, ob ein Spaziergang im All abgebrochen wird, wenn die Astronauten zum Beispiel berichten, daß sie kalte Hände bekommen. Dieses Anzeichen reicht aus, um die Bodencrew zu alarmieren. Die Temperaturen außerhalb des Raumanzuges sind extrem. Mehr als 100 Grad minus herrschen im Schatten, mehr als 100 Grad plus in der Sonne. Da keine Luft vorhanden ist, gibt es keine Zwischenstufen. Die Bemerkung über kalte Hände kann also ein Zeichen sein, daß die Spezialunterwäsche oder der Raumanzug nicht einwandfrei funktionieren.

Abb. 89 (links): Edward H. White war der erste Amerikaner, der frei im Weltraum schwebte. Zehn Wochen zuvor hatte der Russe Alexej Leonow als erster Mensch einen Ausflug in den Raum unternommen.

Abb. 90 (rechts): EVAs – Extra Vehicular Aktivities – gehören zu den Höhepunkten eines Astronautenlebens. Der Mensch schwebt frei über der Erde.

Trotz des enorm hohen Risikos, das die Astronauten und Kosmonauten bei EVAs eingehen, möchten sie dieses außergewöhnliche und emotionale Erlebnis nicht missen. Astronauten, die nie daran teilnehmen konnten, beneiden die «Spacewalker» um diese Erfahrung.

Shuttle – Mir

Zwischen 1995 und 1998 wurden neun Space-Shuttle-Flüge zur russischen Raumstation Mir durchgeführt – der Durchbruch in der Zusammenarbeit Amerikas und Rußlands in der Raumfahrt. Die Shuttle-Mir-Dockings wurden vereinbart, als feststand, daß Rußland zusammen mit

Abb. 91 (links): Spaziergänge im Raum sind mittlerweile zum festen Bestandteil des Astronautenberufs geworden.

Abb. 92 (rechts): Einen Arbeitsausflug ins All beschreiben alle Astronauten und Kosmonauten als faszinierendes Erlebnis – und werden von den Kollegen, die nie draußen waren, darum beneidet.

den USA die Führung beim Bau und Betrieb der Internationalen Raumstation ISS übernehmen würde. Das Space Shuttle brachte Versorgungsgüter und Ersatzteile zur russischen Raumstation. Amerikanische Astronauten und russische Kosmonauten bildeten dann jedesmal ein Team, das bis zu zehn Tage gemeinsam forschte und reparierte.

Je harmonischer die Astronauten und Kosmonauten miteinander arbeiten, desto besser ist das für die Zukunft der bemannten Raumfahrt. So blieb stets ein amerikanischer Astronaut oder eine amerikanische Astronautin für vier bis sechs Monate an Bord der Mir – bis zum nächsten Rendezvous von Shuttle und Mir.

Nach dem Ende des kalten Krieges wurde schnell klar, daß die Zusammenarbeit im Weltraum für Amerika und Rußland viele Vorteile bringen würde. Die bemannte russische Raumfahrt hatte sich nach der Niederlage im Wettlauf zum Mond konsequent dem Bau von Raumstationen zugewandt. Während die NASA noch an den

Spätfolgen der Mondmission und der Challenger-Katastrophe litt, lebten russische Kosmonauten schon seit Jahren im All.

Die Zusammenarbeit und der Erfahrungsaustausch lagen also nahe. Die Realisierung war allerdings kompliziert. Jahrzehntelang hatten die beiden großen Raumfahrtnationen ihre eigenen Systeme entwickelt, und nichts davon paßte zusammen. Die Technologien hätten unterschiedlicher kaum sein können. Russische und amerikanische Systeme mußten über Adapter gekoppelt werden. Damit das Space Shuttle an die Mir ankoppeln konnte, wurde ein spezielles Modul gefertigt.

Das erste Shuttle-Mir-Docking fand am 27. Juni 1995 statt. Zu diesem Zeitpunkt weilte der Astronaut Norman Tagard bereits seit ein paar Monaten an Bord der Mir. Er war von Baikonur aus mit einer russischen Sojus gestartet. Der erste Shuttle-Besuch beendete seinen Weltraumaufenthalt. Die Fähre nahm ihn sowie die Kosmonauten Wladimir Deshurow und Gennadi Strekalow wieder mit zur Erde zurück und ließ dafür die Kosmonauten Anatoly Solowjew und Nikolai Budarin auf der Mir.

Die Zusammenarbeit zwischen Astro- und Kosmonauten brachte auch zutage, daß oft Welten zwischen der russischen und der amerikanischen Vorstellung vom Alltag im Weltraum lagen.

An Bord eines russischen Raumfahrzeuges wäre es undenkbar, wenn man Crewmitglieder für so lange Zeit in einen schweren Arbeitsalltag entläßt, ohne daß sie nicht auch mal feiern dürften. Für Amerikaner hingegen ist der Genuß von Alkohol in öffentlichen Einrichtungen strikt untersagt. Raumschiffe sind öffentliche Einrichtungen. Schwebten amerikanische Astronauten gelegentlich vom Shuttle in die Mir, um in aller Ruhe – und ganz legal – ein Gläschen zu trinken?

Biosphäre

Unbestreitbar ist der Weltraum ein sehr unwirtlicher Ort. Um dorthin zu reisen, muß der Mensch Schutzräume bauen, in die er so viel Biosphäre mitnehmen kann, wie er zum Überleben benötigt. Das macht die bemannte Raumfahrt so teuer. Den größten Teil der Zeit ihrer Weltraumaufenthalte verbringen die Astronauten mit Experimenten, die das Leben in der Schwerelosigkeit untersuchen. Würden die Menschen nicht in den Weltraum fliegen, wären diese Forschungen nicht notwendig – ein System, das um sich selbst kreist. Doch wir fliegen hin und verwirklichen mit der Internationalen Raumstation ISS sogar das größte Technikprojekt, das der Mensch je in Angriff genommen hat.

Die Gegner der bemannten Raumfahrt behaupten, die versprochenen und erhofften technischen Innovationen und Impulse für die Wirtschaft seien fast völlig ausgeblieben.

Ist die bemannte Raumfahrt nichts als eine riesige Propagandashow? Sind Astronauten letztendlich nur Sightseeing-Gäste im Orbit der Erde? Der Mensch ist jedenfalls nicht dazu gemacht, in den Weltraum zu fliegen. Er ist dort nicht lebensfähig, und er benötigt daher extrem teure Hilfsmittel, die in extrem teuren Raketen mit ihm reisen müssen, damit er sich ein paar

Wochen oder Monate dort aufhalten kann. Der Mensch ist ein Wesen der Biosphäre der Erde. Diese Biosphäre endet wenige Kilometer über dem Erdboden. In 100 Kilometern Höhe, dem offiziellen Beginn des Weltraums, existiert kein Leben mehr, und daran ändert sich vermutlich viele Milliarden, ja Billionen von Kilometern weit nichts.

Was hat der Mensch im Weltraum zu suchen? Wieso schickt er nicht Maschinen dorthin? Was soll ein Lebewesen, das eine Biosphäre zum Leben benötigt, im Hochvakuum des Weltraums?

Die Tatsache, daß es überhaupt möglich ist, Menschen in den Weltraum zu schicken, übt eine große Faszination auf uns aus und treibt uns dazu, es auch zu tun. Das allein könnte der Grund – und damit die Berechtigung – sein. Unser Wissen über den Weltraum hat uns gelehrt, daß wir allein auf weiter Flur und im großen Maßstab des Universums ziemlich unbedeutend sind. Weder der Mensch noch die Erde noch unsere Sonne stehen im Mittelpunkt. Nicht einmal unsere Galaxis, denn selbst die ist irgendein Sternenstrudel unter Milliarden. Die Einwände der Kritiker sind, so betrachtet, kleinlich. Sie wollen den Nutzen messen, schnell und eindeutig. Das könnte falsch sein. Der Mensch will lernen, was zu lernen ist. Das Wissen über das Universum hat uns innerhalb sehr kurzer Zeit aus seiner Mitte hinauskatapultiert – nach irgendwo nirgendwo. Da sind wir jetzt und versuchen herauszufinden, wie alles funktioniert.

Der deutsche Astronaut Ulrich Walter ist zuversichtlich: «Es wird 30 Millionen Jahre dauern, bis die Menschheit die Galaxis besiedelt hat – aber sie wird es tun.»

Biosphere 2

Der allererste, kleine Schritt hinaus ins All wäre die Besiedlung des Planeten Mars. Dieses Projekt allein wird schon 5000 Jahre in Anspruch nehmen. Anfang der 80er Jahre gehörten solche Ideen noch ausschließlich in den Bereich der Science-fiction-Literatur. Am Anfang des dritten Jahrtausends aber diskutieren Wissenschaftler über diese Möglichkeit.

Die Idee, eine bemannte Mission zum Mars zu starten, nahm zum ersten Mal während der Apollo-Flüge zum Mond Gestalt an. Da die Reisen zum Erdtrabanten so erfolgreich verliefen, lag es nahe, das nächste Ziel in Augenschein zu nehmen – den roten Planeten. Doch der ist mit fast 70 Millionen Kilometern etwa 30mal so weit entfernt wie der Mond, und das bedeutet auch eine etwa 30mal so lange Reise – drei bis vier Monate. Das Hauptproblem wäre, die Astronauten mit genügend Lebensmitteln, Atemluft und Wasser zu versorgen. Da der Mars fast zwei Erdjahre für eine Runde um die Sonne benötigt, wird auch der Aufenthalt dort entsprechend lange dauern müssen. Man kann nur starten, wenn die Konstellation der beiden Planeten günstig ist, wenn sie nahe beieinander stehen. Sind die Astronauten auf dem Mars angekommen, bleibt ihnen keine Wahl: Fast 18

Monate müssen sie dort ausharren, bevor sie den Rückweg antreten können.

Das Versorgungsproblem wollte man mit einer transportablen Mini-Erde lösen; groß genug und so ausgewogen angelegt, daß sie die Astronauten ausreichend mit Sauerstoff für die Atmung und Nahrung für den Lebensunterhalt versorgen könnte. Die Sonne würde für diese Biosphäre ja genauso scheinen wie für die Biosphäre auf der Erde. Die Idee war gut, doch bei der Planung stellte sich schnell heraus, daß wir viel zuwenig über die Funktionsweise unserer Biosphäre wissen, um sie in kleinerem Maßstab nachbilden zu können. Die NASA verwarf das Projekt.

Mitte der 80er Jahre nahmen ein paar Millionäre es jedoch wieder auf und bauten 1,6 Hektar Biosphäre unter ein hermetisches Glasdach in die Wüste von Arizona – mit Geldern des Milliardärs Edward P. Bass. Sie nannten es Biosphere 2, benötigten gut 200 Millionen Dollar und probierten aus, ob es funktioniert. Acht Bionauten gingen 1991 an Bord. Nach zwei Jahren verließen sie das riesige Glashaus wieder, abgemagert, aber gesund. 1994 ging eine weitere siebenköpfige Crew in die hermetisch abgeriegelte Biowelt. Doch diesmal gab es Probleme. Die selbstregenerative Sauerstoffproduktion funktionierte plötzlich nicht mehr richtig. Der Kohlendioxidgehalt der Luft nahm kritisch hohe Werte an. Man konnte zunächst nicht herausfinden, woran es lag. Die Menschen mußten Bioshere 2 verlassen. Später stellte sich heraus, daß der Armierungsstahl im Betonfundament rostete und dabei den Sauerstoff verbrauchte, den Biosphere 2 produzierte. Das Projekt war gescheitert.

Abb. 93: Anfang der 90er Jahre fertiggestellt: Biosphere 2, der Versuch, die Erde im kleinen nachzubauen.

Der Leiter von Biosphere 2, Bernd Zabel, war darüber nicht traurig. Das Scheitern des Projekts sei ein gutes Ergebnis. Es zeige, wie komplex die Zusammenhänge sind und wie wenig wir immer noch darüber wüßten. Entscheidend sei vor allen Dingen, daß Biosphere 2 gebaut und das Experiment durchgeführt worden sei.

Am 1. Januar 1996 übernahm die Columbia University Biosphere 2, um es als botanisch-zoologisches Forschungsprojekt weiterlaufen zu lassen – ohne menschliche Bionauten.

Bion – Leben im All

Die Suche nach Überlebenssystemen (Life Supporting Systems) im All geht weiter. Die USA und Rußland betreiben zur Erforschung kosmischer Einflüsse auf Lebewesen das Bion-Projekt: die Entsendung von Biosatelli-

Abb. 94 (rechte Seite): Sieben Bionauten lebten zwei Jahre in der abgeschlossenen Welt von Biosphere 2 und schafften es, das komplizierte Ökosystem im Gleichgewicht zu halten.

ten ins All. Das Projekt wurde in Rußland entwickelt und existiert seit 1973. Zwei Jahre später bereits kooperierten die UdSSR und die NASA.

Es sollen vor allem die Auswirkungen der Schwerelosigkeit und der Strahlung im Weltraum auf lebende Organismen untersucht werden. 90 Prozent der Tiere, die in den Weltraum geschickt werden, sind Nager, doch auch Hunde, Katzen, Meerschweinchen, Hummer, Zitteraale, Tauben, Fische, Schnecken und Spinnen waren schon Passagiere der 5 bis 22 Tage dauernden Reisen in die Umlaufbahn.

Rhesusaffen spielten bei sieben der Missionen die Hauptrolle. An ihnen lassen sich die Rückbildung der Muskulatur und der Knochen sowie die Veränderungen im Herz-Kreislauf-System und im Hormonspiegel sehr genau feststellen. Die Ergebnisse erlauben Rückschlüsse auf den menschlichen Organismus.

Das Bion-Projekt versteht sich auch als kostengünstige Alternative zur Erforschung der Lebensbedingungen im Weltraum, jedenfalls solange den Tieren nichts passiert. Tierschutzverbände in den USA und Europa sprechen sich seit Mitte der 90er Jahre verstärkt gegen die Tierversuche im All aus.

Für viel Aufsehen sorgte die Bion-11-Mission, die am 24. Dezember 1996 vom Weltraumbahnhof Plessezk startete und 14 Tage später wieder zur Erde zurückkehrte. An Bord befanden sich neben Fliegen, Schnecken, Käfern und Pflanzen die beiden Rhesusaffen Lapik und Multik. Die Affen saßen angeschnallt in der Kapsel und mußten 14 Tage in dieser Haltung verbringen. Zwei Tage nach der Landung starb Multik. Er wachte im Anschluß an die Nachuntersuchung nicht wieder aus der Vollnarkose auf. Die NASA dachte laut darüber nach, aus dem Bion-Programm auszusteigen, weil der Druck der Tierschützer sehr groß wurde. Man entschied sich schließlich, vorläufig keine weiteren Experimente mit Affen im Weltraum mehr durchzuführen, auch wenn der Tod des Affen nicht mit seinem Raumflug in Zusammenhang stand, wie offiziell mitgeteilt wurde.

Insekten müssen in der Schwerelosigkeit – wie alle und alles – nicht fliegen, und das lernen sie sehr schnell. Experimente mit Bienen an Bord von Raumschiffen haben gezeigt, daß sie bereits nach einem Tag die gleiche Fortbewegungstechnik wie Menschen benutzen. Sie stoßen sich ab und lassen sich treiben. Ihre Flügel benutzen sie nicht mehr.

Tiere in den Weltraum zu schießen hat eine lange Tradition. Bereits der zweite Satellit, der eine Erdumlaufbahn erreichte, Sputnik 2, hatte die Hündin Laika an Bord. Sie wurde, nach offizieller Version, im Orbit mit ihrer letzten Futterration vergiftet, damit sie nicht verhungern mußte – landen konnte man einen Satelliten in diesen Tagen nämlich noch nicht. Dennoch sollte ein Tier an Bord sein – als zweiter Meilenstein im damaligen Weltraumwettlauf. Weitere Hunde folgten, bald kamen Pflanzen, Samen, Bakterien und Insekten hinzu. Bekannt wurden auch die beiden Kreuzspinnen, die 1973 mit einem Apollo-Raumschiff zur Raumstation Skylab flogen, betreut von Alan L. Bean, der knapp vier Jahre vorher als vierter Mann den Mond betreten hatte. Die Spinnen bauten kleinere und unregelmäßigere Netze als auf der Erde, aber sie behielten das Prinzip des Radmusters bei. Beide Tiere verhungerten, weil sie nur lebende Beute fressen, die es im Skylab aber nicht gab – jedes Lebewesen hat seinen ganz speziellen Bereich in der Biosphäre, den es nutzt und von dem es abhängig ist.

Maschinen sind Freunde

Die bemannte Raumfahrt geht weiter. Immer mehr Menschen werden in den Weltraum fliegen. Astronaut wird ein normaler Beruf sein, und die Aufgaben, die im Weltraum durchzuführen sind, werden komplexer, vielfältiger, komplizierter und auch gefährlicher sein. Der Mensch schafft sich daher Helfer, Maschinenfreunde, die an seiner Stelle das Raumschiff oder die Raumstation verlassen, während er in der schützenden Hülle zurückbleibt und den Robotern mitteilt, was sie tun sollen.

Arme

Die Ladebucht des Space Shuttles ist mit einem Roboterarm ausgestattet. Die Astronauten fangen damit Satelliten ein oder setzen neue aus. Er wird auch für Außenbordeinsätze der Astronauten genutzt. Sie stehen dann auf einer Spezialplattform, auf der ihre Füße in Halterungen stecken. Der Roboterarm befördert sie zu den Stellen außerhalb des Shuttles, an denen sie arbeiten sollen.

Abb. 96: Bald schon sollen Robonauten anstelle der Astronauten die gefährlichen Arbeiten außerhalb der schützenden Raumstation erledigen.

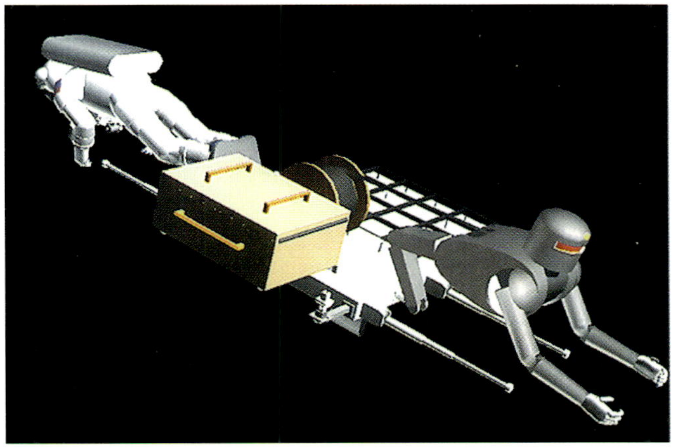

Abb. 95: Heute helfen ferngesteuerte Roboterarme dem Menschen im All. Der Satellit LDEF (Long Duration Exposure Facility) wird vom Space-Shuttle-Arm ausgesetzt.

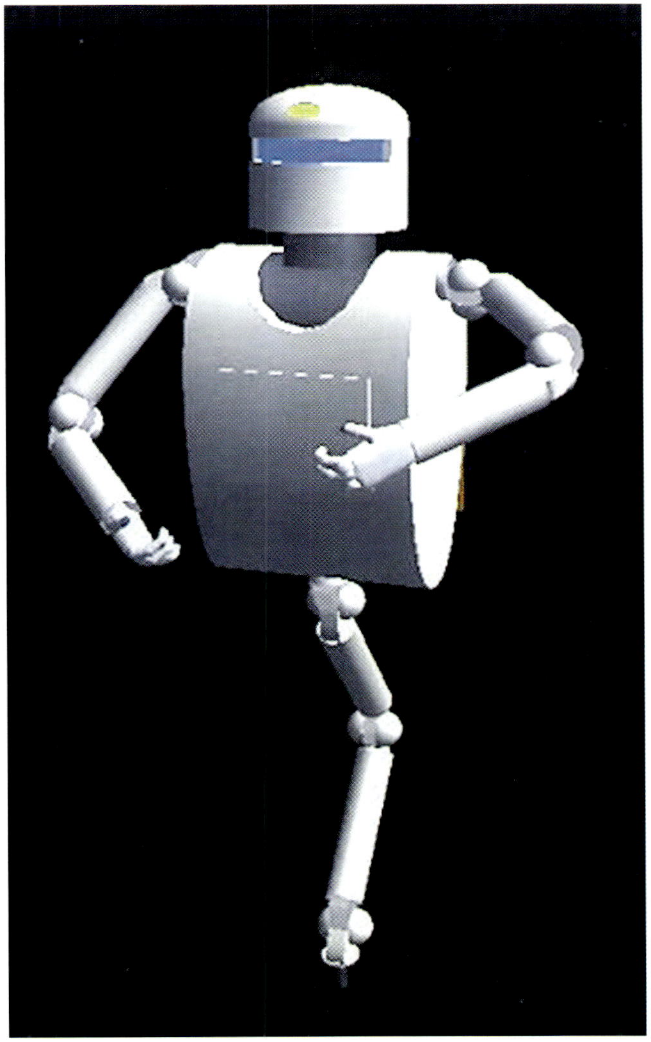

Gesteuert wird der Arm vom Shuttle aus – mit einem Joystick. Der Roboterarm des Shuttles ist auch ein wichtiges Werkzeug bei der Montage der Internationalen Raumstation.

Die ISS wird mindestens drei verschiedene Roboterarme haben. Der technisch ausgeklügeltste kommt von der kanadischen Raumfahrtbehörde. Er hat an beiden Enden «Hände», kann also wechselseitig loslassen und verfügt über ein Programm, das es ihm ermöglicht, selbständig an der Station entlangzuklettern, um neue Einsatzgebiete zu erreichen.

MACS

Das Kürzel MACS steht für «Multifunction Automated Crawling System». Es bezeichnet Roboter, die nach dem Insektenprinzip gebaut sind; kleine, intelligente Fahrzeuge, die über die Oberfläche von Objekten «kriechen». Geplant wurden sie ursprünglich zur automatischen Wartung von Flugzeugen und für Orte beziehungsweise Bereiche, die für Menschen nur schwer oder gar nicht zugänglich sind. MACS könnten theoretisch auf jedem technischen Fahrzeug zu jeder Zeit umherkriechen und dabei Überprüfungs- und Wartungsarbeiten verrichten. Nachfahren der MACS-Prototypen werden eines Tages auch auf Raumstationen ihren Dienst tun und so die Notwendigkeit menschlicher Ausflüge in den Weltraum reduzieren.

Ausgestattet mit Sensoren, Kameras und Fühlern, sind MACS in der Lage, eine Menge Arbeiten auf der Oberfläche von Objekten durchzuführen. Da sie miteinander kommunizieren können, sind sie mit unterschiedlichen Spezialfunktionen ausgestattet, um einander zu helfen oder sich sogar gegenseitig zu reparieren. Sie werden wie dienstbare Techno-Insekten die Außenhaut von Raumstationen bevölkern – und von dort ist der Schritt auf fremde Himmelskörper nicht mehr weit. Der Marsrover Sojourner und sein für 2001 geplanter Nachfolger sind erste Prototypen solch technoider Vorhuten.

Robotic Camera

Ein großes Objekt, das zudem so verzweigt angelegt ist wie eine Raumstation, benötigt intensiven Schutz vor Treffern von Kleinteilen. Der Weltraum ist nämlich keineswegs leer. Kosmische Partikel und menschengemachter Weltraumschrott fliegen dort umher. Da alle Teile extrem schnell sind, sind sie eine stetige Gefahr für die Station (und natürlich auch für ein Shuttle). Je größer ein Objekt ist und je länger es sich im Raum befindet, desto wahrscheinlicher ist, daß es getroffen wird. Der größte Teil der Treffer ist harmlos, weil er von winzigen Partikeln verursacht wird. Raumstationen sind mit einem Schutzschild versehen, der sie vor kleinen Schäden bewahrt. Der Einschlag größerer Partikel ist selten, kann aber kritische Schäden verursachen. In jedem Fall scheint es ratsam, die Außenhülle einer Raumstation «im Auge zu behalten». Wird sie ernsthaft beschädigt, gefährdet das sofort das Leben der Astronauten an Bord.

Eine selbständige Robotic Camera umfliegt die Station und tastet sie optisch ab – im Sichtbaren, im Infraroten und in anderen Spektralbereichen.

Die Kamera fliegt eigenständig um die Station herum, achtet darauf, daß sie nirgendwo anstößt und eventuell außerhalb der Station operierende Astronauten nicht bei der Arbeit behindert. Erhält sie keine anderen Befehle, macht sie ihre Routinepatrouillen. Sie kann aber auch von der Erde oder von der Station aus gelenkt und für Spezialaufgaben eingesetzt werden.

Robonaut

Die bisher eingesetzten Roboter sind kein adäquater Ersatz für die Astronauten. Sie sind bestenfalls nützliche Werkzeuge. Um die Menschen seltener den risikoreichen Aufenthalten im All aussetzen zu müssen, benötigt man wesentlich geschicktere, mit einer viel besseren Feinmotorik ausgestattete Roboter – Robonauten mit menschenähnlicher Gestalt. Diese Robonauten werden dann mit Roboterarmen, ähnlich wie die Astronauten heute, zu ihren Einsatzbereichen gebracht, um dort Arbeiten zu verrichten, die aufgrund ihrer Komplexität und Kompliziertheit bisher nur von Menschen durchgeführt wurden. Die Roboter benötigen dazu Bewegungsfreiheit und Fingerfertigkeiten, die denen von Menschen nahekommen – eine große Herausforderung für die Feinmechanik. Prototypen der Robonauten verfügen zur Zeit über zwei getrennt koordinierbare Arme mit je drei druckempfindlichen, getrennt beweglichen Fingern.

Gesteuert werden die Roboter von Menschen aus einem «Telepresence Laboratory»; das ist im wesentlichen ein Stuhl, in dem der Astronaut sitzt, auf dem Kopf ein «Head Mounted Display» (HMD), auch Cyberhelm genannt, an den Händen «Data-Gloves», zu deutsch Datenhandschuhe, alles in allem eine komplette Cyberspace-Ausrüstung. Jede Bewegung, die der Mensch macht, vollzieht der Roboter nach. Der Mensch sieht im Cyberhelm, was der Roboter sieht; dessen Augen sind Kameras. Dreht der Astronaut seinen Kopf, blickt auch der Robonaut in die entsprechende Richtung. Streckt der Astronaut seinen Arm aus und faßt einen Gegenstand an, vollzieht der Robonaut die Bewegungen exakt nach. Auf diese Weise bildet er die perfekte Verlängerung der Sinne und der Extremitäten der Astronauten. Eines Tages werden Robonauten wahrscheinlich direkt von der Erde aus gesteuert. Der Mensch muß dann für viele Arbeiten nicht mehr hinaus ins All. Er kann seinen Robonauten vom Computer zu Hause aus steuern – Raumfahrt aus dem Wohnzimmer.

Mind Children

Hans Moravec ist Robotik-Professor der Carnegie Mellon University und radikaler Vordenker einer Zukunft, die wahrscheinlich nicht jedem behagt. Nach seiner Meinung müssen wir Roboter werden:

«Die menschliche Kultur, ganz besonders die moderne Technologie, entwickelt sich zehnmillionenmal schneller als die biologische Evolution. Die große Geschwindigkeit der Veränderungen ist sicher für all die Menschen, die in langsameren Entwicklungszyklen leben, unbequem. Aber diese Geschwindigkeit erlaubt uns, sehr viel schneller und effektiver auf neue Probleme zu reagieren, als es in der Geschichte des Lebens vorher je möglich war. Ein Beispiel: Möglicherweise rottete ein Meteorit, der in die Erde einschlug, die Dinosaurier aus. Sie ahnten nichts von der Gefahr und konnten daher nicht reagieren. Heute haben wir eine gute Chance, solche Gefahren zu entdecken und einen Weg zu finden, so ein Ding abzulenken. Sogar wenn ein Asteroid uns trifft, können wir wahrscheinlich einen Teil der Menschheit retten, indem wir unsere Technologie nutzen; beispielsweise durch den Anbau von Lebensmitteln in großen Treibhäusern. Schon in naher Zukunft wird ein Teil unserer Nachfahren im Weltraum leben und überleben, ganz egal, was auf der Erde passiert. Die biologische menschliche Rasse wird weniger und weniger damit zurechtkommen, in einer sich immer schneller ändernden Welt zu leben. Ich denke aber, wir werden schon bald über Mittel verfügen, uns selbst in besser angepaßte Formen zu verändern. Ich glaube, die beste Form für unsere Nachfahren wird der intelligente Roboter sein.

Unsere Maschinennachfahren werden den Weltraum sehr gut kolonialisieren. Das derzeitige biologische Modell des Menschen ist dabei zu veralten, und es wird keine große Zukunft im Weltraum haben. Unsere aktuellen Körper und Lebensbilder sind für Steinzeitdörfer auf der Erde gemacht. Unsere ‹Mind Children›, unsere geistigen Kinder aber können so gut konstruiert werden, daß sie sich hervorragend auf all den vielen Plätzen im großen Universum entwickeln werden.»

Außenposten der Menschheit

Früher fürchteten sich die Menschen vor Außerirdischen, jetzt werden sie selbst dazu

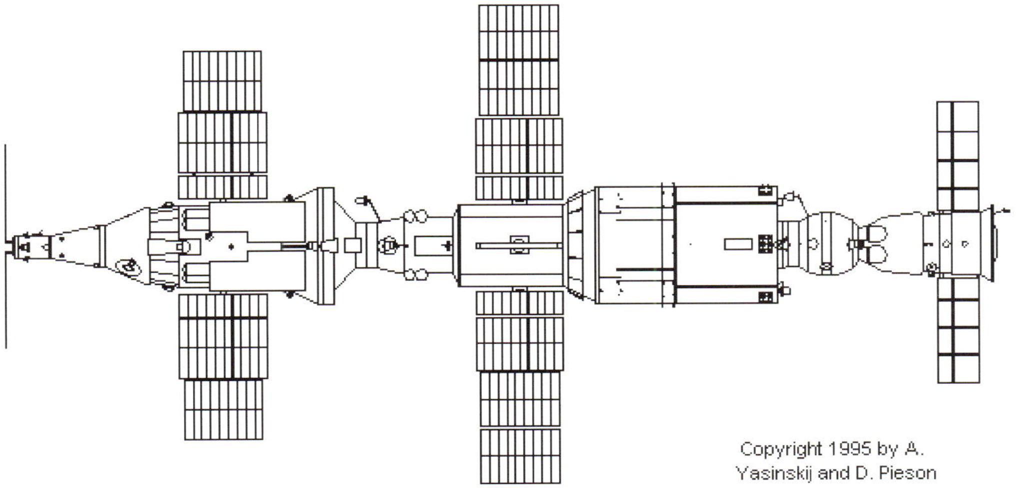

Abb 97: Salut 7 – zweite Generation der russischen Raumstationen.

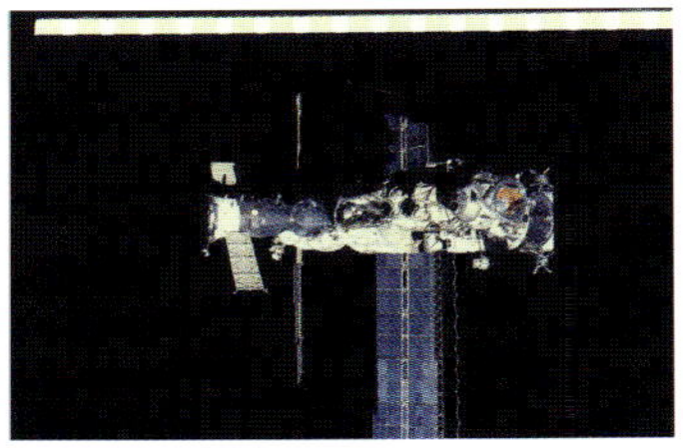

Die Dimensionen des Kosmos, ja bereits die Dimensionen unseres Planetensystems sind für den Menschen nicht zu durchmessen. Bemannte Raumfahrt findet in Erdumlaufbahnen statt. Das Apollo-Mond-Programm – das einzige Projekt, bei dem Menschen je aus dem erdnahen Bereich hinausflogen – wurde aus Kostengründen nach dem siebten Flug abgebrochen. Weiter entfernte Ziele sind vorerst weder erreichbar noch bezahlbar. Bleibt der LEO, der Low Earth Orbit. Die Herausforderung lautete, dort eine Raumstation zu betreiben, in der Menschen leben, forschen und arbeiten können.

Frühe Raumstationen

Die erste wissenschaftliche Erwähnung findet eine Raumstation in der 1903 verfaßten Schrift *Beyond the Planet Earth* des russischen Urvaters der Raumfahrt, Konstantin Ziolkowski. Er beschreibt im Orbit der Erde kreisende Stationen, auf denen Menschen leben. Sie dienen als Ausgangspunkt für Reisen zum Mond, zum Mars und zu den Asteroiden – eine frühe Vision, die mit dem Bau der Internationalen Raumstation ISS knapp 100 Jahre später realisiert wird.

Konstantin Ziolkowskis Ideen inspirierten die Planer der ersten russischen Raumstationen, mit deren Konstruktion 1964 begonnen wurde.

Salut

Noch während der heißen Vorbereitungsphase der Mondflüge startete die UdSSR erste Schritte für eine bemannte, militärische Raumstation. Ihre interne Bezeichnung war Almaz, im Unterschied zu Salut, wie zivile Raumstationen genannt wurden. Zur Verwirrung der westlichen Medien – so eine häufig benutzte Formulierung während des kalten Krieges – nannte man beide Stations-Typen offiziell Salut.
Die Stationen wurden unbemannt in den Orbit gebracht und später von Kosmonauten «bezogen». Sie hatten nur eine Andockvorrichtung für eine Transportkapsel. Das ganze System bestand aus drei Komponenten – der Raumstation selbst, der Transportkapsel und einer Proton-Rakete, mit der die Kapsel zur Station geschossen wurde. Die politische Führung der UdSSR warf kurz vor dem Start der ersten militärischen Station die Pläne wieder um und gab den Befehl, zuerst eine zivile Raumstation zu bauen. Für den Transport der Kosmonauten wurde jetzt statt der Proton-Rakete die Sojus-Rakete verwendet, die ursprünglich für bemannte Mondflüge konzi-

piert war. Die Sojus bringt bis heute Kosmonauten zur Raumstation. Die Proton hingegen transportiert das unbemannte Versorgungsraumschiff Progress ins All.

Salut 1 erreichte ihre Erdumlaufbahn am 19. April 1971.

Nachdem Salut 1 erfolgreich im Orbit plaziert war, begann eine Serie von Mißerfolgen. Die erste Mannschaft konnte die Station aufgrund eines Andockproblems nicht betreten. Das gelang erst der Crew des nächsten Fluges, Sojus 11, die drei Wochen in der Station blieb. Beim Rückflug zur Erde ereignete sich dann ein tragischer Unfall. Die drei Kosmonauten Georgij Dobrowolskij, Wladislaw Wolkow und Viktor Pazajew starben, weil bei der Landung die Atemluft aus der Sojus-Kapsel entwich. Die nächsten drei Stationen, darunter eine militärische, erreichten ihre Umlaufbahnen nicht, oder sie brachen im Orbit auseinander, bevor die ersten Kosmonauten sie bezogen hatten. Doch die russische Raumfahrt erholte sich schnell von diesen Rückschlägen. Auf den Stationen Salut 3, Salut 4 und Salut 5 lebten zwischen 1974 und 1977 fünf Crews. Neben wissenschaftlichen und militärischen Aufgaben arbeiteten die Kosmonauten auch an der Entwicklung der nächsten Generation von Orbitalstationen, Salut 6 und 7.

Briefe an meinen Sohn

Der amerikanische Astronaut Jerry Linenger schreibt aus der Raumstation Mir an seinen knapp zweijährigen Sohn John:

25. Januar 1997

Lieber John,

hier oben schwebt alles. Und ich meine wirklich alles. Schub und Sog spielen die wesentliche Rolle bei der Bewältigung der alltäglichen Aufgaben.

Zum Beispiel klappt das Zähneputzen nur bei geschlossenem Mund. Sobald Du den Mund öffnest und nur ein bißchen ausatmest, schwebt schon der Schaum durch die Luft. Ich habe immer ein kleines Gazetuch bei mir, mit dem ich so was wieder einfange. Dann ab damit in eine Plastiktüte und nicht vergessen, die Tüte sorgfältig zu verschließen.

Essen ist ganz lustig hier oben. Ich glaube, ich gebe dabei ein ähnliches Bild ab wie Du: Ständig spiele ich mit meinem Essen. Ich schlucke Erdnüsse ganz wie ein Fisch: Sie schweben, ich mache den Mund auf und sauge sie rein. Ich weiß, ich bin Dir dabei ein schlechtes Vorbild. Ich glaube, Gott hat uns bewußt so vielseitig und anpassungsfähig gemacht. Denn wenn das Essen erst einmal heruntergeschluckt ist, bleibt es erstaunlicherweise auch unten. Peristaltik – wer hätte daran gedacht.

Jetzt hätte ich fast vergessen, Dir zu erzählen, wie ich schlafe. Mit Gummibändern an die Wand gefesselt (weil ich, wie auf der Erde, etwas Druck fühlen möchte). Das beste aber: Ich stehe dabei auf dem Kopf – nein, Mama läßt Dich das bestimmt nicht ausprobieren.

Abb. 99: Der Astronaut Jerry Linenger schickt seinem 18 Monate alten Sohn täglich eine E-Mail von der Mir.

Abb. 98 (linke Seite): Mit der Kopplung der Raumschiffe Sojus IV und Sojus V schuf die UdSSR die erste funktionierende Raumstation im Orbit.

Skylab

Nach dem Abbruch des aufwendigen, erfolgreichen und teuren Apollo-Mond-Programms mußten die Amerikaner feststellen, daß ihr Erzfeind sämtliche Aktivitäten auf den Betrieb von Raumstationen in erdnahen Umlaufbahnen verlegt hatte. Da diese Stationen nicht nur zu wissenschaftlichen Zwecken genutzt wurden – einige Salut-Stationen der ersten Generation (Salut 2, 1972; Salut 3, 1974 bis 1975 und Salut 5, 1976 bis 1977) waren reine Militärstationen mit «Soldaten-Kosmonauten» an Bord –, mußten die USA etwas unternehmen. Es war unmöglich, den amerikanischen Steuerzahlern schon wieder ein neues Multi-Milliarden-Dollar-Programm zuzumuten, und ohne ein wirklich schlüssiges Konzept für eine amerikanische Raumstation war das keine leichte Aufgabe.

Die NASA benötigte also eine preiswerte, funktionstüchtige Orbitalstation, die sich schnell realisieren ließ. Mit ein bißchen Improvisation sollte es gelingen, Skylab in den Orbit zu bringen. Neubauten waren dazu nicht notwendig. Durch den vorzeitigen Abbruch des Apollo-Programms lagen bereits gebaute Saturn-V-Raketen und Apollo-Kapseln in den Hangars.

Ein wenig umgebaut ließ sich die letzte Stufe der Saturn V als geräumige Orbitalstation mit einem Volumen von 283 Kubikmetern verwenden – Skylab.

Skylab wurde in zwei Ebenen unterteilt. «Oben» befanden sich die Einrichtungen für die Experimente sowie der Stauraum, «unten» die Mannschaftsquartiere, Schlafräume und die «Küche».

Die erste amerikanische Raumstation wurde unbemannt in den Orbit geschickt und dann später für insgesamt drei Missionen von Astronauten bewohnt, die mit Apollo-Raumschiffen dort andockten. Zusätzlich gab es eine Luke für den Ausstieg in den freien Raum. In diesen frühen Tagen der russischen und amerikanischen Raumstationen wurden Spaziergänge im All zum festen Bestandteil des Astronautenberufs.

Auch Skylab hatte in der Anfangsphase einige Schwierigkeiten. Bereits eine Minute nach dem Start am 14. Mai 1973 riß der Meteoriten-Schutzschild ab, zerstörte ein Sonnensegel und beschädigte ein zweites. Skylab kam demoliert in der Umlaufbahn an.

Die defekten Sonnensegel konnte die erste Crew reparieren beziehungsweise ersetzen. Die Skylab-1-Mannschaft, sie bestand wie alle Skylab-Besatzungen aus drei Astronauten, erreichte die Station am 25. Mai 1973 und blieb knapp vier Wochen, bis zum 22. Juni. Crew Nummer 2 erreichte Skylab fünf Wochen später am 28. Juli 1973 und blieb bis zum 5. September. Diesem Team gehörte Alan L. Bean an, der mit Apollo 12 als vierter Mann auf dem Mond war. Auch die dritte Skylab-Mannschaft flog 1973 am 16. November und landete 84 Tage später, am 8. Februar 1974, wieder auf der Erde.

Danach war das Syklab-Programm beendet – und nicht wenige Insider bedauern das bis heute. Man hatte noch mehrere Saturn-Endstufen und Apollo-Raumschiffe zur Verfügung und man hätte das Programm mit niedrigen Kosten fortsetzen können, aber die NASA legte alle Pläne für eine Raumstation auf Eis.

Am 11. Juli 1979, mehr als fünf Jahre, nachdem zum letzten Mal Menschen an Bord waren, stürzte Skylab ab und verglühte in der Atmosphäre.

Die kurze Dauer des Skylab-Programms führen Kenner der NASA auf interne Querelen zurück. Bemannte Raumflüge waren stets – und sind es bis heute – die Domäne des Johnson Space Center in Houston, Texas, gewesen. Da Skylab aber aus der letzten Stufe der Saturn-V-Rakete bestand, die vom Marshall Space Flight Center in Huntsville,

Abb. 100: Skylab war die erste amerikanische Raumstation – ein Umbau der letzten Stufe der Saturn-Rakete.

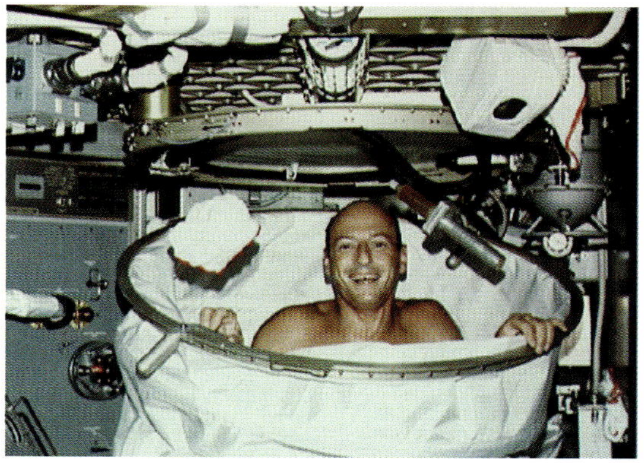

Abb. 101: Skylab war komfortabler eingerichtet als die Mir. Der Astronaut Charles Conrad beim Duschen in der Schwerelosigkeit.

Briefe an meinen Sohn

Der amerikanische Astronaut Jerry Linenger schreibt aus der Raumstation Mir an seinen knapp zweijährigen Sohn John:

28. Januar 1997

Lieber John,

auf der Mir werden wir jeden Morgen vom Dröhnen des Hauptalarms geweckt. Und wenn ich sage Dröhnen, dann meine ich Dröhnen. Keine sanfte, ausgesuchte Aufwachmusik wie im Shuttle...

Weißt Du, John, es gibt Tausende von Problemen, die wir nicht erklären können, wichtigere als mein Problem mit dem verhaßten Wecker am Morgen. Deswegen bin ich hier oben. Viele Wissenschaftler und andere schlaue Köpfe haben ein großartiges Forschungsprogramm zusammengestellt, und ich habe das Privileg, es durchführen zu dürfen. Ich gebe mein Bestes. Das ist wichtig, und ich muß aufpassen, daß ich keine Fehler mache, zum Beispiel den falschen Schalter zur falschen Zeit betätige, sonst wäre das Experiment ruiniert. Zwei Laboratorien, 13 Meter lange Röhren namens Priroda und Spektr, mit Energieversorgung, Telemetrie und Computer-Anbindung, vollgestopft mit Ausrüstungen. Sehr kompliziert. Und im Endeffekt eine Ein-Mann-Show. Ich gebe mein Bestes.

Die Lektion, die wir hier erteilt bekommen, lautet vielleicht, daß wir alle aufeinander angewiesen sind. Die Wissenschaftler auf mich. Ich auf die Leitung der NASA-Mission und das Team im Moskauer Kontrollzentrum. Die wiederum auf die Wissenschaftler, wenn die Dinge nicht wie erwartet laufen. Zusammen erweitern wir unseren Horizont und helfen mit, daß Deine Welt in Zukunft ein wenig besser aussieht. Jedenfalls läßt uns diese Hoffnung hier oben unser Bestes geben.

Alabama, konstruiert worden war, wurde die Mission Control der bemannten Raumfahrtmission nun kurzerhand dorthin verlegt. Hinter den Kulissen soll damals ein heftiger Krieg getobt haben – nicht unähnlich den Streitereien in der russischen Raumfahrt beim Wettlauf zum Mond, wenn auch mit weniger dramatischen Folgen.

Das Skylab-Programm ist bis heute eine preiswerte Alternative zu den teuren High-Tech-Entwürfen der Internationalen Raumstation. Ginge es ausschließlich darum, billige Raumstationen zu bauen, gäbe es eine ganze Reihe wesentlich ergiebigerer Lösungen als die ISS. Doch die Raumfahrt hat heute auch einen Teil der innovativen Kraft übernommen, die zur Zeit des kalten Krieges von militärischen Neuentwicklungen ausging.

Die Raumfahrt wird zum zentralen Instrument technischen Fortschritts. Je höher die Ziele gesteckt werden, desto mehr Energie, Intelligenz, Genialität, Geld und Erfindungsgeist müssen hineingesteckt werden. Das hilft der gesamten Menschheit – so die Behauptung der amerikanischen Space Frontier Foundation.

Apollo – Sojus

Am 15. Juli 1975 kam es im Orbit der Erde zu einem außergewöhnlichen Ereignis in Anbetracht des immer noch heftig geführten kalten Krieges zwischen den USA und der UdSSR: der Kopplung des russischen Sojus-19-Raumschiffes mit der amerikanischen Apollo 18. Es war die erste offizielle amerikanische Apollo-Mission nach den Mondflügen. Zwar wurden auch die Flüge zur Skylab-Station mit Apollo-Kapseln durchgeführt, doch sie wurden nicht als Apollo-Missionen, sondern als Skylab-Missionen bezeichnet.

Das Kopplungsmanöver von Sojus und Apollo war ein bedeutender Meilenstein für die Zusammenarbeit im Weltraum. Obwohl das atomare Wettrüsten auf vollen Touren lief, hatten Russen und Amerikaner eingesehen, daß der Wettlauf um die Vorherrschaft im All nicht länger das alles bestimmende Motiv sein konnte. Viel wichtiger schien es jetzt, sich in Notfällen gegenseitig helfen zu können.

Das Kopplungsmanöver verlief reibungslos. Russische und amerikanische Sternenfahrer begrüßten sich per

Handschlag im Weltraum, tauschten Fahnen und Geschenke. Neben dem großen politischen Nutzen war dieses Rendezvous auch ein wichtiger Schritt in technischer Hinsicht, denn die Raumschiffe waren so verschieden wie die politischen Systeme, aus denen sie kamen. Nichts paßte zusammen. Man mußte guten Willen zeigen und eine funktionierende Kommunikation aufbauen, um die beiden Kapseln aneinanderkoppeln zu können.

Das Kopplungsmanöver von Apollo 18 und Sojus 19 bildete den Abschluß des gesamten Apollo-Programms. Erst mehr als fünf Jahre später flogen amerikanische Astronauten wieder in den Weltraum – diesmal an Bord der neuen Raumfähre Space Shuttle.

Abb. 102: Sigmund Jähn aus der DDR an Bord von Salut 6, zusammen mit den Kosmonauten Waleri Bykowski und Wladimir Kowaljonok (hinten). Im Vordergrund das Sandmännchen und der russische Bär Mischa. Sigmund Jähn übermittelte den Kindern im Radio der DDR einen Gruß des Sandmännchens aus dem Kosmos.

Die zweite Generation der Raumstationen – Salut 6 und Salut 7

Zwischen 1977 und 1986 betrieb die UdSSR eine neue Generation von Raumstationen, die aus der ersten Reihe der Salut-Stationen entwickelt wurden. Salut 6 und Salut 7 hatten zwei Andockstutzen, so daß neben der angekoppelten Sojus-Kapsel, mit der die Kosmonauten ankamen und wieder wegflogen, eine weitere Kapsel festmachen konnte; in der Regel ein unbemanntes Versorgungsschiff des Typs Progress. Die zweite Generation der Raumstationen konnte also, im Gegensatz zur ersten, mit Nachschub versorgt und auch nachgetankt werden. Damit wurden erstmals Langzeitaufenthalte möglich. Früher war der Aufenthalt der Crews nur für wenige Wochen möglich, jetzt blieben Kosmonauten bis zu 237 Tagen im Orbit. Das Ankoppeln der Versorgungskapseln erfolgte per Fernsteuerung von der Erde. Mit der Weiterentwicklung der Salut-Stationen begann Rußlands Vorsprung in der bemannten Raumfahrt. Das Wissen und die Erfahrungen, die in zwei Jahrzehnten gesammelt wurden, sind von unschätzbarem Wert für den Bau und den Betrieb der Internationalen Raumstation ISS.

Der zweite Andockstutzen der Salut-Stationen konnte neben den Versorgungskapseln auch von einer zweiten Sojus-Kapsel benutzt werden und machte Besu-

Briefe an meinen Sohn
Der amerikanische Astronaut Jerry Linenger schreibt aus der Raumstation Mir an seinen knapp zweijährigen Sohn John:

30. Januar 1997
Lieber John,
ich möchte Dir von meinem Haus erzählen.
Spektakuläre Aussicht. Unverbauter Blick auf die Weltmeere, die Seen, Flüsse, Berge, Ebenen und Täler, die erleuchteten Städte, die Sterne, die anderen Planeten.
Sechs Module. Eine Toilette, Eßecke mit zwei privaten Schlafstationen. Garage mit drei Stellplätzen: Sojus, Shuttle und Versorgungseinheit. Jedes Modul eine 13 Meter lange Röhre.
Viele Extras. Zwei Module sind neu dazugekommen. Kühlschränke neuesten Stands, Computer. Eingebaute Tretmühle und Fahrrad für den Erholungssuchenden. Ausstattung: komplett solarbetrieben, Wasser aus Tanks, Urin und Kondensat. Sauerstoff inbegriffen, Funk und Telemetrie.
Vielleicht wirst Du eines Tages ein ähnliches Haus haben. Jetzt ist es noch ein Prototyp, aber wenn Du groß bist, wird es vielleicht die Norm sein.
Hier oben Versteck spielen, das würde Dir sicher gefallen. Es ist ein Labyrinth voller Ecken, Ritzen und Höhlen, und Du könntest Dich am Boden, den Wänden und der Decke verstecken. Wenn Du Dich so gut verstecken kannst wie einige Kabel hier oben, würden wir Dich wahrscheinlich nie finden.
Ich habe gehört, Du fliegst Sonntag zurück nach Rußland. Ich werde nach den Kondensstreifen Deines Flugzeugs Ausschau halten. Normalerweise kann man sie von hier oben ganz gut erkennen. Ich passe auf Dich auf.

che in der schon bemannten Station möglich. 1978 war der Tscheсheslowake Wladimir Remek der erste «Ausländer» im Weltraum. In den folgenden Jahren kamen Kosmonauten aus Ungarn, Polen, Kuba, der Mongolei und Vietnam hinzu. Sigmund Jähn, der erste deutsche Kosmonaut, war vom 26. August bis zum 3. September 1978 Gast auf Salut 6.

Zwischen 1977 und 1982 beherbergte die Station insgesamt 16 Crews. Die fast baugleiche Salut 7, im Jahre 1982 unmittelbar nach dem Ende von Salut 6 in Betrieb genommen, wurde von zehn Mannschaften bewohnt, darunter Kosmonauten aus Indien und Frankreich. Salut 7 stürzte 1991 über Argentinien ab, war aber bereits seit 1986 unbemannt.

Mir

Die dritte Generation russischer Raumstationen startete am 19. Februar 1986 ins All. Sie wurde 330 Kilometer über der Erde in ihre Umlaufbahn eingeschwenkt, bestand zu diesem Zeitpunkt lediglich aus dem «Core-Modul», dem Herzstück, in dem die Kommandozentrale, der Gemeinschaftsraum und zwei Schlafplätze untergebracht sind, und trug den Namen Mir. Das Core-Modul der Mir ist eine Weiterentwicklung der Salut-7-Station.

Raumstation Mir

Die Mir ist seit mehr als zwölf Jahren das größte Objekt, das Menschen je im Weltraum betrieben haben. Sie wurde ständig ausgebaut, diente einer Vielzahl von Kosmonauten und Astronauten als Forschungsstation, erlebte heikle Situationen und gefährliche Pannen, brachte Amerika und Rußland in der Raumfahrt so eng zusammen wie nie zuvor, diente fast vier Jahre lang als Trainingszentrum für die internationalen Raumfahrtbehörden und wurde Ende der 90er Jahre ein Medienstar. Auf der Erde begannen wir uns daran zu gewöhnen, daß ein paar Menschen sich ständig außerhalb der Erde aufhalten. Zeitungen und Radiostationen in Europa und den USA gaben bekannt, wann die Mir am Himmel zu sehen war, und im Internet wurden die Funkfrequenzen veröffentlicht, auf denen man die Mir anpeilen konnte. Ein wenig Glück, und man konnte eine kurze Unterhaltung mit der Besatzung führen.

Abb. 103 (links): Die Raumstation Mir im fertigen Zustand. Ihr Bau wurde am 19. Februar 1986 begonnen und am 26. April 1996 beendet.

Abb. 104 (unten): Ende der 90er Jahre wurde die Mir zum Medienstar. Besuche des Space Shuttle, dramatische Pannen, internationale Crews an Bord und die finanziellen Schwierigkeiten der russischen Raumfahrtbehörden sorgten immer wieder für Schlagzeilen.

Briefe an meinen Sohn

Der amerikanische Astronaut Jerry Linenger schreibt aus der Raumstation Mir an seinen knapp zweijährigen Sohn John:

31. Januar 1997

Lieber John,

wenn ich hier oben aus dem Fenster schaue, sehe ich mit einiger Wahrscheinlichkeit Wasser. Schließlich machen die Ozeane gemeinsam 70 Prozent der Erdoberfläche aus.

Über mir an der Decke hängt ein Laptop mit einer Weltkarte. Eine Leuchtspur zeichnet den Weg der Raumstation über unseren Planeten. Etwa alle drei Tage gebe ich einen exakten Datensatz unserer Raum- und Zeitkoordinaten ein, irgendeinen aus den vergangenen Tagen, lange Zeichenfolgen wie «Z pos-1.8782342146». Dann berechnet der Computer, wo wir uns jetzt befinden müßten. So ähnlich wie bei den Rechenaufgaben, die Du später mal hassen wirst.

Nun ja, 28 000 Kilometer pro Stunde sind ganz schön schnell, und bei den sowieso rasanten Veränderungen muß man dann auch noch den Strömungswiderstand berücksichtigen und andere Dinge, von denen nur Raketenspezialisten Ahnung haben. Deshalb bin ich ganz froh, daß der Computer mir die Arbeit abnimmt und einen Leuchtpunkt – meinen augenblicklichen Aufenthaltsort – über die Weltkarte wandern läßt.

Ich sehe gerade, daß wir uns einer Landmasse nähern. Ich versuche, an ein Fenster heranzukommen, Landkarte unter dem Arm. Orte an der Küste sind am einfachsten auszumachen. Heute zum Beispiel: Eighty Mile Beach in West-Australien sah aus wie ein Stück Kuchen. Berggipfel kann man normalerweise gut erkennen, wenn sie schneebedeckt sind. Und auch Flüsse sind nicht schlecht – der braune Amazonas mit seinen Nebenläufen ist wirklich riesig! Städte sind schon schwieriger, vor allem im Inland. Braune Punkte und rechteckige Flächen. Nachts leuchten sie auf, vor allem in den USA und in Japan. Küstenregionen strahlen stärker – von hier oben sieht man auf Anhieb, daß dort die meisten Erdenbewohner leben.

Bin heute über Indonesien in den Sonnenuntergang geflogen. Konnte riesige tropische Sturmwolken erkennen, die sich vertikal auftürmten und 300 Meilen lange Schatten auf darunter liegende Wolken und die Erde warfen. Dann völlige Dunkelheit. Milliarden und Abermilliarden von Sternen.

Ich kenne mich mit den Sternen nicht so gut aus. Die wenigsten Menschen tun das. Ich wette, viele gucken nie in den Nachthimmel. Wochen, ja Monate vergehen, und wir schauen nicht einmal hoch…

Amateurfunker der Erde gehörten zu den ständigen Gesprächspartnern der Mir-Kosmonauten. Manche spielten monatelange Fernschach-Partien mit den Männern im All – immer dann, wenn die Mir im Funkfenster auftauchte und der Spielpartner gerade Zeit hatte.

Die Mir ist wie ein Baukasten konstruiert. Im Laufe von zehn Jahren kamen zu dem etwa zwölf Meter langen Basismodul die Elemente Kvant 1, Kvant 2, Kristall, Spektr und Priroda hinzu – Priroda erst am 26. April 1996.

Die sechs festen Module werden durch die Transportfahrzeuge Sojus und Progress ergänzt. Sie bilden das siebte, achte und, wenn sich zwei Crews an Bord befinden, das neunte Modul der Station.

Die Mir hat im Laufe ihrer Existenz gezeigt, daß sie außerordentlich robust ist. Es wurde mit der Zeit zwar immer schwieriger und aufwendiger, sie instand zu halten, doch gelang es immer wieder, sie aus kritischen Zuständen herauszuholen. Die amerikanische Astronautin Shannon W. Lucid, die mit ihren russischen Kollegen Jurij Onufrienko und Jurij Usatschew 1996 sechs Monate auf der Mir verbrachte, berichtete, daß die beiden Kosmonauten die meiste Zeit mit Reparatur- und Instandsetzungsarbeiten beschäftigt waren. Sie taten das mit großer Routine und Professionalität. Dennoch war die Mir auch Schauplatz dramatischer Ereignisse, die beinahe zum Verlust der Station geführt hätten.

Exil im Weltall

Am 18. Mai 1991 begann die Crew Nummer 12 auf der Mir ihren Dienst. Für Sergej Krikaljow wurde daraus eine kleine Odyssee. Während die Mir ihre Kreise um die Erde zog, verschwand das Land, dem sie gehörte. Die UdSSR löste sich auf, es entstand ein beträchtliches Chaos im Land, und das hatte auch Auswirkungen auf die Raumfahrtbehörde. Sergej Krikaljow wurde in den Mythen der Neuzeit der vergessene Kosmonaut.

Gestartet war Sergej Krikaljow in der UdSSR. Einige Monate später hieß dieses Land GUS (Gemeinschaft unabhängiger Staaten), und der Weltraumbahnhof Baikonur lag in Kasachstan – kein Mitglied der GUS, folglich Ausland. Das nun souveräne Land forderte Miete für das Kosmodrom. Geld aber war nach dem kalten Krieg in der russischen Raumfahrt äußerst knapp, und so bot man den Kasachen statt dessen an, einen ihrer Raumfahrer zur Mir zu fliegen. Die Kasachen nahmen an und schickten ihren Kosmonauten Toktar Aubakirow für zehn Tage in die Umlaufbahn. Der russische Kosmonaut, der Sergej Krikaljow ablösen sollte, mußte auf der Erde bleiben, weil noch ein weiterer Zehn-Tage-Gast für diesen Flug gebucht hatte – der Österreicher Franz Viehböck. Für Krikaljow hieß das, weitere acht Monate an Bord der Mir zu bleiben. Er brachte es damit auf 311 Tage im All.

Das unfreiwillge Weltraum-Exil hatte keine negative Langzeitwirkung auf seine Motivation. Sergej Krikaljow ist als Besatzungsmitglied der ersten Crew nominiert, die 1999 die Internationale Raumstation bewohnen wird.

Abb. 105: Das allgegenwärtige Chaos in der Raumstation ist für die Kosmonauten nicht in den Griff zu bekommen. Ein Blick ins Modul Spektr.

Die Geschichte vom denkwürdigen Langzeitaufenthalt des Sergej Krikaljow in der Mir ist in dem Film *Out of the present* von Andrei Ujica eindrucksvoll festgehalten.

Pannen-Mir

Pannen gehören auf der Mir zum Alltag – wie in jedem normalen Haushalt. Die Mir dient ihren Bewohnern nicht nur als Dach über dem Kopf, sie muß auch alle lebensnotwendigen Elemente der Biosphäre bereitstellen wie Wasser und Atemluft, daher benötigt sie eine vollkommen dichte Außenhaut. Schäden sind in jedem Fall gefährlich, mitunter lebensgefährlich. Im Laufe der zwölf Jahre erlebte die Station mehr als 2000 Pannen, fast 100 Defekte wurden nie wieder repariert, darunter auch eine der Toiletten.

Ein katastrophales Jahr für die Mir war 1997. Im Februar versagte die Sauerstoffanlage, wenige Tage später

Briefe an meinen Sohn
Der amerikanische Astronaut Jerry Linenger schreibt aus der Raumstation Mir an seinen knapp zweijährigen Sohn John:

20. März 1997
Lieber John,
heute nacht war es dunkel, richtig dunkel hier im Spektr-Modul. Totaler Energieausfall. Ich kenne ja einige dunkle Ecken und Winkel, aber das hier war unirdisch dunkel. Dunkler als irgendein anderes Dunkel in meinem ganzen Leben. Dunkel ist eigentlich gar kein Ausdruck dafür.
Und ruhig. So ruhig. Bis dahin hatte ich nicht einmal bemerkt, daß man hier oben im Hintergrund ständig das Brummen von Ventilatoren und Maschinen hört. Diese plötzliche Stille war fremd, sogar ein wenig überraschend. Einen Moment lang dachte ich: «Was ist das – ich kann gar nichts mehr hören ...?» Aber nachdem ich die Stille einordnen konnte, wirkte sie beruhigend, angenehm. Klang gut.
Natürlich konnte ich nicht lange in dem ruhigen Raum bleiben. Ohne Ventilatoren gibt es hier nämlich keine Luftzirkulation. Die warme Luft steigt nicht nach oben (was wäre hier auch oben?). Natürliche Konvektion gibt es nicht. Auch keinen Wind, nicht einmal einen Hauch. Ohne Ventilatoren steht die Luft.
Das ist auch der Grund, warum man sich hier oben immer einen Schlafplatz sucht, wo man zumindest einen leichten Luftzug um den Kopf spürt. Denn sonst bildet sich um einen herum eine Kohlendioxid-Blase und wenn man aufwacht, schnappt man nach Luft – und hat wahrscheinlich Kopfschmerzen. Das erklärt übrigens, warum ich beim Schlafen mit dem Kopf nach unten an der Wand hänge: Weil an meinem Schlafplatz die Ventilation am Boden besser ist.

brach ein Feuer in der Reserve-Sauerstoffanlage aus, das zwar gelöscht, dessen Entstehung aber nicht eindeutig geklärt werden konnte. Drei Tage dauerte es, bis der Rauch wieder aus der Luft herausgefiltert war. Man kann im Weltraum schließlich kein Fenster aufmachen, um ihn abziehen zu lassen, sondern man muß warten, bis die gesamte Luft der Station ein- oder mehrmals durch die Filteranlagen gefächert wurde.

Im März entwichen gesundheitsschädliche Stoffe aus mehreren Lecks im Kühlsystem. Es dauerte wiederum Tage, bis die Luft sauber war und Wochen, bis alle Schäden repariert waren. Am 25. Juni folgte dann die Beinahekatastrophe: Das Versorgungsschiff Progress M-34 rammte die Raumstation, das Modul Spektr bekam ein Leck, die Luft entwich. Spektr mußte geschlossen und zunächst aufgegeben werden. Die Progress hatte außerdem ein Sonnensegel beschädigt. Die Stromversorgung der Mir war daraufhin so stark eingeschränkt, daß man das Forschungsmodul Priroda von der Versorgung abschnitt, um Energie zu sparen. Wichtige Experimente konnten monatelang nicht weitergeführt werden.

Der Zusammenstoß war die Folge einer Verkettung unglücklicher Umstände:

Die Progress verfügt über ein Kopplungssystem, das es dem Kommandanten in der Mir erlaubt, die Kapsel von Hand anzukoppeln, wenn der automatische Mechanismus versagen sollte. Eine Computersoftware errechnet aus den Annäherungsdaten der Progress ein Bild. Für den Kommandanten sieht es so aus, als würde er an Bord der Progress sitzen, was in Wirklichkeit nicht möglich ist, weil die Progress ein unbemanntes Versorgungsschiff ist. Dieses Verfahren arbeitet allerdings nicht sehr zuverlässig. Der Kommandant muß die Entfernung und den Anflugwinkel abschätzen, weil er keine hinreichend genauen Daten geliefert bekommt, aus denen er berechnen kann, wo sich die Progress genau befindet. Wasili Ziblijew, der damals mit diesem Problem konfrontiert war, wurde bei dem Manöver zusätzlich irritiert, weil auf dem gelieferten Bild die Erde im Hintergrund zu sehen war. Das erschwerte die Einschätzung der Entfernung. Da außerdem keine Funkverbindung zur Erde bestand, war er mit dem Problem völlig allein, und das Unglück nahm seinen Lauf. Die Progress rammte die Station. Danach kreiste sie für Monate schwer angeschlagen um die

Erde, zeigte aber gleichzeitig, wie widerstandsfähig sie doch war, denn sie mußte nicht aufgegeben werden.

Der Energiemangel durch den Ausfall der Sonnensegel betrug bis zu 60 Prozent, und trotzdem lebte die Mir weiter. Sie ist so aufgebaut, daß man im Falle eines Druckverlustes jedes Modul isolieren kann. Die Energieversorgung der Station wird im wesentlichen durch den Zentralblock und das Modul Spektr sichergestellt. Da Spektr aber beschädigt wurde, mußte es isoliert werden. Die Versorgungskabel der Sonnenpaddel, die durch die offene Luke geführt worden waren, wurden ausgestöpselt, die Luke geschlossen, und der Stromlieferant Spektr stand nicht mehr zur Verfügung.

Von der Erde wurde zunächst eine neue Luke geschickt – mit einer Vorrichtung, durch die das Versorgungskabel geführt werden konnte, ohne daß Luft entwich, damit die Solarpaddel wieder zur Gesamtenergieversorgung beitragen konnten.

Der Zusammenstoß der Mir mit dem Versorgungsraumschiff war aber erst der Auftakt einer nicht abreißen wollenden Pannenserie. Es wurde so schlimm, daß selbst die stets gelassenen russischen Raumfahrtmanager laut darüber nachdachten, die Station aufzugeben.

Der neueste Problemfaktor war der Bordcomputer, der unter anderem die Mir automatisch so ausrichtet, daß die Sonnenpaddel optimal zur Sonne stehen. Er fiel in den folgenden Wochen mehrfach aus, und die Stromversorgung der Mir erlitt weitere empfindliche Engpässe.

Der Bordcomputer der Mir stammte aus den frühen 80er Jahren, ein russisches Modell. 1997 war er eindeutig zu alt und damit zu störanfällig geworden. Das Space Shuttle Atlantis brachte im September einen neuen, und das Problem war damit weitgehend gelöst. Die Mir lief wieder stabil.

Notfall-Mir

Wäre es zur Katastrophe gekommen, hätten die Kosmonauten die Mir aufgeben und schnell verlassen müssen: Sie wären in ihr Sojus-Raumschiff geklettert, hätten es von der Station abgekoppelt und den Rücksturz zur Erde eingeleitet. Die Sojus, mit der sie gekommen sind, ist ständig einsatzbereit. Im Notfall können die Raumfahrer die Station in wenigen Minuten verlassen. Die Evakuierung wird regelmäßig trainiert, damit jeder Handgriff sitzt.

Horrorszenarien, wie sie nach der Pannenserie von den Medien gelegentlich gezeichnet wurden, sind unwahrscheinlich. Was, so eine der Fragen, passiert, wenn die Mir von Weltraumschrott getroffen wird, der ein großes Loch schlägt; so groß, daß keine Zeit bleibt, die Station zu evakuieren?

Weltraumschrott, der groß genug wäre, ein solches Loch zu verursachen, ist bekannt. Von der Erde aus werden die Bahnen aller Trümmer im Orbit, die größer als zehn Zentimeter sind, verfolgt und vorausberechnet. Sollte sich die Mir auf Kollisionskurs befinden, wird sie vorher auf einen höheren oder niedrigeren Orbit gebracht, um auszuweichen. Das größte Problem, das sich in zwölf Jahren Mir gezeigt hat, ist ein Feuer auf der Station, denn sein Verhalten ist sehr schwer vorherzusagen. Da die Schwerkraft fehlt, brennt es anders als auf der

Briefe an meinen Sohn

Der amerikanische Astronaut Jerry Linenger schreibt aus der Raumstation Mir an seinen knapp zweijährigen Sohn John:

26. März 1997

Lieber John,

...ich habe zwei Armbanduhren – eine reicht einfach nicht. Und ich nehme sie nie ab – die ganze Zeit hier oben nicht. Um produktiv zu bleiben, muß man immer mindestens drei Sachen gleichzeitig machen. Von einer Aufgabe zur nächsten flitzen. Dauerlauf, Radfahren und Essen in den Tagesplan einquetschen.

Es piept schon wieder. Zurück zu dem Mikrogravitations-Isolier-Feld...

Erde, breitet sich auch anders aus und muß anders gelöscht werden. Anders – das ist weitgehend alles, was man darüber weiß. Es gibt keine Möglichkeit, Tests durchzuführen, weil das nur in der Raumstation selbst möglich wäre, doch die ist bewohnt, und Experimente mit offenem Feuer sind eindeutig zu gefährlich.

Nach der Pannenserie machte die russische Raumfahrtbehörde die Kosmonauten Wasili Ziblijew und Alexandr Lazutkin für den Zusammenstoß mit der Progress und den Ausfall des Computers verantwortlich. Als sie Mitte August 1997 zur Erde zurückkehrten, hieß es, sie allein trügen die Schuld an den vielen Problemen, und man wollte ihnen zunächst die Gehälter kürzen. Gleichzeitig aber wurden sie offiziell geehrt und erhielten Auszeichnungen.

«Das russische System ist einfach so», sagen Insider aus dem Westen, die sich an die Gepflogenheiten der russischen Raumfahrt gewöhnen mußten. Wenn etwas passiert, wird ein Schuldiger gesucht und zur Verantwortung gezogen. Andererseits kommt irgendwann der Tag, an dem alle Kosmonauten eines Fluges am Gagarin-Denkmal im Sternenstädtchen Rosen niederlegen, anschließend in die große Versammlungshalle gehen, um ausführlich über den Flug zu berichten, und dann wird, das ist unausweichlich, die Crew geehrt. Dieses Verhalten ist nur für Europäer und Amerikaner widersprüchlich.

Psycho-Mir

Der Mensch eignet sich nicht für lange Aufenthalte im Weltraum, weder körperlich noch seelisch. Der Amerikaner Norman Thagard, der 1995 als erster NASA-Astronaut beim Shuttle-Mir-Programm für mehrere Monate auf der russischen Station weilte, spürte das sehr deutlich. Die Amerikaner hatten so gut wie keine Erfahrung mit den Auswirkungen von Langzeitaufenthalten im Weltraum auf die menschliche Psyche. Die NASA schickte – nach amerikanischer Sicht der Dinge – gestandene Männer und Frauen in den Weltraum, die auf sich selbst aufpassen konnten; eine Einschätzung, die den Bedingungen bei einem langfristigen Aufenthalt im All nicht gerecht wird, wie man schnell einsehen mußte.

Norman Thagard bekam an Bord der Mir Depressionen und Motivationsprobleme. Ihm war auch die Gelassenheit, mit der seine russischen Kollegen den Alltag in der Raumstation meisterten, nicht geheuer. Er begann, sich über seine Situation zu beklagen. Das wiederum war den Russen fremd. Von offizieller russischer Seite hieß es, der Amerikaner sei ein Weichling, der nicht in den Weltraum gehöre. Die NASA begann daraufhin, unterstützt von erfahrenen russischen Weltraumpsychologen, mit der Betreuung von Norman Thagard, und sein seelisches Gleichgewicht konnte wieder stabilisiert werden.

Die russische Raumfahrtbehörde sorgt schon seit 1977 für die psychische Ausgeglichenheit ihrer Kosmonauten, wohl wissend, daß kurze Aufenthalte in der Umlaufbahn von jedem zu verkraften sind, lange Reisen

Abb. 106 (rechts): Mir-Besuch auf dem Space Shuttle im November 1995. Die Atlantis hatte bei der Raumstation angedockt, und die Mir-Besatzung – Thomas Reiter, Juri Gidzenko und Sergej Awdejew – kam zu einem Besuch herüber.

Abb. 107 (unten): Gegenbesuch auf der Mir. Der Astronaut Kenneth D. Cameron schwebt ins Mir-Zentralmodul. Rechts ordnet Thomas Reiter einige Werkzeuge.

durch das All aber an der Seele nagen. Vor den kleinen Fenstern der Raumstation befindet sich eine lebensfeindliche Umwelt – ein extrem heißes, extrem kaltes Hochvakuum. Die Raumfahrerinnen und Raumfahrer sind in der kleinen, engen Station «gefangen», können sie nicht verlassen. Fällt ein Versorgungssystem aus, besteht gleich Lebensgefahr, und viele Aspekte des normalen menschlichen Alltags sind außer Kraft gesetzt: Man spürt den Körper in der Schwerelosigkeit nicht mehr, oben und unten existieren nicht, Speisen haben keinen Geruch, weil die Dämpfe nicht aufsteigen. Der Mensch befindet sich in einer Ausnahmesituation, die im Laufe von Wochen und Monaten zum Alltag wird – zum Alltag mit Hindernissen, denn vor allem die Enge und die Eintönigkeit in einer Raumstation zermürben die Kosmonauten und Astronauten. Die Weltraumpsychologen haben daher eine ganze Reihe von Maßnahmen entwickelt, das Seelenleben der «Außerirdischen» im Gleichgewicht zu halten.

Neben Selbstverständlichkeiten wie regelmäßigen Bildtelefonaten mit den Angehörigen tragen auch Lebewesen, vornehmlich Pflanzen, an Bord erheblich zur inneren Stabilität der Raumfahrer bei. Auf der Mir wächst ein Bonsai in einem Einmachglas – einer der wichtigsten Gegenstände, wie die Kosmonauten beteuern.

Lebende Pflanzen sind ein Bindeglied zum Heimatplaneten Erde. Sie sind ein kleiner Ausgleich für den stark gefühlsregulierten Alltag im hochtechnischen Umfeld an Bord der Raumstation.

Briefe an meinen Sohn

Der amerikanische Astronaut Jerry Linenger schreibt aus der Raumstation Mir an seinen knapp zweijährigen Sohn John:

2. Mai 1997

Lieber John,
ich möchte Dir von meinem Orlan-M-Raumausflug-Anzug erzählen.
Mein Overall ist topmodisch, ein ganz neues Modell, noch nie zuvor im All benutzt. Die Leute von der Moskauer Firma Zwesda (das ist russisch und heißt «Stern») haben den Anzug entworfen. Die haben auch schon den ersten Anzug hergestellt, der jemals für Raumausflüge benutzt wurde, damals in den Sechzigern. Der Anzug ist einfarbig, abgetöntes Weiß, und wiegt etwa 80 Kilogramm. Man steigt durch eine «Hintertür» in ihn ein. Die wird geschlossen, indem man einen Draht zieht, der außen um die linke Seite des Raumanzuges geführt wird. Am Ende des Drahtes hängt ein Ring. Daran zieht man fest, bis die Tür hinten zuschwingt. Der Ring wird an einem Haken festgemacht, der gut erreichbar in der Brustregion des Anzugs sitzt. Die Tür ist dann locker verschlossen. Aber locker ist für einen Druckanzug nicht gut genug.
Richtig luftdicht verschlossen wird die Tür, indem man an einem Metallhebel in der Gegend der rechten Hüfte zieht. Im Gegensatz zu Dir, John, kann ich mich mit dieser «Takelage» tatsächlich selbst anziehen. Natürlich helfen wir uns hier lieber gegenseitig dabei. Das ist besser, um sicherzugehen, daß sich nichts in der Dichtung verklemmt, wenn die Tür geschlossen wird.
Wenn dann der Druck entzogen wird, stößt Du mit dem Kopf gegen die Decke, Du wirst zusammengestaucht und ziemlich unsanft in den Anzug gepreßt. Du fühlst Dich wie eine Sardine – schön eng eingedost.
Wenn die Tür zu ist, brauchst Du Luft, Kühlung und eine Klimaanlage. Die Feuchtigkeit muß reguliert werden, um das Beschlagen des Visiers zu verhindern. Der Anzug ist mit zwei Sauerstofftanks ausgestattet, Haupt- und Reservetank. Die Reserve wird nur benutzt, wenn der Haupttank entweder leer ist oder nicht richtig funktioniert. Der Sauerstoff zirkuliert mit Hilfe eines Ventilators im Anzug. Auch hierfür gibt es ein Ersatzsystem.
Ein Kühlkreislauf reguliert die Temperatur. Er besteht aus einem Röhrensystem, das in das Futter eingenäht ist, das Du über der Unterwäsche aus Baumwolle trägst. Die Ein- und Auslaßarmaturen dieses Rohrnetzes sind mit dem Raumanzug verbunden. Zwei Pumpen (Haupt- und Reservepumpe) sorgen für die Wasserzirkulation. Die Flüssigkeit fließt durch einen Wärmetauscher, der mittels Wasserverdunstung gekühlt wird. Im Weltraum heißt das: Es macht «puff», und das Wasser verkocht im Vakuum.
Die Energieversorgung erfolgt über Batterien; Funk ermöglicht die notwendige Kommunikation. Während der Wartepausen wurde von der Raumstation aus Mu-

(Fortsetzung auf Seite 155)

«Glück ist ein sehr starkes Gefühl. Aber starke Gefühle sind bei einem lange andauernden kosmischen Flug verboten. Man muß sie meiden. Was es auch für welche sein mögen, man muß lernen, sie zu verdrängen...», schrieb der Kosmonaut Alexander Laweikin 1987 in sein Tagebuch.

Die russische Bodenkontrolle schneidet fast alle Gespräche auf Band mit, die an Bord geführt werden. Psychologen werten sie aus und spüren sich anbahnende psychische Krisensituationen anhand von Stimmlage, Vokabular, Sprechgeschwindigkeit und anderen Faktoren frühzeitig auf.

Doch auch die beste Weltraumpsychologie stößt an ihre Grenzen, wenn der Mensch extrem lange im All verweilt. Der Kosmonaut Waleri Poljakow absolvierte zwischen 1994 und 1995 mit 438 Tagen den längsten Raumflug des 20. Jahrhunderts. In der letzen Phase seines Space-Marathons kannte er keine Gnade mehr mit der betreuenden Bodencrew:

«Leider, leider spürt man sehr häufig bei denen dort unten Inkompetenz und Stagnation. Diese Leute könnten sich mehr anstrengen, aber sie wollen nicht. Sie wollen nicht perfekt arbeiten. Dafür gibt es viele Beispiele. Ich will nicht weiter darüber nachdenken. Es bringt nichts. Oft sagen wir: Wenn die Erde nicht wäre, wie schön und ruhig könnten wir hier arbeiten. Das sagen wir oft, und das zeigt, was uns der Kontakt mit der Erde bringt.»

Auch die Trainingsgeräte gingen ihm auf die Nerven, nachdem er sich über ein Jahr lang täglich mit ihnen abquälen mußte:

Im Weltraum
Das Radiofeature *Im Weltraum* von Maciej Drygas (Deutschlandradio 1997) läßt eine Stunde lang russische Raketenkonstrukteure und Kosmonauten zu Wort kommen. Sie berichten über die frühen Tage der russischen Raumfahrt und über ihre außergewöhnlichen Erfahrungen im Weltraum.
Wladimir Solowjow, einer der erfahrensten Kosmonauten, beschreibt seine Gefühle während eines Raumspaziergangs: «Ehrlich gesagt, man wünscht sich so sehr in diesen gewaltigen Raum einzutauchen und darin aufzugehen, daß man sich manchmal mit beiden Händen von der Raumstation abstoßen will. Du willst dich von deinem Zuhause losreißen, die Nabelschnur durchtrennen. Das mag gegen die menschliche Psychologie verstoßen, aber andererseits – wer weiß denn wirklich, wo er zu Hause ist? Vielleicht in diesem unendlichen Kosmos, und dorthin zieht es dich mit allen Fasern, mit deiner ganzen Seele.»

«...das Velo-Ergometer. Es ist nicht leicht, sich solchen Schrott auszudenken – was Design und Primitivität betrifft. Diese Fetzen, diese Bänder. Man wundert sich nur, wie kümmerlich ein menschlicher Verstand sein muß, der so etwas für den Kosmos entwickelt hat. Wenn du auf dem Velo-Ergometer täglich trainierst, packt dich sofort die Wut. Verärgert würdest du es am liebsten in Stücke reißen. Ich frage mich, wo zum Teufel waren unsere Spezialisten? Wer hat dieses Ding abgenommen, wer hat das auf dem Gewissen? Und die Gewichtheberjacke – alles Schwachsinn. Alles rutscht, alles schneidet ein. Warum macht man nicht schöne, breite, halbweiche Gurte aus Filz – es ist unglaublich...»

Die Bodencrew weiß, daß Unmut und Aggression stets auf sie abgeleitet werden. Es ist ein Zeichen hoher Professionalität der Kosmonauten an Bord, denn auf diese Weise vermeiden sie, sich untereinander in die Wolle zu kriegen. Grundsätzlich gilt, daß Menschen, die viel körperliche Bewegung oder viele soziale Kontakte brauchen, für das Leben an Bord einer Raumstation nicht geeignet sind.

Es gibt viele Wege, sich mit dem Leben in der Raumstation zu arrangieren. Der amerikanische Astronaut Jerry Linenger schrieb 1997 während seiner fünf Monate an Bord fast täglich eine E-Mail an seinen knapp zweijährigen Sohn (*Letters to my son*), in denen er seinen Alltag im Weltraum beschreibt.

Die amerikanische Astronautin Shannon Lucid machte während ihrer sechs Monate an Bord der Mir die Erfahrung, daß die russischen Kollegen über sehr viel Humor verfügen und in aller Regel guter Laune sind. Ein sehr emotionales Gespräch führte sie mit Jurij Onufrienko und Jurij Usatschew über Kindheitserinnerungen. Erstaunt stellten die drei fest, daß sie mit der gleichen Angst aufgewachsen waren – ihre Länder könnten einen Atomkrieg gegeneinander führen. Dabei wurde Shannon Lucid bewußt, daß sie gerade in einer russischen Raumstation um die Erde kreiste, und wie sehr sich die Zeiten geändert hatten.

sik eingespielt – immer wenn wir im Dunkeln auf den Sonnenaufgang warteten. Untersuchungsdaten vom EKG und von der Körpertemperatur werden via Telemetrie zum Boden gesandt.
Meßgeräte für Anzug- und Sauerstoffdruck sowie Kontroll- und Warnleisten befinden sich im oberen Brustbereich, wo sie gut sichtbar sind. Während unseres gesamten Raumausflugs haben wir die Parameter ständig beobachtet. Abgesehen vom Hauptalarm, der während unseres Ausflugs in der Raumstation selbst ausgelöst wurde, blieben alle Indikatoren ruhig. Als ich über Funk den Alarm hörte – der sich als unwesentlich erwies –, habe ich unwillkürlich Anzugdruck und Sauerstoffstand kontrolliert, die beiden kritischsten Überlebensfaktoren. Beide waren normal. Und einige Minuten später stellte ich fest, daß auch mein Puls wieder normal schlug.
Das alles gehört also zu einem Raumanzug. Kein Wunder, daß er so merkwürdig aussieht. Ein verrücktes Gerät, gewissermaßen ein eigenständiges Raumfahrzeug, das Dir die Arbeit außerhalb der Raumstation gestattet, indem es Dich vor der unwirtlichen, lebensbedrohlichen Umgebung im All schützt...

Frauen, haben die Weltraumpsychologen im Laufe der Jahre herausgefunden, sind für das Leben im Weltraum besser geeignet als Männer. Sie verfügen über mehr Geduld und werden mit emotional schwierigen Situationen leichter fertig.

Euro-Mir

Auf der Mir waren insgesamt viermal deutsche Astronauten zu Gast. Im März 1992 weilte Klaus Dietrich Flade vom Deutschen Zentrum für Luft- und Raumfahrt (DLR) als zweiter deutscher Sternenfahrer in einer russischen Raumstation. Bereits 1978 verbrachte der DDR-Kosmonaut Sigmund Jähn acht Tage an Bord der Station Salut 6.

Am 4. Oktober 1994 (dem 37. Jahrestag des ersten Sputnik-Starts) flog Ulf Merbold die Mission EuroMir 94 und schlug damit ein neues Kapitel in der europäisch-russischen Zusammenarbeit im Weltraum auf. Die Europäische Raumfahrtbehörde ESA hatte entschieden, sich am Projekt Internationale Raumstation zu beteiligen. Merbolds Aufgabe bestand unter anderem darin, die Zusammenarbeit und Verständigung mit den Kosmonauten zu erproben und zu intensivieren.

Ulf Merbold flog zusammen mit dem Kosmonauten Alexandr Viktorenko und der Kosmonautin Yelana Kondakowa zur Mir, wo sie von Juri Malentchenko, Talgat Musabajew und Waleri Poljakow begrüßt wurden.

Schlafen
Tagebuchauszug Waleri Poljakow:
«...der Schlaf beginnt normal, ist aber leicht. Bei der geringsten Störung werde ich sofort wach – wenn etwa einen halben Meter von meinem Kopf entfernt irgendein Gegenstand hängt. Wenn er nur so dahängt, wache ich schon auf.»

Ulf Merbold:
«Der Schlafsack ist vertikal aufgehängt. Man hat eine kleine Kabine. Die ersten zwei Nächte schläft man nur bedingt. Schwerelosigkeit ist ja quasi freier Fall. Für das Gehirn bedeutet das Gefahr – aber man gewöhnt sich daran. Manche klagen über Rückenschmerzen, aber auch das ist nur am Anfang so. Nach einer Weile ist es nicht anders als auf der Erde – man ist auch sehr müde, wenn der Tag um ist.»

Die Forschungen über die Auswirkungen der Schwerelosigkeit auf den menschlichen Organismus wurden beim EuroMir-95-Programm von Thomas Reiter fortgesetzt. Sein Raumflug brachte die bemannte europäische Raumfahrt gleich mehrere Schritte voran. Thomas Reiter blieb 179 Tage auf der Mir – das ist wesentlich länger, als

Abb. 108: Der deutsche Astronaut Thomas Reiter nach dem Training im Sojus-Simulator.

je zuvor ein ESA-Astronaut im All war. Am 20. Oktober 1995 brach er dann mit seinem Kollegen Sergej Awdejew zum ersten Spacewalk eines westeuropäischen Astronauten auf. Fünf Stunden verbrachten die beiden außerhalb der Raumstation. Fast genauso lang dauerte auch sein zweiter Außenbordeinsatz, den er am 8. Februar 1996 zusammen mit Juri Gidzenko unternahm.

Ein weiterer Höhepunkt der Mission war der Besuch des amerikanischen Space Shuttles, Flug Nummer 74. «Es ist schon faszinierend, wenn mitten im All plötzlich ein paar Freunde zu Besuch kommen», erzählte Thomas Reiter später bei einer Pressekonferenz.

Knapp ein Jahr nach Thomas Reiter schwebte Reinhold Ewald 18 Tage lang durch die Mir. Die Programm- und Projektleitung seiner Mission (Mir '97) lag bei der DARA (Deutsche Agentur für Raumfahrtangelegenheiten). Die Situation in Deutschland war bis 1998 ein wenig kompliziert, weil einige Astronauten im Auftrag der ESA, andere im Auftrag der DLR flogen. Mittlerweile werden alle Astronauten aus Mitgliedsländern der ESA vom EAC (European Astronaut Centre) betreut, dessen Zentrale in Köln liegt.

Die Mission Mir '97 war ein wichtiger Schritt für die Bundesrepublik Deutschland zur Vorbereitung von Betrieb und Nutzung der Internationalen Raumstation und vor allem des europäischen Raumlabors COF (Columbus Orbital Facility). Reinhold Ewalds Aufgabe bestand hauptsächlich in der Durchführung gezielter Untersuchungen über die Auswirkung der Schwerelosigkeit auf den menschlichen Organismus und seine Leistungsfähigkeit.

Abb. 109: Gruppenbild im Orbit. Von Links nach rechts: Sergej Awdejew, Thomas Reiter, Kenneth D. Cameron, Juri Gidzenko, James D. Halsell Jr., Chris A. Hadfield, William S. McArthur Jr. und Jerry L. Ross.

Bordtagebuch Mir
Reinhold Ewald
Flugtag 15
Datum: 24. Februar 1997

Schrecken in den Morgenstunden
«Im Verlauf des heutigen Morgens hat sich in der Raumstation Mir ein Zwischenfall ereignet. Im Modul Kvant 1 erhitzte sich eine Patrone zur Sauerstofferzeugung so sehr, daß es zu starker Rauchentwicklung kam. Die Kosmonauten an Bord reagierten in Absprache mit dem russischen Flugleitzentrum sofort und ergriffen entsprechende Maßnahmen mit dem bordeigenen Sicherheitsinstrumentarium (Feuerlöscher und Atemschutzmasken).
Alle Kosmonauten sind wohlauf und ermitteln zur Zeit die entstandenen Schäden. Eine wesentliche Rolle spielt dabei die genaue Analyse der Atmosphäre an Bord der Mir.»

Chaos-Mir

Thomas Reiter verlor gleich zu Beginn seines Aufenthalts in der Mir die CD mit seiner Lieblingsmusik. Er ließ die Pink-Floyd-Scheibe einen Augenblick zu lang aus den Augen. Sie schwebte unbemerkt davon. Erst drei Wochen später wurde sie bei Wartungsarbeiten hinter einer Verkleidung wiedergefunden.

Ordnung zu halten ist eines der größten Probleme in der Schwerelosigkeit. Man kann Dinge nicht einfach an einen bestimmten Platz legen, man muß sie entweder verstauen oder festbinden. Auf der Mir wird das meist mit Klettbändern gemacht. Aber es nützt nicht viel. Die Kosmonauten vergessen immer wieder, Gegenstände sofort zu fixieren. Ganz schlimm wird es, wenn schnell gearbeitet werden muß – bei Pannen beispielsweise, einem Feuer an Bord oder beim Ausfall des Computers.

Mit der Unordnung, die in solchen Situationen entsteht, hat die Besatzung monatelang zu kämpfen, denn jeder Gegenstand treibt mit dem Luftstrom in der Station umher, und vieles tritt so eine lange Reise durch die einzelnen Module an.

Kleinere Sachen sammeln sich vor den Lüftungsschächten. Da schauen die Kosmonauten zuerst nach, wenn ein persönlicher Gegenstand nicht mehr auffindbar ist. Vor den Gittern dieser Schächte hängen Trauben von kleineren Gegenständen, doch nicht alles läßt sich dort wiederfinden. Manche Dinge bleiben monatelang verschwunden.

Alltags-Mir

Auszug aus einem Interview mit Reinhold Ewald:

«Man sieht die Erde unter sich durchgleiten wie einen aufgeschlagenen Atlas. Die Ventilatoren vibrieren. Man hat den Eindruck von Schiffsdiesel. Um einen herum ist Metall, was auch mit Schiff oder Boot zu tun hat. So fühlt man sich eigentlich in der Station geborgen. Ich kann mir vorstellen, daß, wenn man jetzt rausgeht, so wie Thomas Reiter das zweimal tun konnte – und wenn man nur noch den Raumanzug um sich hat, die Station unter einem nicht mehr sichtbar ist und der Erdball sich unmittelbar über einem befindet – daß das noch viel unmittelbarer ist, daß das noch eine Steigerung dieses Erlebnisses ist.»

Und Ulf Merbold macht sich ebenfalls so seine Gedanken im All:

«Die Erde ist der Planet, der uns das Leben sichert, Wasser, Luft, soziale Kontakte. Die Lufthülle gibt uns nicht nur den Sauerstoff zur Atmung, sondern hält uns das UV-Licht vom Leibe, auch die Strahlung, die eher ungesund ist.

Das geht einem durch den Kopf, weil man sich während des Raumfluges von Maschinen abhängig macht. Das Lebenserhaltungssystem muß funktionieren, es kann ein paar Minuten stehenbleiben, aber es muß funktionieren. Man hängt von einer gigantischen Logistik ab, das Wasser muß ja irgendwo herkommen. Man fragt sich, ob das alles selbstverständlich ist. Im Grunde ist unser Planet eine Art Raumschiff für sechs Milliarden Passagiere, allerdings außerordentlich komfortabel eingerichtet. Der Flug führt einem sehr deutlich vor, wie abhängig man davon ist.»

Pepsi-Mir

«Wo immer Menschen sich aufhalten, soll es unsere Getränke geben», sagte 1996 der Chef eines großen amerikanischen Limonadenherstellers und kündigte damit den Cola-Automaten im amerikanischen Space Shuttle an.

Auch ein anderer amerikanischer Limonadenhersteller stellte sich dieser Herausforderung und schickte seine koffeinhaltige Limonade zur Mir.

Die Kosmonauten Jurij Onufrienko und Jurij Usatschew erhielten im Mai 1996 mit der Transportkapsel Progress alle Utensilien, die sie benötigten, um einen Werbefilm im Weltraum zu drehen. Sie entfalteten bei einem Außenbordmanöver das mehr als einen Meter große, metallicblaue, selbstaufblasende Modell einer Pepsi-Cola-Dose vor der Mir. Der Konzern hatte mehrere Millionen Dollar investiert, um den ersten Werbeclip aller Zeiten im Weltraum drehen zu lassen. Die beiden Kosmonauten spielten Kameramann, Regisseur und Model zugleich, filmten die überdimensionale Dose 300 Kilometer über der Erde, packten alles wieder ein und schickten es zurück zur Erde. Der andere amerikanische Limonadenfabrikant hatte weniger Glück. Sein Cola-Automat an Bord des Space Shuttle hatte in der Schwerelosigkeit Probleme.

Die Mir wurde mehrfach als Filmkulisse für Werbeaufnahmen gemietet, unter anderem für Milch. Die Dreharbeiten sind kompliziert, weil die Regie, die auf der Erde sitzt, den Kosmonauten sagen muß, was sie tun sollen. Da die Mir nicht über Satelliten, sondern über irdische Antennenanlagen mit dem Boden kommuniziert, besteht der Funk- und Bildkontakt nur für maximal 17 Minuten. Dann verschwindet die Station hinter dem Horizont, die Regie muß fast 80 Minuten warten, bis sie wieder über dem Horizont auftaucht. Die Dreharbeiten können weitergehen.

Hotel Mir

Regelmäßig halten sich auf der Mir neben russischen Kosmonauten auch amerikanische und europäische Astronauten auf, und sogar Zivilisten waren bereits Gäste im Hotel Mir.

Der bekannte Sänger John Denver, Gründungsmitglied der amerikanischen Weltraumlobby National Space Society, hatte sich einmal bei den Russen erkundigt, ob er als Privatperson mit auf die Mir fliegen könne. Grundsätzlich ja, war die Antwort. Es gibt zwei Bedingungen. Man muß gesund sein und 15 Millionen Dollar bezahlen. Und dann muß man warten, bis ein Platz frei ist. Stehen wichtige Experimente oder Reparaturarbeiten an, wird auf den übernächsten Flug umgebucht.

Der erste echte Weltraumtourist flog 1990. Der japanische Journalist Toyohiro Akijama verbrachte acht Tage in der Raumstation und wollte aus dem Weltraum für seine Zeitung berichten.

Leider wurde nichts aus seinem Vorhaben, da er die meiste Zeit unter der Weltraumkrankheit litt. Man kann eben nie genau vorhersagen, wie ein Mensch reagieren wird, wenn er oben ist, insbesondere nicht bei einem Kurzzeitflug. Toyohiro Akijama ging es so schlecht, daß er nicht in der Lage war zu berichten.

No more Mir

Sobald die ersten Sternenfahrer an Bord der Internationalen Raumstation leben werden, wird die Mir stillgelegt. Wie das passiert, ist noch nicht ganz klar. Entweder bringt man sie auf eine niedrigere Umlaufbahn, damit sie zur Erde stürzt und beim Wiedereintritt in die Atmosphäre verglüht, oder sie wird auf einem höheren Orbit «geparkt». Man denkt seit neuem auch darüber nach, sie eventuell zu erhalten und weiter zu benutzen – als Treibhaus für Pflanzenversuche, Materiallager für die ISS, Rettungsinsel im Falle einer Havarie der neuen Raumstation oder als Hotel für sehr zahlungskräftige Gäste – je nachdem, ob sich Interessenten finden.

ISS – die internationale Raumstation

Mit dem Bau der Internationalen Raumstation ISS beginnt eine neue Ära in der bemannten Raumfahrt. Die Menschheit arbeitet gemeinsam an diesem größten Technikprojekt in ihrer Geschichte. Amerika, Rußland, Japan, Kanada, Brasilien und Europa schaffen den ersten ständigen Außenposten der Menschheit im All.

Bis zum Jahr 2003 werden sich die Bauarbeiten hinziehen, mehr als 60 Milliarden Dollar wird die Station kosten. Doch der Aufwand lohnt sich, wie die Befürworter des Projekts versichern. Die ISS ist nicht nur ein riesiges Labor im All, sie soll auch als Sprungbrett zum Mars dienen.

Die Raumstation wird aus vielen verschiedenen Modulen Stück für Stück im All zusammengesetzt. In monatlichem Abstand sollen Module, Sonnenpaddel und Greifarme geliefert werden. Ihre volle Größe wird sie erst nach über 45 Flügen erreicht haben. Neben der russischen Proton und dem amerikanischen Space Shuttle wird auch die europäische Ariane-5-Rakete den Transport von Bauteilen übernehmen.

Der wissenschaftliche Betrieb auf der ISS beginnt 1999. Dann geht die erste Crew an Bord – der amerikanische Astronaut William M. Shepherd sowie die Kosmonauten Juri Gidzenko und Sergej Krikaljow. Beide Kosmonauten sind erfahrene Mir-Bewohner, doch ihr neues Zuhause im Weltraum sieht ganz anders aus als die alte russische Station.

Die Innenräume der ISS haben quadratische Grundrisse. In den Decken und Wänden sind die Geräte für wissenschaftliche Experimente und die Steuerung der Raumstation untergebracht. Um sich in der Schwerelosigkeit besser orientieren zu können, sind «Wände», «Decken» und «Fußboden» farbig markiert.

Für den Nachschub von Lebensmitteln, Wasser, Luft und Equipment wurde von der ESA ein neues Transportsystem entwickelt – das ATV (Automated Transfer Vehicle) – ein Versorgungsmodul, das von einer Ariane-5-Rakete in den Orbit befördert wird und dann vollautomatisch an der Raumstation festmacht.

Der dritte Beitrag der ESA zur Internationalen Raumstation ist – neben Ariane 5 und ATV – das Weltraumlabor COF. Das Columbus-Modul wird voraussichtlich im Jahre 2002 die Station erreichen, europäische Astronauten sind aber schon früher an Bord der ISS. Die internationale Zusammenarbeit im Weltraum wurde erst nach dem Ende des kalten Krieges möglich. Die Herausforderungen, die die Eroberung des Weltraums an uns stellt, können nur dann erfolgreich bewältigt werden, wenn die Nationen der Welt zusammenarbeiten. Die ISS ist auch deshalb extrem kostspielig, weil die Weltraumsysteme der USA und Rußlands so grundsätzlich unterschiedlich sind. Vieles muß neu entwickelt werden, um eine internationale Plattform für die Zukunft zu schaffen. Der gemeinsame Weg in den Weltraum wird, nach optimistischen Prognosen, eine Fülle technischer Innovationen auslösen.

Im Vollbetrieb wird die ISS von sechs Astronauten bewohnt sein. Gäste können jederzeit hinzukommen. Die Station verfügt über Anlegestellen für russische Sojus-Kapseln und das Space Shuttle. Für jeden Astronauten an Bord muß ständig ein Platz in einem Rettungsfahrzeug vorhanden sein. In der ersten Bauphase werden dazu ausschließlich Sojus-Kapseln bereitstehen. Vom Jahr 2001 an soll dann das automatische Rettungsvehikel X-38 hinzukommen. Es sieht einem kleinen Space Shuttle ähnlich und wird die Astronauten in einem Notfall sicher zur Erde zurückbringen, herabschwebend an einem gewaltigen Fallschirm. Doch dazu soll es nach Möglichkeit nicht kommen. Die Erfahrungen auf der Mir haben gezeigt, daß vor allem die russischen Kosmonauten sehr geübt darin sind, kritische Situationen wieder in den Griff zu bekommen. Und da die ISS technisch auf dem neuesten Stand ist, wird nur wenig Zeit für Reparaturarbeiten aufzuwenden sein.

Ein Großprojekt, das sich nur mit Hilfe der ISS verwirklichen läßt, ist die Inbetriebnahme eines speziellen

Abb. 110: Die Internationale Raumstation ISS, wie sie ab 2003 aussehen soll.

Abb. 111 (rechts): Neben der Ariane 5 Rakete ist das «Automated Tranfer Vehicle» ATV ein Beitrag der Europäischen Raumfahrtbehörde ESA zur ISS.

Abb. 112 (unten): Die Forschungsstätte der Europäer auf der Internationalen Raumstation ist das Labor «Columbus». Es wird 2002 an die Station angedockt.

Teleskops, mit dem Astronomen in der Lage sein werden, Planeten in anderen Sonnensystemen ausfindig zu machen. Das Aufspüren solcher Planeten ist ein wesentlicher Schritt auf der Suche nach Leben im Universum.

Das Teleskop müßte auf der ISS zusammengebaut werden. In fertigem Zustand wird es etwa 75 Meter lang sein. Die Suche kann beginnen, wenn es von der Station aus losgeflogen ist und eine Bahn um die Sonne erreicht hat, deren Radius etwa der des Planeten Jupiter entspricht.

Argumente des Astronauten Ulrich Walter für die Raumstation

«…alles wird billiger, eine Reise zum Mond oder zum Mars – die Raumstation als Zwischenstation –, das spart enorme Kosten, weil man alles oben zusammenbauen kann. Ein anderer wichtiger Punkt, und den dürfen wir nicht unterschätzen, ist einfach der, daß die Menschheit zusammenfindet. Das bringt die Nationen zusammen, Europäer, Amerikaner, Russen und Japaner. Und dann noch ein Gedanke. Wenn in 50 oder 100 oder noch mehr Jahren ein Komet auf die Erde fällt, dann wird die Menschheit nicht überleben. Da müssen wir zusammenarbeiten, eine Lösung finden, wie man den Kometen ablenken kann. Bis dahin müssen wir es geschafft haben…»

Abb. 113: Stück für Stück wird die ISS im Orbit zusammengesetzt. Mehr als 45 Flüge sind notwendig, um alle Komponenten in die Umlaufbahn zu befördern.

Abb. 114: Mit dem Roboterarm der Raumfähre Endeavour montierten Astronauten im Dezember 1998 die beiden ersten Module der neuen Raumstation «Sarja» und «Unity» zusammen.

Abb. 115: Das Shuttle wird regelmäßig an der Raumstation andocken, um neue Bauteile und Nachschub anzuliefern. Auch der Austausch der Besatzungmitglieder wird über diese Flüge organisiert.

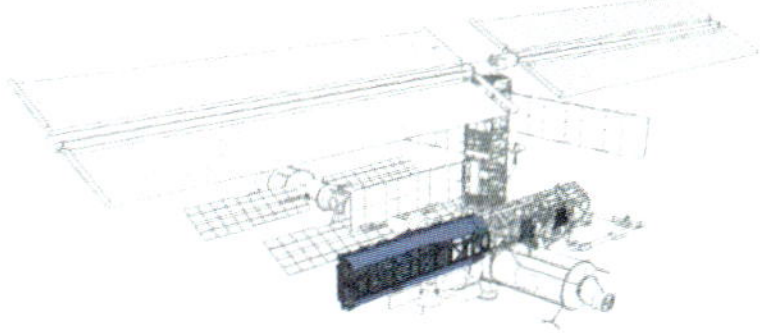

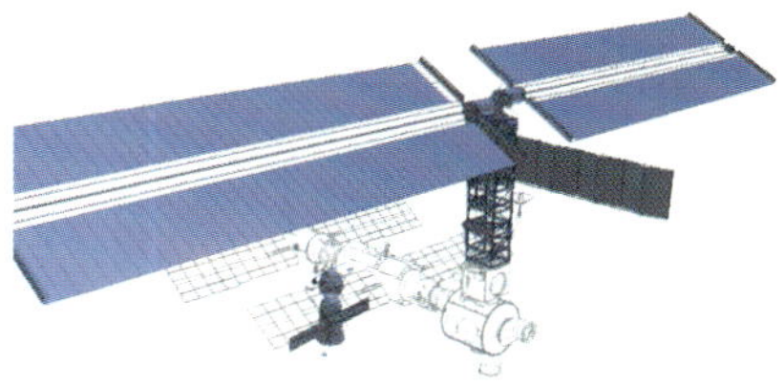

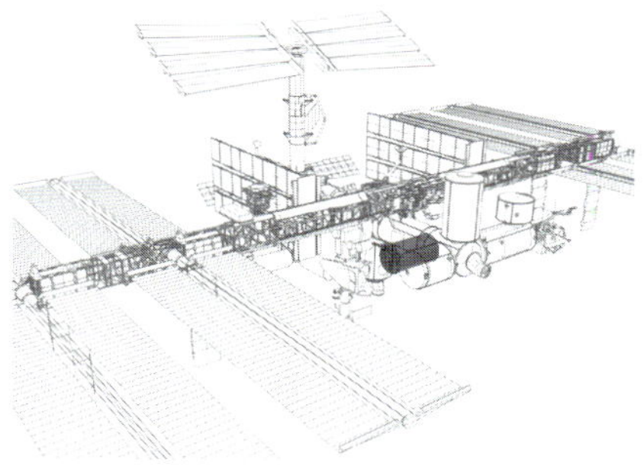

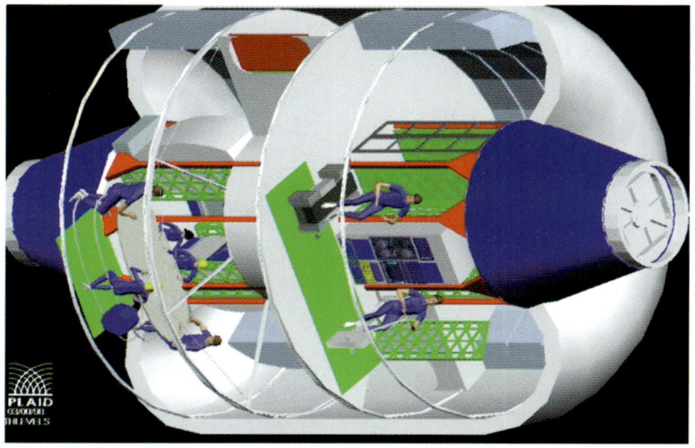

Abb. 116: Im Inneren einer Raumstation gibt es kein Oben oder Unten. Farben markieren die Wände, damit die Astronauten sich besser orientieren können.

Abb. 117: Sollte die Besatzung die ISS aufgrund eines Unfalls verlassen müssen, werden die Astronauten im Rettungsvehikel «X-38» sanft auf der Erde landen.

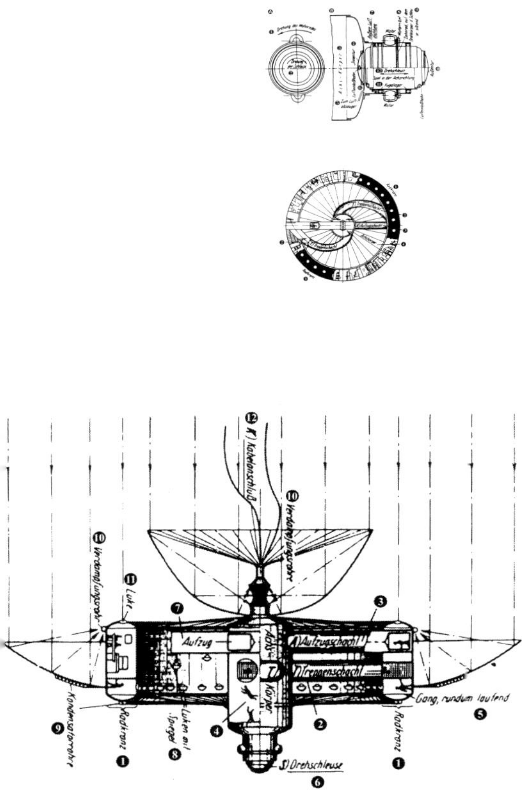

Abb 118: Schon in den 20er Jahren entwarf der Pionier Hermann Noordung mit dem «Habitat Wheel» eine komplexe Raumstation für 20 bis 30 Menschen.

Pläne für Raumstationen

Raumstationen spielen in vielen Science-fiction-Geschichten und -Filmen eine Rolle. Eine der berühmtesten ist wohl die aus dem Film *2001– Odyssee im Weltraum*: ein Doppelrad – Space Station Hilton No. 5 –, das sich zu den Klängen des Kaiserwalzers im All dreht. Das Design geht auf einen frühen Entwurf Wernher von Brauns zurück, der sich, wie alle Raumfahrtpioniere, schon lange bevor die erste Rakete eine Erdumlaufbahn erreichte, mit der Gestaltung orbitaler Stationen befaßte.

Hermann Oberth, Hermann Noordung, Wernher von Braun

Hermann Oberth prägte 1923 den Terminus «Raumstation» (Space Station). Im gleichen Jahr veröffentlichte Hermann Noordung seine detaillierten Entwürfe und Blaupausen für das «Habitat Wheel», eine runde Raumstation, die aus verschiedenen Modulen besteht und Stück für Stück im All zusammengesetzt wird.

Wernher von Brauns Entwurf stammt aus dem Jahre 1945. Alle Pioniere sahen ihre Stationen als ständig bewohnte Außenposten im All und als Startpunkte für Reisen zum Mond, zum Mars, zu den Asteroiden und darüber hinaus.

1975 schließlich entwarf ein Team aus verschiedenen Wissenschaftlern im Rahmen eines NASA-Programms eine riesige Station für die Kolonisation des Weltraums: Space Settlement Design Study. Dieses gewaltige Raumschiff sollte auf der Suche nach anderen Planeten jahrhundertelang durchs All reisen.

Gemeinsam ist allen frühen Entwürfen für Raumstationen die runde Form. Bei ausreichend hoher Drehgeschwindigkeit erzeugen die auftretenden Fliehkräfte am äußeren Rand genug Schwerkraft, um Menschen – und damit auch allen Gegenständen – ihr halbwegs gewohntes Gewicht zurückzugeben. Je näher man dem Zentrum der Station kommt, desto geringer wird die Schwerkraft dann wieder, so daß beide Zustände – Schwere und Schwerelosigkeit – vorhanden sind.

Frühe russische Ideen

Auch die russische Raumfahrt bevorzugte in den 70er Jahren runde Raumstationen. Die Überwindung der Schwerelosigkeit war eines der dringendsten Probleme, wollte man, wie geplant, in den 80er Jahren bereits Stationen mit 24 Kosmonauten, in den 90er Jahren mit 120 Besatzungsmitgliedern betreiben, die dort bis zu zehn Jahren arbeiten und forschen sollten. Sie kämen, würden sie diese gesamte Zeit in der Schwerelosigkeit verbringen, mit enormem Muskel- und Knochenschwund zurück. Selbst stundenlanges tägliches Training könnte den Verfall nicht aufhalten, bestenfalls verlangsamen.

Stationen, die einmal in Rotation versetzt werden, drehen sich ohne zusätzliche Energiezufuhr in der

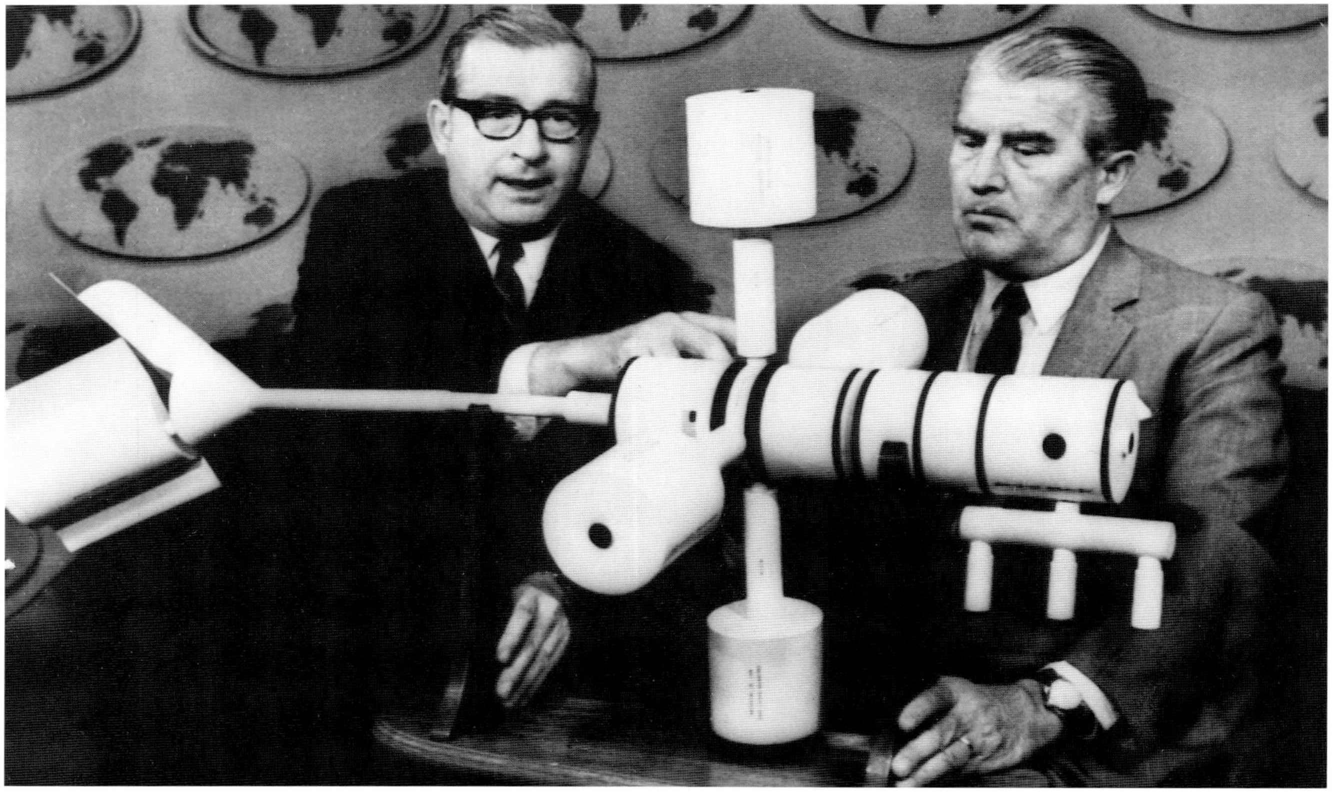

Abb. 119: Im März 1970 stellen Wernher von Braun und der NASA-Verwaltungschef Thomas O. Paine das Modell einer Raumstation im amerikanischen Fernsehen vor. Von Braun scheint über den Entwurf nicht sehr glücklich zu sein. Seine früheren Entwürfe bevorzugten eine runde Form.

Schwerelosigkeit immer weiter. Eine perfekte Lösung zur Aufrechterhaltung des menschlichen Organismus – wären da nicht die immensen Kosten für Stationen solcher Größe, die technischen Schwierigkeiten, die heute erst langsam gelöst werden, und ein paar Schönheitsfehler, von denen man in den 70er Jahren noch nichts wußte.

Die Herstellung künstlicher Schwerkraft bringt nämlich einige Probleme mit sich, die uns auf der Erde unbekannt sind. Die geringe räumliche Ausdehnung einer Raumstation bedingt eine hohe Umdrehungsgeschwindigkeit, um eine hinreichend große Schwerkraft zu erzeugen. Eine runde Station mit einem Durchmesser von 140 Metern benötigt drei Umdrehungen pro Minute, um 0,7 g herzustellen, also 70 Prozent der Erdschwere. Die hohe Geschwindigkeit auf dem engen Radius erzeugt einige merkwürdige Effekte. Der Mensch fühlt einen anderen Körperschwerpunkt, der sich – je nach Stellung zur Rotationsachse, rechts oder links neben ihm befindet. Bei einem Sprung in die Höhe saust die Station unter ihm durch, weil die Fliehkraft jetzt aufgehoben ist. Ein Ball, der durch die Station getreten wird, beschreibt in der Luft ein volle Schleife, bevor er beim Gegenüber ankommt, Leitern, die nicht in Richtung Drehzentrum zeigen, könnte ein Mensch überhaupt nicht hochsteigen, weil er permanent das Gefühl hätte, zur Seite wegzukippen. Um trotzdem einen möglichst großen Komfort für die Besatzung zu schaffen und die «Nebenwirkungen» der künstlichen Schwerkraft auszugleichen, muß die Architektur der Raumstation der veränderten Wahrnehmung des Körperschwerpunktes angepaßt werden. Der Architekt Dr. Theodor W. Hall ist

Abb. 120: 47 Meter lang und fast neun Meter im Durchmesser – der Haupttank des Space Shuttle.

Abb. 121: «Geode» heißt das Modell einer Raumstation, die den Haupttank des Space Shuttle als zentrale Einheit nutzt.

einer der wenigen Experten, die sich mit diesem Problem bisher beschäftigt haben. Ihm fallen in Film-Raumstationen immer wieder Anordnungen auf, die in der Wirklichkeit nicht funktionieren würden.

Geode

Ein Wegwerfprodukt als Kristallisationspunkt für Raumstationen im All – eine Idee aus dem NASA-Planungsbüro, das sich mit «External Tank Affairs» beschäftigt. Der große, externe Haupttank (ET, External Tank), der das Space Shuttle in den Weltraum bringt, 47 Meter lang und 8,38 Meter im Durchmesser, geht bei jedem Flug verloren. Das Projekt Geode sieht vor, ihn als Modul an Raumstationen anzudocken oder, noch einen Schritt weitergedacht, aus mehreren dieser Großtanks riesige Raumstationen zu bauen. Der Tank kostet in der Herstellung 43 Millionen Dollar. Er wird kurz vor Erreichen der Umlaufbahn ausgeklinkt, fällt zur Erde zurück und verglüht dabei in der Atmosphäre. Würde man ihn in den Orbit mitnehmen und dort die Treibstoffreste entfernen, hätte man schnell eine sehr große, preiswerte Raumstation errichtet, denn mit jedem Shuttle-Flug käme automatisch ein weiteres Modul hinzu. Überlegungen aus dem Jahre 1998 zeigen, daß eine solche Station nur zehn Prozent der Baukosten der ISS verursachen würde. Das Problem hoher Transportkosten von Modulen in den Orbit würde entfallen, denn man hätte jetzt mehr als genug davon.

Um den nun plötzlich fast im Überfluß vorhandenen Wohn- und Arbeitsraum im All zu nutzen, liegen selbstverständlich ebenfalls detailliert ausgearbeitete Pläne vor – Fabriken, Altersheime, Freizeitparks, Frachtkreuzer und Hotels sollen daraus entstehen. Der Kosmos bietet vor allem für die Industrie eine Menge Vorteile. Hier gibt es Bedingungen, die auf der Erde mit großem Kostenaufwand hergestellt werden müssen – Vakuum, Schwerelosigkeit, große Hitze und große Kälte. Und auch die Idee mit den Altersheimen scheint ernst gemeint zu sein. Alte Menschen, so der Grundgedanke, haben oft Probleme mit dem Rücken, den Knien, den Gelenken. Das alles spielt oben keine Rolle mehr. Man ist schwerelos.

Abb. 122: Für mehr als 10 000 Menschen wurden solche Raumstationen entworfen. Ein gigantisches Rad dreht sich im All und erzeugt dadurch künstliche Schwerkraft. Entwürfe von NASA-Wissenschaftlern Ende der 70er Jahre.

Auf Wiedersehen, Erde

Vom Weltraumtourismus bis zum Umzug auf andere Planeten

Nachrichten aus dem Weltraum sind heute ein fester Bestandteil unseres Alltags. Wir haben uns daran gewöhnt, von Ereignissen außerhalb der Erde zu erfahren – und würden uns nun gerne selbst einmal dort umsehen. Vor zehn Jahren noch wäre die Idee, den Weltraum für jedermann zugänglich zu machen, als Spinnerei abgetan worden. Das hat sich geändert. Die Lobby derjenigen, die das All für Touristen erschließen wollen, ist bereits so mächtig, daß die Weltraumbehörden sich dieser Herausforderung stellen müssen.

Weltraumtourismus

Hilton plant ein Hotel auf dem Mond. Das «Lunar Hilton» soll 325 Meter hoch werden, einen eigenen Strand am eigenen See haben und 5000 Gästen Platz bieten – keine Science-fiction, sondern eine offizielle Pressemeldung des Hilton-Konzerns vom Mai 1998. Man wollte damit den japanischen Konzernen Shimitzu, Nishimatu und Obayashi zuvorkommen, die bereits viel Geld in Entwürfe für aufblasbare Hotels und ganze Kolonien auf dem Mond gesteckt haben. Solche Planungen für die Zeit, wenn der Tourismus im Weltraum beginnt, sind zwar noch hochspekulativ, doch sie markieren einen deutlichen Wandel. Es sind kühl kalkulierende Geschäftsleute, die diese Pläne vortragen – ein unmißverständliches Zeichen dafür, daß man begonnen hat, die Sache ernst zu nehmen.

Der Weltraum ist für alle da

1995 ging der britische Wissenschaftler Patrick Collins im Auftrag der Universität von Tokio der Frage nach, wieviel die Menschen für einen Urlaub im Weltraum zu zahlen bereit wären. Der überwiegende Teil der befragten Japaner antwortete, sie würden bis zu einem Jahresgehalt dafür ausgeben. Umfragen in Europa und den USA ergaben ähnliche Ergebnisse. Patrick Collins, in der Szene auch «Mr. Space Tourism» genannt, sah seine Vermutungen bestätigt. Reisen in den Weltraum für jedermann wären ein lukratives Geschäft. Den Einwand, dies sei nicht machbar, denn wenn es machbar wäre, hätte die NASA es ängst getan, wischt er vom Tisch. «Die NASA ist daran nicht interessiert. Sie denkt, der Weltraum gehört ihr. Sie bekommt 25 Milliarden Dollar pro Jahr. Dieses Geld bringen die Steuerzahler auf, aber die NASA tut nichts, um ihnen den Weltraum zu erschließen.»

Mr. Space Tourism findet dieses Verhalten skandalös, denn dort draußen ist ein riesiger Markt, der so große Gewinne bringen würde, daß die wissenschaftlichen Forschungsarbeiten im All nicht mehr ausschließlich durch Steuergelder finanziert werden müßten. Man könnte sich das Geld auch verdienen – wenn es doch nur endlich losgehen würde mit dem Weltraumtourismus.

Die NASA tut nichts, um uns den Weltraum zu erschließen.

Abb. 123: Shimitzu Space-Hotel. Die Baupläne liegen seit 1994 bereit. Für ca. 100 Gäste ist Platz in diesem Hotel in der Umlaufbahn. Noch aber ist der Bau zu teuer.

SpaceBobs Tagebuch
18. Mai 2045. LunarRover-Hotel Artemis III.
Erster Tag im LunarRover-Hotel Artemis. Ich fühle mich gut, habe mich an die verminderte Schwerkraft gewöhnt, und wir hatten am Nachmittag viel Spaß bei einem kleinen Ballspiel vor dem Hotel, als die Weiterfahrt für eine halbe Stunde unterbrochen wurde. Man muß ganz neue Regeln für das Spiel erfinden, damit es funktioniert.
Der heutige Ausflug wurde abgesagt. Das riesige Hotelmobil hat den planmäßigen Kurs verlassen und Schutz im Schatten einer Bergkette gesucht. In wenigen Stunden wird ein ungewöhnlich starker Sonnensturm erwartet – Stärke 14,4. Die Strahlenschutzvorrichtungen des Rover-Hotels reichen nicht aus, um uns vor der erwarteten Radioaktivität zu schützen. Deshalb warten wir den Sturm im Schatten der Berge ab, die den Strahlenschauer von uns fernhalten.
Zum ersten Mal erlebe ich die Dunkelheit auf dem Mond. Sobald wir im Schatten waren, war Nacht. Es gibt hier kein Streulicht wie auf der Erde. Entweder es ist gleißend hell, oder es ist tiefschwarz, auch wenn man nur im Schatten ist.
Mir wurde klar, weshalb hier oben alle Hotels mobil sind. Sie bewegen sich ständig in der Nähe der Mondpole, um nicht in die Nachtzone des Mondes zu geraten. 14 Tage absolut schwarze Mondnacht bei unter minus 100 Grad würden das Hotel völlig unbrauchbar machen.
Ich habe mir ein «Hey, ich war auf dem Mond»-T-Shirt gekauft.

Space Today

Bereits heute kann jeder einen Urlaub in einem Space Camp buchen – 5 bis 14 Tage aus dem Leben und dem Trainingsalltag eines Astronauten, inklusive Flug im Space-Shuttle-Simulator. Wer zusätzlich das Gefühl echter Schwerelosigkeit erleben will, bucht einen Parabelflug, bei dem man 15mal für etwa 25 Sekunden Schwerelosigkeit erleben kann. Doch Vorsicht: den Namen «Kotzbomber» erhielten diese Maschinen von erfahrenen NASA-Astronauten.

Lunar Rover

Wer den Weltraum von zu Hause aus erkunden will, wartet noch eine kleine Weile und bucht dann eine Stunde am Fernsteuerpult eines Mondrovers. Das US-Unternehmen LunaCorp will im Jahr 2000 mit dem Betrieb zweier solcher Rover auf dem Mond beginnen. Ausgestattet mit Kameraaugen, vermitteln sie den Erdlingen das Erlebnis eines echten Mondausflugs, der zu einigen historischen Landeplätzen führen soll. Weniger als 1000 Dollar soll eine Stunde am Joystick des Fernsteuerpultes kosten.

Die Rover würden die historischen Landeplätze der Apollo-Missionen mit ihren Spuren allerdings «verunreinigen». Nicht auszudenken, wenn der erste Fußabdruck eines Menschen auf dem Mond von einem unachtsamen Roverpiloten überfahren würde. Und das ist nicht das einzige Problem. Es kann auch dann zu Schwierigkeiten kommen, wenn der Mondrover über Privatbesitz rollt. Die Mondoberfläche steht nämlich zum Verkauf, und einige Zeitgenossen haben bereits zugegriffen.

NASA Kennedy Space Center Visitor Complex Shop
NASA-Zubehör, von der Baseballkappe bis zum schicken, hellblauen Overall, vom T-Shirt bis zur Gebrauchsanleitung des Space Shuttles, vom Feuerzeug bis zur Bordbekleidung und das ganze Sortiment der Weltraumnahrung einschließlich dehydrierter Eiscreme, war lange Zeit nur in Shops auf NASA-Gelände zu bekommen. Seit Mitte 1997 existiert ein NASA Kennedy Space Center Visitor Complex Shop im Internet und ist damit nur noch einen Mausklick entfernt. Das ganze Space-Sortiment läßt sich dort online bestellen. Die Adresse:
http://www.viaweb.com/nasa

Mond zu verkaufen

Für weniger als 30 Dollar kann man 1777 Morgen Mondland erwerben, inklusive Versandkosten für den Grundbuchauszug und Mondsteuer. Landbesitz auf dem Mars, der Venus und dem Jupitermond Io sind ähnlich günstig. Der neunte Planet des Sonnensystems, Pluto, kann für 250 000 Dollar gleich komplett erworben werden. Das ist kein Scherz. Alle Planeten (mit Ausnahme der Erde) und ihre 61 Monde gehören dem Amerikaner Dennis Hope – behauptet er jedenfalls, und er scheint damit nicht so ganz unrecht zu haben.

Recht und Gesetz existieren für weite Bereiche des Weltraums nur in vagen Formulierungen. 1967 einigten sich die USA, die UdSSR und eine Reihe weiterer Staaten im «Outer Space Treaty» darauf, den Weltraum, den Mond und andere Himmelskörper zum Wohle der Menschheit zu nutzen, von Waffen, Kriegen und staatlichen Auseinandersetzungen freizuhalten und für Forschung und Wissenschaft zu erkunden. Wohlklingende Sätze, doch eine verläßliche Rechtsgrundlage für die Nutzung des Weltraums bildet das Abkommen kaum. Es ist darin zwar festgelegt, daß alle unterzeichnenden Staaten keinerlei Territorialansprüche auf dem Mond und anderen Himmelskörpern geltend machen dürfen, Industrieunternehmen und Privatpersonen aber werden nicht erwähnt. Diese Lücke nutzt der Amerikaner Dennis Hope. Ihn interessiert vor allem, was nicht im «Outer Space Treaty» steht, und er ist damit nicht allein.

Amerikanische Experten für Weltraumrecht wissen, daß sich die rechtliche Situation bezüglich Privatbesitz

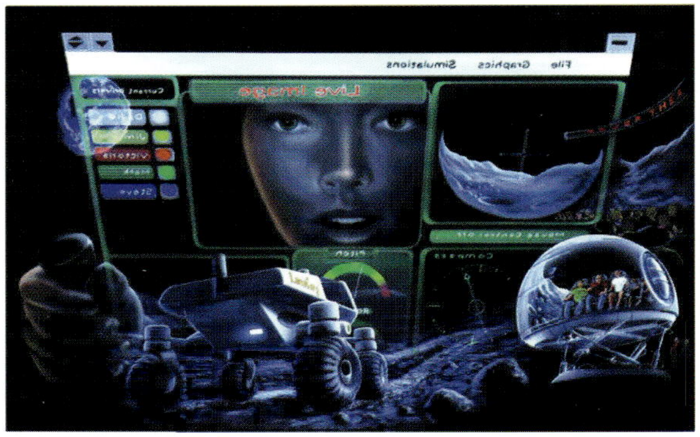

Abb 124: Vom Wohnzimmer aus steuern die LunaCorp-Kunden per Joystick den Rover auf dem Mond. Beliebte Ziele: die Landestellen der Apollo-Missionen.

Abb. 125: Prototyp des ferngesteuerten Mondrovers, der ab 2000 über den Mond kurven soll. Die geplante Tour des Mondrovers führt entlang historischer Landeplätze auf dem Mond.

SpaceBobs Tagebuch
20. Mai 2045. LunarRover-Hotel Artemis III.
Wir wurden Zeuge eines entsetzlichen Ereignisses. Ein Gast wurde bei einem Ausflug in die nähere Umgebung von einem Meteoriten getroffen. Er war mit einem kleinen Mondjeep etwa einen Kilometer von uns entfernt. Er war von einer auf die andere Sekunde einfach verschwunden. Wir spürten eine Erschütterung des Bodens und sahen eine Staubwolke aufsteigen. Von dem Mann und dem Mondjeep war nichts mehr übrig. Der Asteroid war nur etwas größer als ein Kieselstein. Diese Asteroiden schlagen mit einer Geschwindigkeit von rund 150 000 Kilometern pro Stunde auf – 70mal schneller, als eine Gewehrkugel fliegt. Der Krater, der bei dem Aufschlag entstanden ist, hat einen Durchmesser von fast acht Metern. Ein Einschlag dieser Größenordnung kommt statistisch nur alle fünf Jahre einmal auf dem gesamten Mond vor. Wir sind bedrückt über den Tod des Mitreisenden. Manche reden in Anbetracht der Unwahrscheinlichkeit des Ereignisses von Vorsehung. Das Hotelmanagement ließ eine Gedenktafel am Unfallort aufstellen.
Am Abend dann noch eine gute Nachricht.
Ein japanischer Beobachtungssatellit hat einen Blauwal in den Gewässern der Arktis geortet. Großwale gelten seit 20 Jahren als ausgestorben.
In der Hoteldisko wurden die ganze Nacht Hologramme von Walen auf die Tanzfläche projiziert.

im Weltraum in einem ebenso großen Vakuum befindet wie die Himmelskörper selbst, und halten es für einen Fehler, das, was Mr. Hope und sein Unternehmen Lunar Embassy tun, als Witz zu betrachten. Wenn es der Lunar Embassy gelingt, eine große Lobby von Privatbesitzern zu bilden, kann sie eines Tages bei der Verteilung von Besitzrechten nicht mehr übergangen werden.

Genau darauf setzt Dennis Hope. Mehr als 50 000 Grundstücke hatte er bis Ende 1998 bereits verkauft. Die Kunden erhalten neben einer Urkunde für ihren neuen Besitz auch eine Mondkarte, auf der die Position ihrer Liegenschaft eingezeichnet ist.

Begonnen hat die Lunar Embassy mit dem Verkauf 1988. Wie Mr. Hope es geschafft hat, das Sonnensystem angeblich in seinen Besitz zu bringen, ist juristisch nicht unbedingt einwandfrei zu nennen; andererseits hat bisher erst einmal jemand versucht, ihm ein Objekt streitig zu machen – Martin Jürgens aus dem westfälischen Westerkappeln. Der Mond gehöre seit 1756 seiner Familie, behauptet er. Der preußische König Friedrich der Große habe ihn einem seiner Vorfahren geschenkt, einem heilkundigen Bauern, der dem König seinen Segen erteilt habe. Der König habe daraufhin seine späteren politischen Erfolge auf den Segen zurückgeführt und sich mit diesem Geschenk dafür bedankt.

Den Streit der beiden vermeintlichen Mondbesitzer beendete das Institut für Luft- und Weltraumrecht der Universität Köln im Jahre 1996 vorläufig mit der Feststellung, sowohl die Schenkung durch den preußischen König als auch die Inbesitznahme des Mondes durch Mr. Hope seien nicht Rechtens. Der Mond sei Eigentum der gesamten Menschheit, festgeschrieben im «Mondvertrag» von 1979.

In diesem Vertrag wird jede Form der Inbesitznahme des Mondes – ob durch Staaten, Unternehmen oder Privatpersonen – ausgeschlossen. Die UNO hatte das Abkommen damals den Nationen der Welt zur Ratifizierung vorgelegt, doch es wurde lediglich von 13 Regierungen unterzeichnet, und darunter befand sich nicht eine Raumfahrtnation.

Mr. Hope hält den Vertrag von 1979 daher für ungültig und stellte 1980 beim Grundbuchamt in San Francisco zwei Anträge. Im ersten beanspruchte er den Mond, im zweiten die übrigen acht Planeten des Sonnensystems inklusive deren Monde für sich. Als die Beamten sich weigerten, die Anträge anzunehmen, verwies er auf ein altes, aber immer noch gültiges amerikanisches Gesetz, den «Homestead Act» von 1862. Darin ist die Inbesitznahme von Land geregelt, das niemandem gehört. Die Beamten mußten die Anträge annehmen und für acht Jahre öffentlich aushängen. In diesem Zeitraum konnte jeder, der ebenfalls Besitzrechte anmelden wollte, Einspruch einlegen. Die Frist verstrich ohne Einsprüche, und das beanspruchte Land ging in den Besitz des Antragstellers über. Doch diese Anträge an die Behörde in San Francisco waren eigentlich nur ein Test, denn selbstverständlich konnte sie nicht wirklich für Planetenbesitz im Universum zuständig sein.

Wenn jemand zuständig sein kann, dachte Mr. Hope, dann sind es die USA, die UdSSR und die Vereinten Nationen. Also stellte er dort ähnliche Anträge, in großzügiger Verkennung der Tatsache, daß es in der UdSSR kein Gesetz in der Art des «Homestead Act» gibt und auch die UNO eine solche Regelung nicht kennt. Dennoch betrachtete Dennis Hope sich acht Jahre später, nachdem kein Einspruch erfolgt war, als der nun rechtmäßige Besitzer der Planeten und Monde. Unverzüglich begann er mit dem Verkauf von Grundstücken. Mitte der 90er Jahre eröffnete er zusätzlich im Internet den «moonshop».

Die Frage, wie sicher die Käufer sein können, als Besitzer ihrer Grundstücke juristisch anerkannt zu werden, beantwortet Mr. Hope sehr amerikanisch mit dem Hinweis, nichts im Leben sei sicher, er werde aber alles tun, seinen Kunden zu ihrem Recht zu verhelfen.

Der Anwalt für Weltraumrecht bei der Europäischen Weltraumbehörde ESA hingegen behauptet, von Recht könne keine Rede sein. Als amerikanischer Staatsbürger hätte Mr. Hope einen Antrag bei seiner Regierung stellen müssen. Der wäre anschließend mit den anderen Raumfahrtnationen abzustimmen gewesen – ein Ver-

SpaceBobs Tagebuch

21. Mai 2045. LunarRover-Hotel Artemis III.

Wir flogen mit einem Lunar-Dinghy zu der Stelle, wo die ersten Menschen auf dem Mond landeten. Das war vor 76 Jahren. Das Dinghy war 35 Minuten unterwegs. Wir flogen in einer Höhe von vielleicht 70 Metern über die Oberfläche. Der Mond sieht überall gleich aus. Das alte Landemodul war eine willkommene Abwechslung in der Eintönigkeit der Landschaft. Es ist immer noch unversehrt. Es ist mit einer goldenen Folie eingepackt, die allen Strahlen standhält. Die Fußabdrücke der Astronauten von damals sind enorm. Sie müssen unvorstellbar klobige Moonboots getragen haben. Leider haben viele Ausflugsgruppen vor uns die Spuren weitgehend übertrampelt, so daß nicht mehr viel von ihnen übrig ist. Der allererste Abdruck aber, den ein Mensch auf dem Mond hinterlassen hat, ist unversehrt. Die Zone unmittelbar um das Mondlandemodul darf man nämlich nicht betreten.

Zurück im Hotel habe ich mir noch einmal den Film über die erste Mondlandung angesehen. Man sieht fast nichts. Die Bilder sind von sagenhaft schlechter Qualität.

Auf dem Rückflug zum Hotel sagte jemand, einige der Astronauten, die damals als erste Menschen den Mond betreten hatten, wurden später, zurück auf der Erde, Wanderprediger. Kaum zu glauben.

Abb. 126: Vermessen und in Claims aufgeteilt. Die Firma «Lunar Embassy» verkauft quadratkilomtergroße Grundstücke auf dem Mond für wenige Dollars.

fahren ähnlich dem, das durchzuführen ist, wenn jemand einen Satelliten in eine Erdumlaufbahn schießen will. Die USA hätten jedoch keine Lizenzen für Privatbesitz auf dem Mond oder anderen Himmelskörpern zu vergeben, weil sie durch den «Outer Space Treaty» verpflichtet seien, dort keine Territorien zu beanspruchen. Der Antrag laufe folglich ins Leere.

Die Tatsache, daß keine klaren Regeln für Privatbesitz auf Himmelskörpern existieren, kann nach Meinung des ESA-Anwalts nur bedeuten, daß niemand Privatbesitz auf Himmelskörpern erwerben kann.

Diese Rechtsauslegung läßt Mr. Hope nicht gelten. Er beruft sich statt dessen – ein Meister im Aufspüren von Gesetzeslücken – auf sein «natürliches Recht». Es sei nicht notwendig, sich als Bürger der USA zu verstehen und die Regierung für etwas um Erlaubnis zu bitten, was gar nicht in ihren Zuständigkeitsbereich fällt. Wenn der Mond der gesamten Menschheit gehöre, dann könne er von seinem natürlichen Recht als Mensch Gebrauch machen und müsse sich nicht in das enge Korsett nationaler Rechtsprechung zwingen lassen. Wenn hingegen der Mond niemandem gehöre, dann sei es ebenfalls sein natürliches Recht, außerhalb staatlicher Reglementierungen zu handeln – als Mensch des Planeten Erde, der seine Interessen selbst vertritt.

Die Lunar Embassy will auf keinen Fall warten, bis träge Regierungs- und UN-Behörden die Claims abstekken, um sie zu gegebener Zeit an Großkonzerne zu verteilen. Da wird sie lieber selbst aktiv und schafft vermeintliche Tatsachen. Der Anwalt der ESA muß hier zu seinem Bedauern einräumen, daß es keinen Weg gibt, Mr. Hope und seiner Lunar Embassy zu verbieten, was sie tut – bisher nicht.

Den ersten Rechtsstreit erwartet Dennis Hope in frühestens zehn Jahren. Bis dahin will er drei Millionen Kunden mit kleinstadtgroßen Landsitzen auf dem Mond und anderen Himmelskörpern ausgestattet haben – eine stattliche Lobby, um in den Kampf zu ziehen.

Astronaut werden

Bis zu dem Tag, an dem die Besitzer ihre so preiswert erworbenen Mondgrundstücke persönlich betreten können, werden allerdings noch mindestens ein paar Jahrzehnte vergehen. Das zentrale, ungelöste Problem bei Reisen in den Weltraum sind die Kosten für den Start. Die Überwindung der Erdanziehung ist teuer. Die Raumfahrtbehörden haben sich nie wirklich darum bemüht, billige Systeme zu entwickeln. Das modernste Launch-System der Erde, das amerikanische Space Shuttle, verwendet die Technologie der 70er Jahre. Es ist zweifellos ein Meisterstück der Antriebstechnik und ein Beweis für

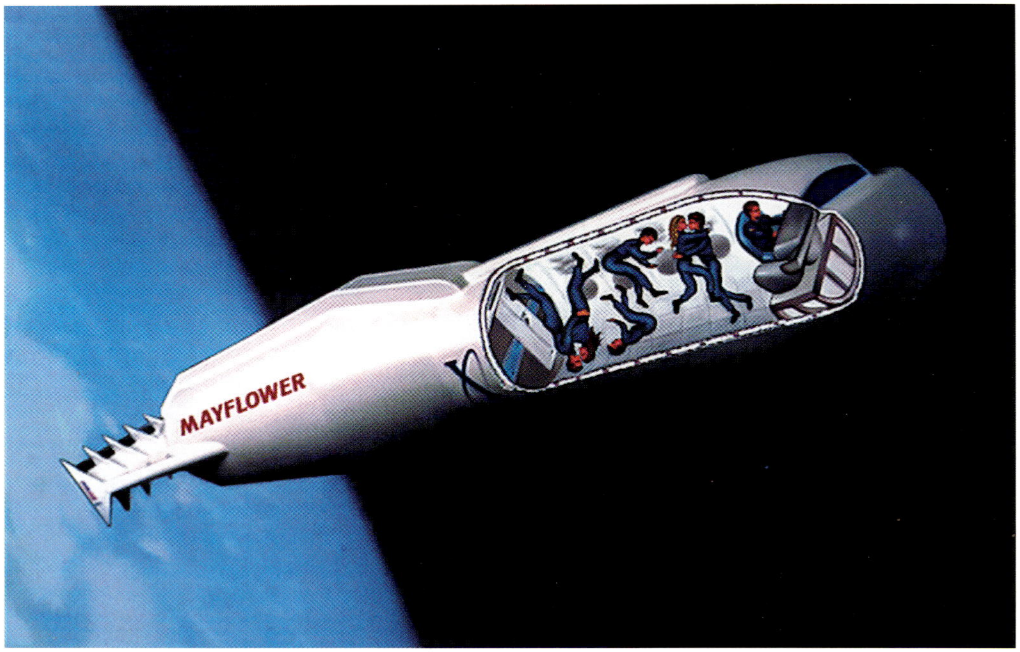

Abb. 127: Die ersten zivilen Astronauten werden noch keine Umlaufbahn erreichen, doch ein paar Minuten Schwerelosigkeit sind im Abenteuer enthalten.

die Fähigkeiten der Wissenschaftler, für ihre Disziplin und den Arbeitsaufwand, den sie in diese Dinge investieren. Für alltägliche Dinge kann man sich einen solchen Aufwand allerdings nicht leisten. Raketen müssen Gebrauchsgegenstände werden, wenn man mit dem Tourismus im Weltraum Ernst machen will. Es ist nicht anders als bei Flugzeugen. Auch sie sind High-Tech-Produkte, werden aber nach marktwirtschaftlichen Gesichtspunkten entwickelt, gebaut und verbessert.

Die Texaner Harry Dace und Jim Akkerman, die mit ihrer aus dem Wasser startenden Rakete Advent Launcher am Wettbewerb um den X Prize teilnehmen, haben für die Vermarktung ihres Vehikels das Civilian Astronaut Corps gegründet, die erste Vereinigung ziviler Astronauten.

5000 Dollar kostet ein Ticket für den Ritt in 100 Kilometer Höhe. Dort beginnt offiziell der Weltraum. Eine Umlaufbahn erreicht der Advent Launcher nicht. Sein Flug dauert nur eine knappe Stunde, dann landet er wieder im Wasser. Wer mitfliegt, erhält anschließend aber die offiziellen «Astronaut Wings», mit denen jeder dekoriert wird, der im Weltraum war. Man ist dann ganz offiziell ein echter Astronaut.

Diese «Joy Rides to Space», wie sie in der Marketingsprache bereits genannt werden, gehören zu den ersten Angeboten des Weltraumtourismus, denn solch ein Flug ist bei weitem nicht so teuer wie eine Reise in die Umlaufbahn. Um dort bleiben zu können, muß sich ein Raumschiff mit einer Geschwindigkeit von 28 080 Kilometern pro Stunde bewegen. Das Erreichen dieser Geschwindigkeit erfordert ungeheure Mengen teuren Treibstoffs, die von enorm leistungsfähigen Maschinen verbrannt werden müssen.

Doch auch hier sollen schon bald preiswerte, vollständig wiederverwendbare Systeme zur Verfügung stehen. Sobald es sie gibt, wird es auch Reisen in die Umlaufbahn geben. Für rund 25 000 Dollar könnten schon im Jahre 2015 die ersten Touristen ein paarmal um die Erde kreisen und ihren Heimatplaneten auf die gleiche Weise umrunden, wie das heute Astronauten und Kosmonauten an Bord des Space Shuttles und der Raumstation Mir tun.

SpaceBobs Tagebuch

22. Mai 2045. LunarRover-Hotel Artemis III.

Seit zwölf Stunden befinden wir uns auf der Rückseite des Mondes! Diese Reise steht unter keinem guten Stern. Zuerst der Tod des Mitreisenden durch den Meteoriten, und jetzt ist das vordere linke Antriebsaggregat des Hotels defekt. Wir sitzen fest. Ein Reparaturtrupp von 40 Mann Stärke ist vor zwei Stunden eingetroffen. Es wird lange dauern, wurde uns mitgeteilt. Wir bekamen die Möglichkeit zu einer außerplanmäßigen Exkursion in die nähere Umgebung. Ich ging mit Shigeko, einer jungen Japanerin, mit der ich mich in den letzten Tagen angefreundet habe. Sie ist völlig begeistert von dem Licht- und Schattenspiel auf dem Mond. Jede Schattenkante ist messerscharf, und dahinter ist nichts mehr zu sehen – nichts. Deshalb ist es gefährlich, in größere Schatten zu treten. Sie hat es dennoch immer wieder gemacht und kam dann jedesmal an ganz anderer, unverhoffter Stelle wieder zum Vorschein.

Der Mond ist trostlos. Es gibt nichts. Alles ist schwarz, außer an Stellen, wo in den letzten 3000 Jahren Asteroiden eingeschlagen sind. Dort ist der Staub grau. Älterer Staub ist von der Strahlung bereits wieder schwarz geworden. Man spürt sogar durch die Schutzanzüge, wie trocken diese Wüste ist – und nie ändert sich etwas. Alles bleibt über Jahrmillionen immer gleich. Einschläge sind die einzigen Ereignisse, die hier je stattfinden.

Man hört allerdings von erfahrenen Mondreisenden, daß «Neuerde» ein außergewöhnliches Schauspiel sein soll. Die Erde ist dann dunkel, und ihre Korona leuchtet blutrot – die Abend- und Morgenhimmel der Erde in einem einzigen Bild. Wir werden dieses Ereignis nicht zu sehen bekommen. Neuerde ereignet sich nur alle 29 Tage einmal.

Bestattungen im Weltraum

Das Unternehmen Celestis führt seit 1997 Bestattungen im Weltraum durch. Die Urne eines Verstorbenen wird für 4500 Dollar in eine erdnahe Umlaufbahn geschossen, wo sie für einige Monate kreist, bevor sie auf die Erde zurückfällt und in der Erdatmosphäre verglüht. Gene Rodenberry, Vater der Serie *Raumschiff Enterprise*, und Timothy Leary, Harvard-Professor und LSD-Papst der 60er Jahre, wurden beim ersten Celestis-Flug auf diese Weise bestattet. Näheres erfährt man im World Wide Web unter:
http://www.celestis.com

Space-Hotels

Wenn Touristen schon um die Erde kreisen, warum sollen sie dann nicht auch in der Umlaufbahn wohnen können? Der nächste Schritt werden deshalb Space-Hotels sein. Bereits 1994 veröffentlichte der japanische Shimitzu-Konzern das bisher ausgereifteste Modell eines Hotels in einer Erdumlaufbahn: eine Art Weltraumboje mit 64 Zimmern, aufgereiht an einer Ringstruktur von 140 Metern Durchmesser. In den Wohnkabinen herrscht künstliche Schwerkraft. Die Gäste können dann besser schlafen und eine eventuell eintretende Weltraumkrankheit kurieren. Für das Zentrum des Hotelrades, in dem die Gäste schwerelos sind, wurden «Micro Gravity Games and Amusements» ausgearbeitet.

Die Baukosten für ein solches Hotel sind mit rund 40 Milliarden Dollar noch viel zu hoch. Auch hier scheitert bisher alles an den hohen Startkosten.

In Anbetracht der Schwierigkeiten, die die Raumstation Mir über Jahre quälten, klafft zwischen diesen Plänen und ihrer technischen Realisierbarkeit noch eine gewaltige Lücke. Die Mir ist bisher die einzige Raumstation, die Menschen tatsächlich betrieben haben, und die bereits als Hotel genutzt wurde.

Insider vermuten, daß die Russen auf der Internationalen Raumstation vermehrt Zivilisten willkommen heißen wollen. Platz dafür haben sie, die Preise aber werden ähnlich gesalzen sein wie auf der Mir: 15 Millionen Dollar für zwei Wochen. Für Buchungen im Shimitzu-Weltraumhotel wird sehr viel weniger Geld verlangt werden – etwa ein durchschnittliches Jahresgehalt, was um 2020, wenn das Hotel den Betrieb aufnehmen soll, netto bei ca. 45 000 bis 55 000 Dollar liegen wird.

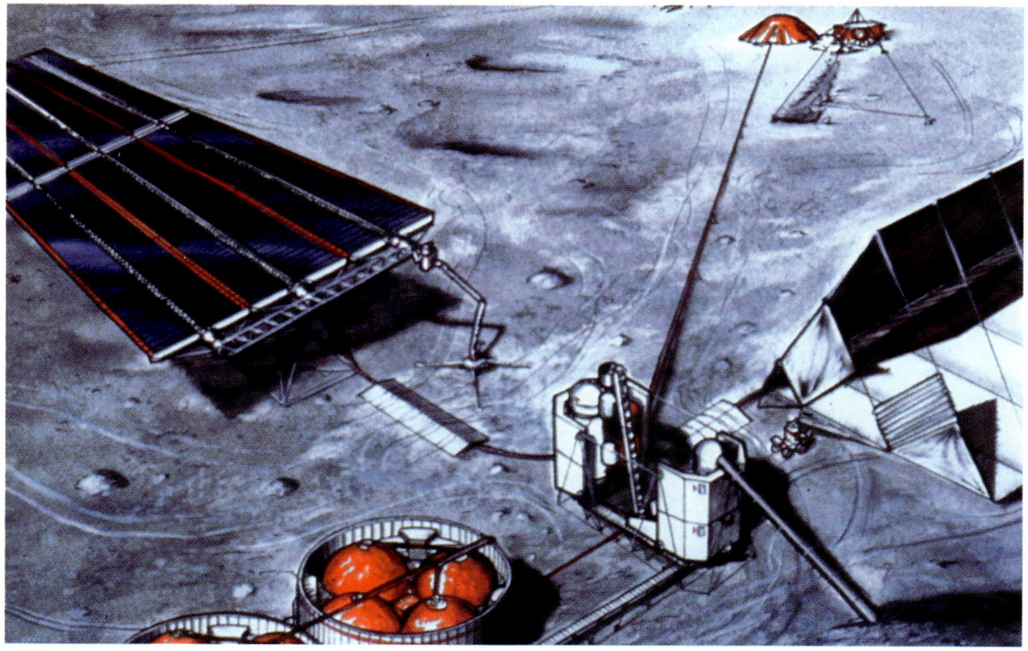

Hilton Space Station Number Five

Die Ankündigung eines Hotels auf dem Mond durch den Hilton-Konzern im Mai 1998 war gar nicht so neu. Bereits 1967, zwei Jahre vor der ersten Mondlandung, sprach Barron Hilton, der damalige Präsident des Hotelkonzerns, auf einer Luft- und Raumfahrtkonferenz davon, ein Hotel in einer Erdumlaufbahn und eins auf dem Mond zu bauen. Er äußerte sogar die Hoffnung, sie noch selbst einweihen zu können. Gleichzeitig stellte er aber klar, daß mit dem Bau nur begonnen wird, wenn erwartet werden kann, daß mit den Hotels mehr Geld zu verdienen ist, als in ihren Bau investiert werden muß. Außerdem, verkündete er der verblüfften Zuhörerschaft, sei das erste Weltraumhotel des Konzerns bereits fertig – das «Hilton Space Station Number Five» –, zu besichtigen in dem Film *2001 – Odyssee im Weltraum*, der wenige Monate nach dieser Ankündigung in die amerikanischen Kinos kam.

Apollo 8 like Mission

Mit dem Beginn eines regelmäßigen Hotelbetriebs im All wird auch der Mond touristisch angeflogen werden – zunächst als reines Sightseeing-Objekt. «Apollo 8 like

SpaceBobs Tagebuch
23. Mai 2045. LunarRover-Hotel Artemis III.
Der Antrieb funktioniert immer noch nicht. Die Hoteldirektion rief alle Gäste zu einer Konferenz zusammen. Wir wurden gebeten, auf die Zimmer zu gehen und dort zu bleiben. Wenn es nicht innerhalb von sechs Stunden gelingt, Artemis III wieder in Gang zu bekommen, wird es kritisch. Die Mondnacht wird uns dann irgendwann in den nächsten zwölf Stunden einholen und für 14 Tage verschlucken. Die Direktion bittet daher, daß wir uns auf eine Räumung vorbereiten – das heißt packen.
Ein paar der Gäste wurden daraufhin sehr ruppig. Einer versuchte, den Hotelmanager anzugreifen. Zwei Sicherheitsleute feuerten sofort mit Betäubungsgeschossen auf ihn und trafen ihn am Hals und am Bauch. Der Mann wurde in die Krankenstation gebracht.
Shigeko erzählte mir später, solche Vorfälle seien nicht ungewöhnlich. Der Mond bringt Dinge in den Menschen an die Oberfläche, die man ihnen nicht zutraut. Shigeko ist schon zum vierten Mal hier. Sie liebt es.
Jeder Gast darf nur 70 Gramm Mondgestein und -staub mitnehmen. Anzumelden an der Rezeption.

Missions» nennen die Planer dieses Reiseangebot, weil die erste bemannte Apollo-Mission, die den Mond erreichte und umrundete, Apollo 8 war. Sie landete nicht auf dem Erdtrabanten, und das werden die Touristen vorläufig auch noch nicht tun. Sie müssen mindestens so lange warten, bis Wissenschafts- und Industrieteams Landeplätze erkundet und vorbereitet haben.

Mond

Vor der Errichtung des ersten Hotels auf dem Mond wird man erst eins in seiner Umlaufbahn bauen. In etwa 50 Jahren soll das geschehen sein, allerdings ist die Bewältigung der immensen Probleme dabei heute noch unvorstellbar.

Die Umsetzung des erwähnten Entwurfs für das Lunar-Hilton-Hotel von 325 Meter Höhe mit eigenem See und Strand aber scheint den Experten auch dann noch unrealistisch zu sein. Die Nacht auf dem Mond dauert 14 Erdtage. Sie ist kälter als minus 100 Grad und absolut dunkel. Was sollen Touristen in einer solchen Hölle?

Abb. 128 (oben): Japanischer Entwurf einer Mondstation.

Abb. 129 (unten): Der Mond wird eine Rolle als Lieferant von Mineralien und Erzen spielen. Erzabbau auf dem Erdtrabanten – eine Ideenskizze.

Industrie

Das bereits erwähnte Projekt Geode sieht für die Nutzung der leeren Space-Shuttle-Tanks – neben der Verwendung als Module für Space-Hotels – auch den Bau von Frachtkreuzern und Fabriken vor. Der Kosmos bietet vor allem für die Industrie eine Menge Vorteile. Produktionsstätten im Orbit machen Produkte möglich, die auf der Erde nicht herstellbar sind, hier aber von großem Nutzen sein können. Ein wesentlicher Teil der Arbeiten, die Astronauten in der Raumstation durchführen, dient dem Ziel, solche Produkte zu entwickeln: Medikamente, Präzisionsinstrumente, Metallegierungen usw.

Interplanetare Frachtkreuzer

Die Internationale Raumstation ist nur der erste Schritt des Menschen hinaus in den Weltraum. Der Mond, der Mars, der Asteroidengürtel zwischen Mars und Jupiter sowie einige Jupitermonde sind interessante Objekte für die Industrie, weil hier Rohstoffe lagern, die wir auf der Erde eines Tages benötigen könnten. Unsere Ressourcen sind begrenzt, das wissen wir. Moderne Sonden entdekken immer mehr nützliche Substanzen auf den erdnahen Himmelskörpern, und wir werden sie eines Tages wahrscheinlich abbauen, sei es durch Roboter oder durch Arbeitstrupps im interplanetaren Raum.

Dann werden große Frachtkreuzer die Erze, Mineralien und anderen Materialien zur Erde transportieren – oder gleich an orbitale Fabriken liefern, so daß nur die Endprodukte zur Erde gebracht werden müssen:

Werkzeuge und Gebrauchsgegenstände aus dem Weltraum.

Auch diese Ideen gehören nicht mehr nur ins Reich der Science Fiction. Spätestens seit die Mondsonde Lunar Prospector 1998 große Mengen Wasser auf dem Mond fand, wird über die Etablierung von Industriebetrieben auf dem Trabanten laut nachgedacht. Hier wird dann eines Tages nicht mehr nur für die Erde, sondern auch für Kunden auf anderen Himmelskörpern produziert werden.

Artemis

Artemis ist ein privates Projekt, das den Aufbau einer ständigen Kolonie auf dem Mond vorsieht. Es dauert noch eine Weile, bis die ersten Mieter einziehen werden. Dem Mond ein Stück näher kann man aber heute bereits kommen, wenn man bei Artemis Society International echte Mondsouvenirs einkauft – Staub, Steine und Astronautenzubehör, das auf dem Mond war. Für ein paar Dollar kann man Mitglied der Gesellschaft werden, was sich positiv auf die Kosten eines späteren Mondaufenthaltes auswirken wird.

Artemis Society International
P.O. Box 4878
Huntsville, AL 35815
USA
Internet: http://www.asi.org

Cyberspace

Weitere Informationen zu den Themen Weltraumtourismus, Transportsysteme, Arbeitsplätze in der Weltraumindustrie, Astronautenausbildung, Raumstationen usw. findet man im World Wide Web:

Astronaut werden:
Civilian Astronaut Corps; http://www.mayflowerrocket.com

Space-Helikopter für die Umlaufbahn:
Roton; http://www.hmx.com/picture.html

10 Millionen Dollar für Raketenpioniere:
X PRIZE; http://www.xprize.org

Leben und trainieren wie Astronauten:
Space Camp; http://www.spacecamp.com

Mondausflug an Bord eines ferngesteuerten Mondrovers:
LunaCorp; http://www.lunacorp.com

Mondgrundstücke:
Grundbesitz im All zu günstigen Konditionen; http://www.moonshop.com

Entwicklung des Weltraumtourismus:
Space Future; http://www.spacefuture.com

Es muß nicht unbedingt Astronaut sein:
Space Jobs; http://www.spacejobs.com

Internationale Raumstation ISS:
Das größte Technikprojekt in der Geschichte der Menschheit;
http://station.nasa.gov

SpaceBobs Tagebuch
23. Mai 2045. LunarRover-Hotel Artemis III.
Jetzt ist es amtlich. Wir müssen Artemis III verlassen. Die Reparaturarbeiten ziehen sich hin. Die Mondnacht wird uns in vier Stunden erreichen. Das Hotel wird dann in der Dunkelheit versinken, die Solarzellen stellen ihre Arbeit ein, das ganze 200 Meter lange, 80 Meter breite und 20 Meter hohe Ungetüm wird erstarren. Für 23 Gäste gibt es Platz in anderen Hotels auf dem Mond, für alle anderen ist die Reise zu Ende. Man hat die Wahl, zurück zur Erde zu fliegen oder in einem der drei LunarOrbit-Hotels abzuwarten, bis Mondgäste abreisen und ihre Plätze frei werden.
Shigeko rät mir, nach Hause zu fliegen. Man bekommt dann zur Entschädigung eine neue Reise geschenkt. Die Leute, die in den LunarOrbit-Hotels auf freie Plätze in den Mondhotels warten, bringen nämlich die Planung gehörig durcheinander, da die Hotels normalerweise immer ausgebucht sind. Bei einem Unfall wie unserem muß die Reisegesellschaft Leuten auf der Erde absagen, und die wiederum stellen dann Regreßansprüche und so weiter.

Abb. 130: Modell einer Marsrakete aus dem Jahre 1953, gesehen auf der «Norddeutschen Erfinder- und Neuheiten-Ausstellung» in Braunschweig.

Mission to Mars

Wir schreiben das Jahr 2029. Die Astronauten beobachten die optisch reizvollen Staubstürme im zarten Violett des Abendhimmels vom höchsten Vulkan des Sonnensystems aus: dem fast 27 Kilometer hohen Olympus Mons auf dem Mars. Sie werden entweder 30 oder 415 Tage bleiben, je nachdem, wie leistungsstark ihre Rakete ist. Die Gesamtdauer einer Reise zum Mars beträgt bei niedrigem Treibstoffverbrauch 32 Monate, bei hohem 17 Monate, davon werden etwa sieben bis zehn Monate für den Hin- und Rückflug benötigt. Erde und Mars stehen nur alle zwei Jahre so nahe beieinander, daß es überhaupt sinnvoll ist, die Reise anzutreten. Der Mars dreht sich langsamer um die Sonne als die Erde – er benötigt 688 Tage für einen Umlauf, 323 Tage mehr als die Erde. Die Raumschiffe, die zwischen den beiden Planeten pendeln, müssen in die Bahn des Zielplaneten hineinfliegen, um ihn überhaupt zu erreichen. Die Erde bewegt sich mit 29,79 Kilometern, Mars mit 24,13 Kilometern in der Sekunde um die Sonne. Das macht 107 244 Kilometer pro Stunde für die Erde und 86 868 Stundenkilometer für Mars. Dem Planeten hinterherzufliegen und ihn einholen zu wollen wäre eine hoffnungslose Sache.

Terraforming

Nach den NASA-Astronauten werden Industrieunternehmen die ersten Außenposten auf dem Mars errichten, dann sollen die ersten Touristen kommen und schließlich die ersten Siedler, die für immer auf dem roten Planeten

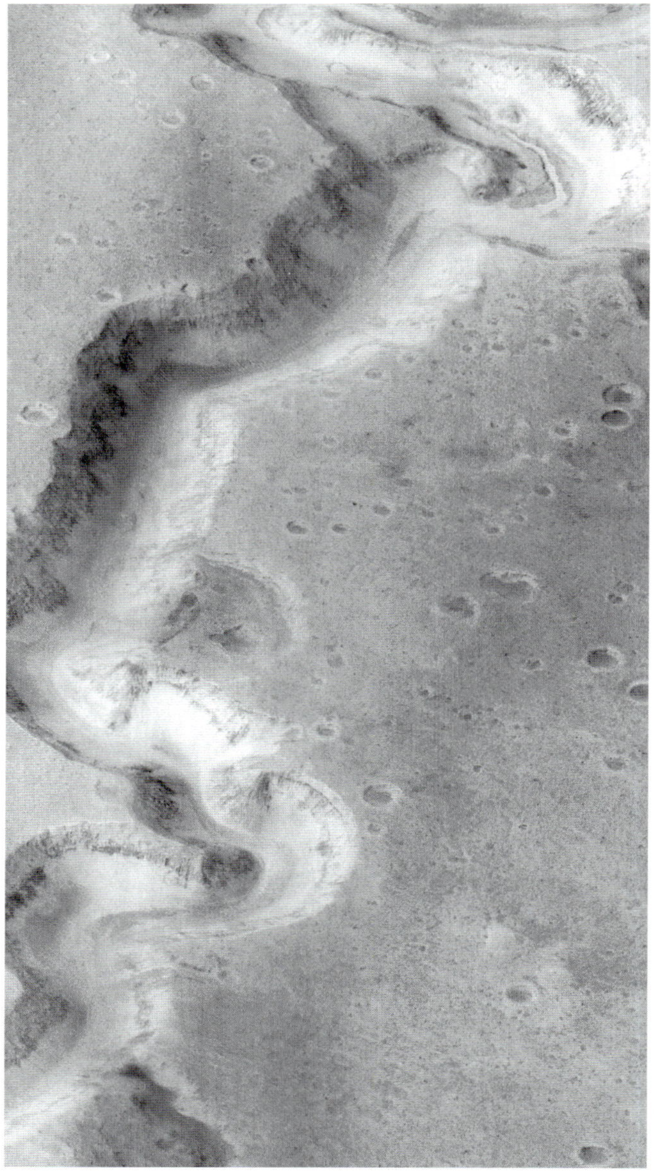

Abb. 131 (oben): Japanischer Entwurf einer Marsstation.

Abb. 132 (links): Spuren auf der Oberfläche des roten Planeten, die verraten, daß hier einst große Mengen Wasser flossen. Wissenschaftler vermuten, daß unter der kalten Oberfläche noch Vorkommen existieren.

Abb. 133 (unten): Der höchste Vulkan im gesamten Sonnensystem befindet sich auf dem Mars – der 28 Kilometer hohe «Olympus Mons».

SpaceBobs Tagebuch
24. Mai 2045. LunarRover-Hotel Artemis III.
Wir sind 30 Minuten, bevor die Mondnacht uns erreicht hätte, gestartet. Die 23, die bleiben, flogen mit Dinghies in ihre neuen Hotels, wir übrigen wurden von vier Shuttles abgeholt. Shigeko wollte das letzte nehmen und riet mir, es genauso zu machen. Sie schaffte es dann, einen Platz in der Pilotenkabine zu bekommen. Der Pilot kannte sie, und es war auch noch Platz für mich. Eigentlich ist es verboten, sagte er, aber wir sind auf der Rückseite des Mondes...
Leider gibt es kein «Hey, ich hab' vorne in einem Mond-Shuttle gesessen»-T-Shirt.

bleiben werden. Der Mars könnte so verändert werden, glauben Wissenschaftler, daß Menschen dort dauerhaft leben können. Dazu muß man ihn zunächst erwärmen und ihm dann eine sauerstoffhaltige Atmosphäre geben. Dieses «Terraforming» (wie die Erde formen), dauert nach aktuellen Schätzungen 500 bis 1000 Jahre, doch genau weiß das natürlich niemand. Wir Menschen haben recht wenig Erfahrung mit der gezielten Umgestaltung von Planeten. Die Veränderungen, die wir bisher auf der Erde vornehmen, sind eher unbeabsichtigt und chaotisch.

Dennoch glauben viele Experten, daß Terraforming auf dem Mars möglich ist. Sollte es tatsächlich so sein, werden zukünftige Generationen den roten Planeten zur zweiten Kugel im Sonnensystem machen, auf der es Leben gibt – importiert von der Erde.

In spätestens 5000 Jahren müssen wir hier weg

Wozu aber soll der Mensch andere Planeten besiedeln? Sollten wir nicht lieber versuchen, unsere Probleme hier in den Griff zu bekommen, anstatt sie auf andere Himmelskörper zu verfrachten?

«Unsere Probleme hier auf der Erde zu lösen wird uns nicht viel nützen», sagt der amerikanische Astronom Richard Gott III. «Wenn die Menschheit überleben will», behauptete er 1997, «darf sie sich nicht auf die Erde beschränken» – und hat zwei einleuchtende Argumente für diese Forderung. «Erstens», sagt er, «sind mehr als 99 Prozent aller Lebensformen, die je auf der Erde gelebt haben, wieder ausgestorben. Es ist nur allzu wahrscheinlich, daß es dem Menschen nicht anders ergehen wird, und zweitens ist die Erde ein recht unsicherer Ort im Universum. Sie wird regelmäßig von großen Himmelskörpern getroffen, die gigantische Umweltkatastrophen auslösen – so gewaltig, daß bereits wiederholt mehr als 50 Prozent aller Lebensformen in kurzer Zeit ausgelöscht wurden.»

Diese Aussterbewellen schufen stets Platz für neue, höher entwickelte Lebensformen, so daß das Leben selbst nicht vernichtet wurde. Unsere eigene Existenz geht möglicherweise auf eine solche Katastrophe zurück:

Bei den Hominiden, unseren unmittelbaren biologischen Vorfahren, gab es im mittleren Miozän – vor zehn bis elf Millionen Jahren – zwei Linien. Aus der einen ging der Gorilla hervor. Sie führte später zum Schimpansen und zum Menschen.

Möglicherweise hat die letzte Heimsuchung eines Kometen oder Asteroiden auf unserem Planeten uns davor bewahrt, für immer Affen zu bleiben.

Das nächste Ereignis dieser Art kann allerdings den umgekehrten Effekt haben und zu unserer Vernichtung führen. Daher die Empfehlung von Professor Gott, langsam die Koffer zu packen und uns nach anderen Planeten umzusehen – ein recht gewagter Ratschlag, gerade mal 40 Jahre nach dem ersten Raketenflug in den Orbit der Erde; bei genauerer Betrachtung allerdings vielleicht nicht ganz unberechtigt. Selbstverständlich werden auch die anderen Planeten von den Gefahren aus dem All bedroht, aber die Verteilung der Menschheit auf mehrere Himmelskörper würde ihre vollständige Ausrottung durch eine einzige Katastrophe dieser Art verhindern.

1998 nahmen sich gleich zwei Hollywoodfilme der Auswirkung eines Kometen- beziehungsweise Asteroideneinschlags auf der Erde an – *Deep Impact* und *Armageddon*. Das Thema lag in der Luft, nachdem Wissenschaftler wenige Jahre zuvor zum ersten Mal live beobachten konnten, wie ein Komet in einen Planeten einschlug.

Am 24. März 1993 entdeckten die beiden Astrophysiker Eugene Shoemaker und David Levy den Kometen Shoemaker-Levy 9. Anfangs gehörte er lediglich zu den vielen Neuentdeckungen, die den Wissenschaftlern immer häufiger gelingen. Bald aber wurde offensichtlich, daß Shoemaker-Levy 9 sich auf Kollisionskurs mit dem Planeten Jupiter befand. Im Juli 1994 stürzte er dann tatsächlich auf den größten Planeten im Sonnensystem. Mit Hilfe mehrerer Sonden und des Hubble-Teleskops beobachteten Wissenschaftler auf der ganzen Welt erst das Auseinanderbrechen des Kometen bei einem nahen Vorbeiflug an Jupiter und später die Explosionen, die durch den Eintritt der riesigen Bruchstücke in die Jupiteratmosphäre ausgelöst wurden.

Die Spuren des stärksten Einschlags ließen keinen Zweifel daran, daß der Komet Shoemaker-Levy 9, wäre er auf Kollisionskurs mit der Erde geraten, das Leben auf unserem Planeten schwer geschädigt, möglicherweise sogar ausradiert hätte.

Shomaeker-Levy 9 hätte uns nicht treffen können, denn er befand sich auf einer Umlaufbahn um Jupiter.

Abb. 134: Für Astronomen das Ereignis des Jahrhunderts: Einschlag der Bruchstücke des Kometen Shoemaker-Levy 9 auf Jupiter.

SpaceBobs Tagebuch
27. Mai 2045. LunarOrbit-Hotel Heaven's Gate.
Ich warte jetzt seit drei Tagen auf meinen Rückflug. Ein LunarOrbit-Hotel unterscheidet sich nicht besonders von einem Erdorbit-Hotel. Die Zimmer sind mit künstlicher Schwerkraft ausgestattet, im Vergnügungsbereich herrscht Schwerelosigkeit. Nur daß man alle 70 Minuten über den gigantischen Krater auf der Mondrückseite hinwegfliegt, ist eine irre Sache – er sieht aus wie ein riesiges Auge. Aber der Effekt nutzt sich schnell ab. Shigeko hat erzählt, er heißt «Basin Oriental», und der äußere Wall hat einen Durchmesser von mehr als 1000 Kilometern.
Shigeko ist seit gestern weg. Sie hat einen früheren Flug zur Erde bekommen. Sie war ein wenig kühl, nachdem sie erfahren hatte, daß ich die Reise bei einem Preisausschreiben gewonnen habe. Es gab nämlich Probleme, eine neue zu bekommen, weil ich kein zahlender Gast bin. Aber ich konnte mich durchsetzen. Ich werde noch einmal hierher kommen, auf dem Mond landen und acht Tage bleiben. Shigeko schlug vor, daß wir gemeinsam buchen, weil wir uns ja gut verstehen. Doch ich hatte keinen Einfluß auf das neue Reisedatum. Ich mußte eines nehmen, das mir zugeteilt wurde. Shigeko konnte wählen.

Die meisten Kometen aber befinden sich auf einer Umlaufbahn um die Sonne. Viele kreuzen dabei die Erdbahn, in der Regel kommt es allerdings zu keiner Kollision. Die Wahrscheinlichkeit eines Zusammenstoßes ist sehr gering – aber eben nicht ausgeschlossen – im Gegenteil. Die Erde wurde bereits getroffen – und sie wird wieder getroffen werden.

Ein kleiner Exkurs über Kometen und Asteroiden

Viele Asteroiden unseres Sonnensystems umkreisen die Sonne auf Bahnen zwischen den Planeten Mars und Jupiter. Diesen Bereich nennt man Asteroidengürtel. Ein weiterer Gürtel, der den Namen Kuiper-Ring trägt, liegt sehr viel weiter draußen – zwischen Neptun und Pluto. Er besteht sowohl aus Kometen als auch aus Asteroiden. Im Asteroidengürtel kreisen einige hunderttausend Objekte, Gesteinsformationen von der Größe eines Fußballs bis zu riesigen Brocken mit Durchmessern von mehr als 1000 Kilometern. Die großen nennt man auch Planetoiden – kleine Planeten.

Bei Zusammenstößen untereinander wird gelegentlich einer der Havaristen aus seiner Bahn herausgeschleudert und von der Schwerkraft der Sonne in eine neue Umlaufbahn gezwungen. Der neu Kurs führt stets nah an die Sonne heran, und wenn der Asteroid an ihr vorbeifliegt, schleudert sie ihn mit ihrer gewaltigen Schwerkraft viele Milliarden Kilometer in den Weltraum hinaus – meist jedoch nicht so weit, daß er ihr Kraftfeld verläßt. Er kommt also wieder zurück. Der Asteroid ist auf dieser Bahn gefangen, es sei denn, er gerät während seines Fluges auf Kollisionskurs mit einem anderen Himmelskörper.

Kometen hingegen sind Gebilde aus Eis, Staub und Gesteinsbrocken. Sie kommen neben dem Kuiper-Gürtel auch aus der Oortschen Wolke, die weit jenseits des neunten Planeten Pluto um die Sonne kreist – etwa zehn Milliarden Kilometer von uns entfernt. Kometen entstanden, als sich unser Planetensystem bildete. Sie zeigen auf ihrer Reise um die Sonne den charakteristischen Schweif, der durch das Verdampfen von Gasen aus der Kometenmasse in Sonnennähe entsteht. Der Schweif zeigt immer von der Sonne weg – er «weht» sozusagen im Sonnenwind.

Im Frühjahr 1997 tauchte am Himmel über der nördlichen Erdhalbkugel der Komet Hale-Bopp auf. Er zog in einer Entfernung von 150 Millionen Kilometern an uns vorbei, umrundete die Sonne, erschien am Himmel über der südlichen Halbkugel und verschwand kurze Zeit später in den Tiefen des Universums. Er befindet sich auf einer enorm weiten Umlaufbahn um die Sonne. Erst im Jahre 4377 wird er ihr wieder so nahe kommen, daß man ihn von der Erde aus sehen kann – und das bei einer Reisegeschwindigkeit von fast 150 000 Kilometern pro Stunde.

Abb. 135: Der Halleysche Komet kommt alle 76 Jahre an der Erde vorbei. Er ist einer der wenigen Gaststerne, die in Gegenrichtung der Planeten die Sonne umkreisen.

Abb. 136: 1996 erschien der Komet Hale-Bopp am Himmel. Ein gewaltiger Eisbrocken, dessen Masse aus mehr Wasser besteht, als in der gesamten Ostsee vorhanden ist.

SpaceBobs Tagebuch
29. Mai 2045. Erde-Mond-Shuttle «Witwe Armstrong».
Bin seit 26 Stunden auf dem Rückflug zur Erde. Das Shuttle ist ein wenig eng, und ich sehe den ganzen Tag Filme. Ich wollte keine Schlafkur für die Rückreise. Man fühlt sich hinterher nicht besonders, wenn man drei Tage am Stück vor sich hin dämmert. Das Mittel baut sich nur langsam ab. Man ist noch fast zwei Wochen danach leicht benommen.
Dafür habe ich jetzt Mühe einzuschlafen, denn ich bewege mich praktisch nicht, schwebe nur gelegentlich mal zur Toilette. Die Mitreisenden schlafen alle. Das Begleitpersonal der Fluggesellschaft behandelt mich nicht gut. Würde ich auch schlafen, könnten sie sich ebenfalls ausklinken. So aber muß mindestens eine Person wach bleiben und sich um mich kümmern. Sie mögen das gar nicht – jedenfalls vermitteln sie diesen Eindruck.
In ca. 50 Stunden werden wir landen. Dann bin ich wieder auf der Erde und bereite mich auf die nächste Reise zum Mond vor. Man sollte doch ein wenig mehr über all das wissen, wenn man hinfliegt.

Hale-Bopp hat einen Durchmesser von etwa 40 Kilometern und besteht aus mehr Wasser, als in der gesamten Ostsee versammelt ist. Er wurde wahrscheinlich durch einen Zusammenprall mit einem anderen kosmischen Schneeball aus der Oortschen Wolke herausgeschleudert. Wann, wissen wir nicht.

Impact

Die Sprengkraft eines einschlagenden Himmelskörpers hängt davon ab, wie groß und schnell er ist. Ein Eisberg wie Hale-Bopp würde möglicherweise die gesamte Lufthülle und alles Wasser der Erde in den Weltraum hinausschleudern. Milliarden Jahre der Entwicklung des Lebens wären in wenigen Sekunden vernichtet. Die Erde würde als toter Planet weiter auf ihrer Bahn um die Sonne ziehen. Die Ära der Menschheit wäre vorbei.

Hale-Bopp wurde von zwei Hobbyastronomen – Alan Hale und Thomas Bopp – entdeckt. Alle professionellen Sternengucker in den großen Observatorien hatten an ihm vorbeigesehen – keine behagliche Vorstellung.

Unsere Vorwarnzeit für die Apokalypse aus der Tiefe des Universums beträgt nur wenige Wochen, bestenfalls Monate. Nicht genügend Zeit zur Einleitung von Gegenmaßnahmen, denn die müssen erst noch entwickelt werden. Wir verfügen heute über keinerlei einsatzbereite Kometen- oder Asteroidenabwehr, obwohl wir wissen, daß wir irgendwann von so einem Brocken getroffen werden können.

Im Sommer 1996 trudelte der Asteroid 1996JA1 nur wenige 10 000 Kilometer hinter dem Mond vorbei. Entdeckt wurde er vier Tage zuvor – vier Tage und zufällig, auf einer Fotoplatte. Den Beinahe-Zusammenstoß hätte beinahe niemand bemerkt – es sei denn, 1996JA1 wäre ein paar Stunden später vorbeigekommen. Dann wäre dieser im Durchmesser 500 Meter große Himmelskörper mit mehr als 90 000 Kilometern pro Stunde auf der Erde eingeschlagen. Das hätten wir bemerkt.

«Das ist so, als ob Sie alle amerikanischen und russischen Atomraketen auf einen Haufen packen und zünden», beschrieb Eugene Shoemaker das Szenario.

Das Bewußtsein für die Gefahr aus der Tiefe des Alls ist gewachsen. Die NASA sucht seit einigen Jahren im Rahmen des NEO (Near Earth Objects)-Programms die rasenden Berge, die der Erde einmal gefährlich werden könnten. Eingesetzt werden dazu drei Teleskope: das Spacewatch-Teleskop auf dem Kitt Peak in Arizona, das NEAT (Near Earth Asteroid Tracking)-Teleskop in Hawaii und das neue LONEOS (Lowell Near Earth Asteroid Survey)-Teleskop am Lowell Observatory in Arizona.

Aktuelle Schätzungen gehen davon aus, daß etwa 2000 Asteroiden mit einem Durchmesser von mehr als einem Kilometer existieren, die irgendwann einmal die Bahn unseres Planeten kreuzen. Bis 2008 sollen sie alle katalogisiert sein.

Kometen und Asteroiden, die in die Lufthülle der Erde eindringen und auf ihrer Oberfläche einschlagen, nennt man Meteoriten.

Die Erde, da hat Richard Gott III wohl recht, ist ein unsicherer Ort im Universum. Seine Empfehlung, das Leben auf mehrere Planeten zu verteilen, ist so betrachtet sicher nicht falsch. Das wachsende Wissen des Menschen über die Vorgänge im Universum könnte sogar zu der Überzeugung führen, der Mensch solle das Leben hinaus in den Weltraum tragen. Nach vier Milliarden Jahren hat die Evolution auf dem Planeten Erde ein Wesen hervorgebracht, das möglicherweise in der Lage ist, die Unternehmung zu wagen.

Die nächsten 30 Millionen Jahre

Für die Besiedlung des Mars wird die Menschheit einige hundert Jahre benötigen. Weitere Himmelskörper in unserem Sonnensystem sind für eine Besiedlung ungeeig-

Abb. 137: Mehr als 100 Milliarden Sonnen kreisen um das Zentrum unserer Milchstraße. Unsere Sonne ist eine davon. Der Durchmesser unserer Galaxie: ca. 30 000 Lichtjahre.

Abb. 138: 7000 Lichtjahre entfernt befindet sich der Adler-Nebel, eine kosmische Staubwolke in unserer Galaxie, in der neue Sonnen entstehen – und möglicherweise neue Planeten.

net. Der nächste Schritt wäre also der Umzug auf Planeten in anderen Sonnensystemen unserer Galaxis. Die Probleme, die damit verbunden sind, können wir uns heute nicht einmal vorstellen. Ein paar Zahlen, die zeigen, daß wir am Ende dieses Exkurses über die Zukunft der Menschheit im Weltraum doch wieder im Reich der Science-fiction angekommen sind; doch solche Vorstellungen müssen erst einmal «durchgesponnen» werden, bevor man beginnen kann, sie zu verwirklichen.

Alpha Centauri
Dies ist der hellste Stern im Sternbild Centaurus, 4,34 Lichtjahre von unserer Sonne entfernt. Er ist ein visueller Doppelstern mit einer Umlaufperiode von 80 Jahren. Man nimmt an, daß der Stern Proxima Centauri mit ihm assoziiert ist, da er eine ähnliche Raumgeschwindigkeit hat. Proxima Centauri ist ein lichtschwacher M-Stern. Er steht unserer Sonne mit der Entfernung von 4,24 Lichtjahren noch näher als Alpha Centauri.

Die nächste helle Sonne, Alpha Centauri, befindet sich 4,34 Lichtjahre von unserer Sonne entfernt. Mit einem Raumschiff von heute, das mit einer Geschwindigkeit von etwa 60 000 Kilometer pro Stunde vorankommt, dauert eine Reise dorthin gut 75 000 Jahre. Endlich angekommen, ist es nicht sehr wahrscheinlich, daß ein Planet zu finden sein wird, auf dem Menschen leben können. Wir wissen nicht einmal, ob dort überhaupt Planeten sind. Wenn nicht, geht die Reise weiter, viele hunderttausend, vielleicht Millionen Jahre lang.

Eine solche Reise kann man nur in riesigen Schiffen unternehmen, auf denen mehrere Millionen Menschen leben. Sie werden für Hunderte von Generationen durchs All reisen, bis sie irgendwo einen Planeten finden, den sie besiedeln können – wenn er nicht bereits bewohnt ist und die Bewohner Aliens nicht leiden können.

30 Millionen Jahre wird es dauern, schätzt der Astronaut Ulrich Walter, bis die Menschheit die Galaxis besiedelt hat.

Bildnachweis

Abbildung 1, S. 12: NASA
Abbildung 2, S. 12: Hubble Bildarchiv der NASA
Abbildung 3, S. 12: Bildarchiv Preussischer Kulturbesitz, Berlin
Abblidung 4, S. 13: Ullstein Bilderdienst, Berlin
Abbildung 5, S. 16: Bildarchiv Preussischer Kulturbesitz, Berlin
Abbildung 6, S. 17: Bildarchiv Preussischer Kulturbesitz, Berlin
Abbildung 7, S. 18: Bildarchiv Preussischer Kulturbesitz, Berlin
Abbildung 8, S. 19: Bildarchiv Preussischer Kulturbesitz, Berlin
Abbildung 9, S. 20: Bildarchiv Preussischer Kulturbesitz, Berlin
Abbildung 10, S. 20: Bildarchiv Preussischer Kulturbesitz, Berlin
Abbildung 11, S. 21: DLR
Abbildung 12, S. 24: Ullstein Bilderdienst, Berlin Camera Press Ltd.
Abbildung 13, S. 28: aus: Fischer/Duerbeck: Das Hubble- Universum, Birkhäuser, Basel 1998, S. 125. (Quelle: Sonneborn/Pun und NASA)
Abbildung 14, S. 30: NASA/JPL/RPIR/DLR
Abbildung 15, S. 32: Foto: Ursula Röhnert, Ullstein Bilderdienst, Berlin
Abbildung 16, S. 38: Ullstein Bilderdienst, Berlin
Abbildung 17, S. 38: Bildarchiv Preussischer Kulturbesitz, Berlin
Abbildung 18, S. 38: Ullstein Bilderdienst, Berlin
Abbildung 19, S. 40: Bildarchiv Preussischer Kulturbesitz, Berlin
Abbildung 20, S. 42: Bildarchiv Preussischer Kulturbesitz, Berlin
Abbildung 21, S. 42: Landesbildstelle Berlin
Abbildung 22, S. 42: Foto Ullstein – FTASS, Ullstein Bilderdienst, Berlin
Abbildung 23, S. 44: Bildarchiv Preussischer Kulturbesitz, Berlin
Abbildung 24, S. 44: Foto: Walter Frentz, Ullstein Bilderdienst, Berlin
Abbildung 25, S. 48: Bildarchiv Preussischer Kulturbesitz, Berlin
Abbildung 26, S. 48: Foto Tass Bildarchiv Preussischer Kulturbesitz, Berlin,
Abbildung 27, S. 48: Foto: Xinhua Nachrichtenagentur, Ullstein Bilderdienst, Berlin
Abbildung 28, S. 50: Bildarchiv NASA
Abbildung 29, S. 52: WSC Andorra & Wesche, Hamburg
Abbildung 30, S. 53: NASA
Abbildung 31, S. 54: NASA
Abbildung 32, S. 56: Daimler Benz Aerospace AG
Abbildung 33, S. 60: CAC (Civilian Astronauts Corps)
Abbildung 34, S. 60: HMX Inc. 1996, Illustrator: Tom A. Brosz
Abbildung 35, S. 60: Foto ESA
Abbildung 36, S. 62: Ullstein Bilderdienst, Berlin
Abbildung 37, S. 63: NASA
Abbildung 38, S. 67: Bildarchiv Preussischer Kulturbesitz
Abbildung 39, S. 70: Foto ESA
Abbildung 40, S. 70: Foto ESA
Abbildung 41, S. 74: Stiftung Deutsche Kinemathek, Berlin Foto: MGM
Abbildung 42, S. 76: ESA /EUMETSAT
Abbildung 43, S. 76: Foto ESA Meteosat Archive
Abbildung 44, S. 77: Foto ESA
Abbildung 45, S. 77: Foto ESA
Abbildung 46, S. 79: Iridium Communications Germany GmbH (ICG)
Abbildung 47, S. 82: NASA
Abbildung 48, S. 82: Institut für Planetenerkundung, (Foto J. Hetzel, Paris)
Abbildung 49, S. 82: NASA
Abbildung 50, S. 85: NASA/JPL/RPIR/DLR
Abbildung 51, S. 87: NASA/JPL/RPIR/DLR
Abbildung 52, S. 87: NASA/JPL/RPIR/DLR
Abbildung 53, S. 87: NASA/JPL/RPIR/DLR
Abbildung 54, S. 88/89: NASA/JPL
Abbildung 55, S. 90: Foto ESA
Abbildung 56, S. 90: Foto ESA
Abbildung 57, S. 91: NASA
Abbildung 58, S. 95: NASA/JPL/RPIR/DLR
Abbildung 59, S. 95: NASA/JPL/RPIR/DLR
Abbildung 60, S. 95: NASA/JPL/RPIR/DLR
Abbildung 61, S. 95: NASA/JPL/RPIR/DLR
Abbildung 62, S. 96: NASA/JPL/RPIR/DLR
Abbildung 63, S. 98: NASA
Abbildung 64, S. 99: Foto ESA
Abbildung 65, S. 100: Foto ESA
Abbildung 66, S. 101: NASA/Ames Research Center
Abbildung 67, S. 106: NASA
Abbildung 68, S. 106: Foto Ullstein – Nowosti, Ullstein Bilderdienst, Berlin
Abbildung 69, S. 107: Foto Ullstein – FTASS, Ullstein Bilderdienst, Berlin

Abbildung 70, S. 107: Foto APN, A66-2021. Bildarchiv Preussischer Kulturbesitz, Berlin
Abbildung 71, S. 107: Bildarchiv Preussischer Kulturbesitz, Berlin
Abbildung 72, S. 108: NASA
Abbildung 73, S. 108: NASA
Abbildung 74, S- 109: NASA
Abbildung 75, S. 110: Foto Ullstein – dpa, Ullstein Bilderdienst, Berlin
Abbildung 76, S. 111: Foto Ullstein – Camera Press Ltd., Ullstein Bilderdienst, Berlin
Abbildung 77, S. 112: NASA
Abbildung 78, S. 112: NASA
Abbildung 79, S. 112: NASA
Abbildung 80, S. 113: NASA
Abbildung 81, S. 113: NASA/JPL/RPIR/DLR
Abbildung 82, S. 113: Foto Ullstein – AP, Ullstein Bilderdienst, Berlin
Abbildung 83, S. 117: NASA
Abbildung 84, S. 119: NASA
Abbildung 85, S. 120: Foto: NASA/ESA
Abbildung 86, S. 123: Foto Ullstein – AP, Ullstein Bilderdienst, Berlin
Abbildung 87, S. 122: Foto Ullstein – AP, Ullstein Bilderdienst Berlin
Abbildung 88, S. 125: Foto NASA/ESA
Abbildung 89, S. 126: NASA
Abbildung 90, S. 126: NASA
Abbildung 91, S. 127: NASA
Abbildung 92, S. 127: NASA
Abbildung 93, S. 130: Oracle, AZ 85623, Copyright Biosphere 2 Center
Abbildung 94, S. 131: Oracle AZ 85623, Copyright Biosphere 2 Center
Abbildung 95, S. 133: NASA
Abbildung 96, S. 133: NASA
Abbildung 97, S. 139: NASA
Abbildung 98, S. 140: Bildarchiv Preussischer Kulturbesitz, Berlin
Abbildung 99, S. 141: NASA
Abbildung 100, S. 142: NASA
Abbildung 101, S. 142: NASA
Abbildung 102, S. 144: Foto Ullstein – FTASS, Ullstein Bilderdienst, Berlin
Abbildung 103, S. 146: NASA
Abbildung 104, S. 146: NASA
Abbildung 105, S. 148: NASA
Abbildung 106, S. 152: NASA
Abbildung 107, S. 152: NASA
Abbildung 108, S. 154: Foto ESA
Abbildung 109, S. 157: NASA
Abbildung 110, S. 161: NASA
Abbildung 111, S. 162: Foto ESA / D. Ducros
Abbildung 112, S. 162: Foto ESA / D. Ducros
Abbildung 113, S. 163/164: NASA
Abbildung 114, S. 163: NASA
Abbildung 115, S. 163: NASA
Abbildung 116, S. 164: NASA
Abbildung 117, S. 164: NASA
Abbildung 118, S. 165: NASA
Abbildung 119, S. 166: Foto Ullstein – AP, Ullstein Bilderdienst, Berlin
Abbildung 120, S. 167: NASA
Abbildung 121, S. 167: NASA/Lyndon B. Johnson Space Center
Abbildung 122, S. 169: NASA
Abbildung 123, S. 174: Shimitzu
Abbildung 124, S. 176: Lunacorp
Abbildung 125, S. 176: Lunacorp
Abbildung 126, S. 178: NASA
Abbildung 127, S. 180: CAC (Civilian Astronauts Corps)
Abbildung 128, S. 182: NASDA
Abbildung 129, S. 182: SSI
Abbildung 130, S. 185: Foto Ullstein, Ullstein Bilderdienst, Berlin
Abbildung 131, S. 186: NASDA
Abbildung 132, S. 186: NASA
Abbildung 133, S. 186: NASA
Abbildung 134, S. 188: NASA
Abbildung 135, S. 190: NASA/JPL/RPIR/DLR
Abbildung 136, S. 190: NASA/JPL/RPIR/DLR (Foto: Bob Fosburg, Garching)
Abbildung 137, S. 192: NASA/JPL/RPIR/DLR
Abbildung 138, S. 193: NASA/JPL/RPIR/DLR